Melancolias, Mercadorias

Programa de Pós-Graduação em Literatura Brasileira
Coordenadora: Profª Drª Cilaine Alves Cunha
Vice-Coordenador: Murilo Marcondes de Moura

Apoio PROEX-CAPES

CAPES

Walter Garcia

Melancolias, Mercadorias

Dorival Caymmi, Chico Buarque, o Pregão de Rua e a Canção Popular-Comercial no Brasil

Æ
Ateliê Editorial

Dados Internacionais de Catalogação na Publicação (CIP)
(Câmara Brasileira do Livro, SP, Brasil)

Garcia, Walter
Melancolias, Mercadorias: Dorival Caymmi, Chico Buarque, o Pregão de Rua e a Canção Popular-Comercial no Brasil / Walter Garcia. – Cotia, SP: Ateliê Editorial, 2013.

ISBN: 978-85-7480-502-3

1. Buarque, Chico, 1994- - Canções e música – Crítica e interpretação 2. Caymmi, Dorival, 1914-2008 – Canções e música – Crítica e interpretação 3. Compositores – Brasil 4. Música popular – Brasil – História e crítica 5. Música popular – Letras I. Título.

13-02377 CDD-781.630981

Índices para catálogo sistemático:
1. Canções: Música popular brasileira:
História e crítica 781.630981

Direitos reservados à
Ateliê Editorial
Estrada da Aldeia de Carapicuíba, 897
06709-300 – Granja Viana – Cotia – SP
Telefax: (11) 4612-9666
www.atelie.com.br / contato@atelie.com.br

2013

Printed in Brazil
Foi feito o depósito legal

Para Walter (em memória), meu pai,
que um dia fez um pacto comigo:
que o violão não atrapalhasse a escola
– e que eu entendi como: que a escola ajudasse o violão.

Para Lubélia, minha mãe,
porque a sua voz começou, junto com a do meu pai,
a história desse trabalho.

Para meu avô Dudu e minha avó Dinda,
que seguem existindo como inspiração.

Para a Mi, que se não existisse e não me inspirasse,
o trabalho da tese não teria seguido.

Para a Luísa, Malu,
que é toda alegria,
toda a vida.

Sumário

AGRADECIMENTOS 11

INTRODUÇÃO 15

I. O PREGÃO DE RUA E A CANÇÃO POPULAR-COMERCIAL BRASILEIRA
1. A Permanência do Pregão de Rua 19
2. A Fala, o Canto e a Dança 41
3. Proposta de um Novo Instrumento Teórico para a Análise do Ritmo do Canto 49

II. *A PRETA DO ACARAJÉ*, DE DORIVAL CAYMMI
1. Mercadoria Incipiente, Tradição Oral, Vestígios Coloniais 77
2. Descrição de *A Preta do Acarajé* 93
3. Um Vulto Perante a Sociedade 126

III. *CARIOCA*, DE CHICO BUARQUE
1. A Canção e a Crônica 145
2. Análise de *Carioca* 162
3. A Ruína da Cordialidade 213

CONCLUSÃO PROSPECTIVA 231

Bibliografia 241
Fontes Sonoras e Audiovisuais Consultadas 263

Agradecimentos

Ao Prof. Dr. José Antonio Pasta Júnior, meu orientador, que me deixou para sempre o exemplo de que não há trabalho intelectual sem rigor e sem liberdade de pensamento.

Ao Programa de Literatura Brasileira da USP e à Capes, pelo apoio à publicação. Ao Sr. Presidente da C.P.G., professores e funcionários da FFLCH-USP.

Ao Prof. Dr. Joaquim Alves de Aguiar e ao Prof. Dr. Ariovaldo José Vidal, pela atenciosa banca de meu exame de qualificação.

Ao Prof. Dr. José Roberto Zan, ao Prof. Dr. Carlos Gonçalves Machado Neto, ao Prof. Dr. Joaquim Alves de Aguiar e ao Prof. Dr. Luiz Tatit, pelas tantas contribuições e pelo debate na arguição da tese.

À Profª Drª Terezinha Tagé, do CJE da ECA-USP, pela acolhida inicial a este projeto e pela sabedoria de me aconselhar a retornar para a área de Literatura Brasileira.

A Cláudio Leal Ferreira, Paulo Eduardo Arantes, Edinha Diniz, Luiz Claudio Ramos, Marcos Gasparian e Paulo Jobim, pelas aulas, conversas ou entrevistas.

A meus amigos músicos, pelos ensinamentos e alegrias: Ney Mesquita (em memória), Ana Lee, Juçara Marçal, Nenê Cintra, Marcelo Bola, Mazé Cintra, Ilka Cintra, Moni Thieli, Renata Amaral, Marcelo Pretto, Luis Felipe Gama, Susan Grey, Cláudia Ratto, Juliana Amaral.

A Lincoln Antonio, pelas gravações, conversas e pelo auxílio fundamental nas transcrições musicais.

A Déborah Serretiello, Eduardo Fleury, Denise de Oliveira, Denise de Mello, Simone Santos Monteiro, Tania Sandroni, Andrea Chammas – pela amizade de todas as horas.

A Sérgio de Carvalho, pela amizade e companheirismo. A Helena Albergaria, Alessandra Fernandez, Andréa Bassitt, Cuca Bolaffi, Márcio Marciano, Martin Eikmeier, João Pissarra, Heraldo Firmino, Pedro Pires, Flávio Pires – em nome de todos os amigos e companheiros com quem trabalhei no Latão e no Feijão.

A Julia Bandeira e Ricardo Fortunato – em nome de todas os alunos (e, depois, amigos) com quem eu pude, tentando ensinar, aprender bastante.

Aos funcionários das bibliotecas da FFLCH-USP, da ECA-USP, da PUCSP e da Unip (*campus* Luiz Góes). Aos funcionários e aos colegas da PUCSP (especialmente Maria Aparecida Caltabiano, Sandra Madureira, Bruno Dallari, Margarethe Born, Eliane Robert Moraes e Silvio Mieli).

Aos funcionários da Biblioteca Nacional do Rio de Janeiro (especialmente aos da Divisão de Música e Arquivo Sonoro).

A Dom Luiz Cappio, por sua coragem e por sua dignidade que não encontram palavras à altura, desde há muito tempo. Ao Adriano, amigo de sertão.

Ao MST, pelo convite para debater algumas das ideias que aqui vão formuladas.

À Japubá, por me possibilitar o isolamento necessário.

A Lúcia, Fábio, Ricardo, Lucas, Thaís, Felipe, Margareth, Vívian, Luís Marcelo, Gabriella, Mayara, Cristina, Yara, Nélson, Maria da Conceição, Leonardo, Cristiana, Ulisses, Flô e Mixirica.

À A.A.F.S., companheiros do futebol de sábado (que também, sem isso, "ninguém segura esse rojão").

Preso à minha classe e a algumas roupas,
vou de branco pela rua cinzenta.
Melancolias, mercadorias espreitam-me.
Devo seguir até o enjoo?
Posso, sem armas, revoltar-me?

Carlos Drummond de Andrade

O Brasil já foi tão bonito...

João Gilberto

Introdução

A Preta do Acarajé (Dorival Caymmi) foi gravada pela primeira vez em 1939. *Carioca* (Chico Buarque), em 1998. A cena narrada na primeira se passa numa Salvador que ainda carrega modos coloniais, ao início do século XX, com mercadoras ambulantes entoando os seus pregões: "Iêê abaráá!"; "Ô acarajé ecô olalai ô ô / Vem benzê-ê-êm / 'Tá quentinho"[1]. O narrador da segunda perambula e contempla o Rio de Janeiro ao final do mesmo século, já com o eixo do país situado na vida urbana, e a economia mundial, em fase de capital globalizado. No entanto, esse narrador principia o relato com um pregão de comércio ambulante, por ele reproduzido: "Gostosa / Quentinha / (Quem vai?) / Tapioca"[2].

Escutando as duas canções, ouvimos anúncios de comidas típicas brasileiras vendidas na rua. O traço de continuidade aponta para a forma como a modernização brasileira veio se dando, ao menos do ponto de vista das camadas de baixo. E aponta também para a constituição de um certo sistema da canção popular-comercial brasileira. As diferenças entre as canções, por outro lado, se bem examinadas nos indicam dois momentos de passagem desse mesmo sistema, bem como da própria matéria histórica cantada.

1. Cf. Carmen Miranda & Dorival Caymmi, *A Preta do Acarajé* (D. Caymmi) em Dorival Caymmi, caixa de CDs *Caymmi Amor e Mar: Cantando Caymmi*, EMI, CD 530600 2, 2000.
2. Cf. Chico Buarque, *As Cidades*, BMG/RCA, CD 7432183233-2, 1998.

A noção de sistema é adaptada de estudos de Antonio Candido sobre literatura brasileira. Refiro-me assim a um conjunto articulado de: *1.* produtores (compositores, cantores, músicos, produtores fonográficos) e obras, havendo o reconhecimento de influências, continuidades e rupturas, bem como de gêneros e de estilos, "funcionando como exemplo ou justificativa daquilo que se quer fazer"[3]; *2.* receptores, "os diferentes tipos de público, sem os quais a obra não vive"[4]; *3.* meios técnicos de gravação e reprodução, aliados a meios de transmissão em massa e a locais de venda (meios de transmissão e locais de venda que põem em contato obras/produtores e receptores; e onde atuam diversos intermediários: programadores, apresentadores, repórteres, críticos, pesquisadores, publicitários, divulgadores, balconistas etc.[5]). Já o método comparativo tem por objetivo identificar duas passagens decisivas nesse sistema da canção: *1.* a sua constituição, na década de 1930; *2.* a crise aguda de sua dimensão artística a que assistimos hoje, em meio à hegemonia da racionalidade industrial e de seu complemento, o espetáculo do mercado fonográfico.

Por sua pretensão de abranger um processo cultural amplo, visto não externamente, mas na constituição íntima das obras, o trabalho aqui empreendido acabou guardando algum parentesco com a forma do ensaio. *A Preta do Acarajé* e *Carioca* são núcleos a partir dos quais a análise se estrutura. Mas, uma vez que a forma artística da canção popular-comercial é complexa, pois se constrói na interação de várias técnicas – a musical, a literária, a jornalística, a historiográfica, a publicitária – estudadas ou aprendidas intuitivamente pelos cancionistas, foi necessário que a pesquisa se voltasse para uma série de conhecimentos, procurando atender às demandas do próprio objeto. Em se tratando de produções de Dorival Caymmi e de Chico Buarque, sobretudo, é difícil fazer jus às obras sem girar de um lado a outro em busca de compreensão para o que ali existe finamente sintetizado.

3. Cf. Antonio Candido, *Iniciação à Literatura Brasileira (Resumo para Principiantes)*, 2ª ed., São Paulo, FFLCH/USP/Humanitas, 1998, p. 13.
4. Antonio Candido, "A Literatura como Sistema", *Formação da Literatura Brasileira*, 9ª ed., Belo Horizonte; Rio de Janeiro, Itatiaia, 2000, 1º volume, p. 23.
5. Inspiro-me em Antonio Candido, *O Método Crítico de Sílvio Romero*, São Paulo, Edusp, 1988, principalmente p. 9.

Daí inclusive a necessidade de propor um novo instrumento de análise para o ritmo do canto, conforme será explicado. Junto com ele, outras análises formais, de corte variado, tencionam descrever em detalhe as canções. A ideia principal é que uma descrição assim minuciosa possibilitará, ao fim, o esclarecimento das relações de uma obra, observada em sua estrutura interna, com a dinâmica histórica. O método de interpretação, portanto, embora pretenda se filiar a uma certa tradição de estudos da literatura brasileira, reconhece que a natureza do objeto inclui não apenas a dimensão literária (nas letras), mas ainda a musical (na melodia, na harmonia, no acompanhamento rítmico) e a comercial (na forma de mercadoria que lhe é intrínseca).

Outras canções, tanto de Caymmi e de Chico como de outros compositores, tiveram de ser também analisadas a fim de que os dois momentos de transição, sinalizados por *A Preta do Acarajé* e *Carioca*, pudessem de fato ser remetidos ao andamento geral do sistema. Em todas as análises, privilegiei a audição de fonogramas, porque a canção, não custa lembrar, se realiza desse modo, executada, literatura oral e arte musical que é (o ideal seria então que o leitor acompanhasse as análises escutando as gravações). E, no caso desse sistema que se formou no Brasil, a canção se realiza fundada na vida concreta da sociedade, fato que procurei respeitar incorporando à reflexão aquelas experiências próprias que, acredito, são comuns a quem se dedica a pensar a trajetória deste país por meio de sua música popular, ouvida no dia a dia.

Utilizo-me de algumas formulações e partes de análises que, durante meus anos de Doutorado (2001-2005), saíram publicadas em textos diversos[6]. Todas essas passagens, entretanto, foram reavaliadas e sofreram várias

6. Em ordem cronológica: "Dois Casos de Polícia, Dois Casos de Política: A Crônica de Machado de Assis e o Samba de Geraldo Pereira", em Ana Salles Mariano & Maria Rosa Duarte de Oliveira (orgs.), *Recortes Machadianos*, São Paulo, Educ/Fapesp, 2003, pp. 319-353; "Retrato da Cultura Popular Paulista", *Jornal da PUC*, ano 16, nº 218, São Paulo, junho de 2003, p. 11; "Linha Evolutiva da Música Popular Brasileira: Da Canção ao *Jingle*", em José Antonio Pasta Jr. & Jacqueline Penjon (orgs.), *Littérature et Modernisation au Brésil*, Paris, Presses Sorbonne Nouvelle, 2004, pp. 243-253.

alterações ao se integrarem definitivamente a este trabalho. Para a publicação, fizeram-se modificações com o sentido de aperfeiçoar a tese original sem, todavia, descaracterizá-la[7].

7. A revisão da análise de Chico Buarque se valeu notadamente de minha exposição nos Seminários das Quartas (organizados por Paulo Eduardo Arantes e Anderson Gonçalves), na FFLCH-USP, em agosto de 2006; e também da aula "Chico Buarque: A Consolidação do Mercado Fonográfico Hegemônico, a Utopia Cordial da MPB e sua Ruína", por mim ministrada no curso *Do Pregão ao Rap: Formas da Canção Popular no Brasil*, no Centro Universitário Maria Antonia, em abril de 2007 (devo a Luiz Tatit minha indicação para o centro da USP). Não foi sem surpresa que encontrei paráfrases da interpretação em artigos de quem me ouviu falar em público, sem a devida indicação da fonte. Deve haver algum elogio escondido nessa acumulação primitiva de ideias, a qual parece atualizar um velho ditado brasileiro: "Samba é igual passarinho, é de quem pegar primeiro". Do meu lado, fica o leitor advertido quanto ao grande número de citações que faço: prefiro errar pelo excesso.

I
O Pregão de Rua e a Canção Popular-Comercial Brasileira

Cantar? Aprendi a chorar. Se não chora, ninguém compra.
MARCELO, vendedor ambulante de cocadas.

1. A PERMANÊNCIA DO PREGÃO DE RUA

Pregão de rua é a "divulgação de produtos gritada ou cantada livremente por vendedores ambulantes"[1], de feira ou de mercado[2]. Ainda que seja um recurso verdadeiramente antigo, conforme a própria etimologia latina do termo aponta ("*praeco, ōnis*, 'pregoeiro público, arauto, o que proclama, anuncia ou diz em público'"[3]), nada indica que já esteja extinto. No Rio de Janeiro, as praias de Ipanema e do Leblon oferecem vários exemplos: grita-se "Alô, Globo", "Alô, mate", "Olha o dragão chinês". Em São Paulo, quem passa por Perdizes, bairro de classe média, ainda hoje escuta um amolador tocar sua gaitinha e entoar:

> Amolador! Amolo faca, tesoura![4]

1. Cf. Antônio Houaiss & Mauro de Salles Villar, *Dicionário Houaiss da Língua Portuguesa*, Rio de Janeiro, Objetiva, 2001.
2. Cf. Rossini Tavares de Lima, *Abecê do Folclore*, 3ª ed., São Paulo, Ricordi, [1962], pp. 229-233. Estão aí publicados pregões da cidade de São Paulo (de um mascate da rua José Paulino, de um vendedor de peixes no mercado central, de um vendedor de laranjas na feira da Penha, de um verdureiro no Pari, de um vendedor de batata doce na Vila Mariana) e de Botucatu (de uma vendedora de suspiros), anotados entre 1945 e 1952. Para outros pregões anotados em várias cidades, cf. Mário de Andrade, *As Melodias do Boi e Outras Peças*, preparação, introdução e notas de Oneyda Alvarenga, São Paulo, Duas Cidades; Brasília, Instituto Nacional do Livro, 1987, pp. 243-254; cf. Mário de Andrade, *Ensaio sobre a Música Brasileira*, São Paulo, Martins, 1962, pp. 148-149.
3. Cf. Antônio Houaiss & Mauro de Salles Villar, *Dicionário Houaiss da Língua Portuguesa*.
4. Ouvido e anotado a 17 de setembro de 2005.

Figura 1

E, na Vila Romana, vez ou outra se ouve um canto bem mais melancólico:

Olha o amolador! Faca, tesoura e alicate![5]

Figura 2

Antigo também é o fato de esses amoladores andarem empurrando um carrinho, junto a caminhões com alto-falantes que gritam desde o conhecidíssimo "Pamonhas, pamonhas, pamonhas / Pamonhas de Piracicaba" até "Mamão papaia, doce, doce que é melado / Laranja-lima, doce, doce que é *melada*", "O carro dos ovos chegou" ou "É cândida, detergente, desinfetante, amaciante de roupa / Ajax, dínamo, sabão líquido, bem líquido, e pasta de brilho". E junto a outros caminhões que cantam, também usando de alto-falantes:

É o caminhão da cândida[6];

Figura 3

5. Ouvido e anotado a 20 de janeiro de 2004.
6. Ouvido e anotado a 28 de julho de 2005, bairro de Vila Ida, São Paulo.

Olha o caminhão da cândida, freguesa[7].

Figura 4

Apesar de todas essas permanências, Gilberto Freyre, no princípio da década de 1960, lamentava o declínio dos pregões no Recife – alguns, perdidos porque não havia mais vendedores de, por exemplo, mel de engenho, sabão da costa ou alfenim; outros, "porque a venda que eles anunciavam tornou-se melancolicamente silenciosa na capital de Pernambuco. Abafados pelas buzinas dos automóveis e dos alto-falantes: duas pragas terríveis. Dois inimigos de morte dos pregões vindos dos velhos tempos coloniais"[8]. De fato, toda uma tradição social fundada sobre bases agrárias entrou em declínio a partir da crise de 1929 e do movimento de 1930. Inicia-se aí, como se afirma consensualmente, um período de "urbanização e crescimento industrial acelerado, e também de transição de uma economia agrário-exportadora para o modelo de economia 'industrial-retardatária'"[9]. É nesse período que pregões "vindos dos

7. Trata-se do mesmo caminhão; ouvido e anotado a 11 de agosto de 2005, bairro de Vila Ida, São Paulo.
8. Cf. Gilberto Freyre, *Guia Prático, Histórico e Sentimental da Cidade do Recife*, 3ª ed., revista, atualizada e aumentada, Rio de Janeiro, José Olympio, 1961, pp. 178 e 181. Alguns pregões anotados pelo maestro Nelson Ferreira estão publicados nessa edição. Em 1998, foram adaptados pela Companhia do Latão para a peça *O Nome do Sujeito* (direção musical de Lincoln Antonio), sendo posteriormente rearranjados para o disco *Canções de Cena* (2004). Seja dito, quatro anos após Gilberto Freyre se queixar em relação à capital de Pernambuco, Astolfo Serra afirmaria sobre a capital do Maranhão: "os 'pregões' de rua constituem uma nota típica de São Luís"; e citaria pregões de peixeiros, de carvoeiros, de vendedores de frutas, de carne, de doces regionais; com maior destaque, o "grito [que] é cantado por vozes de pretinhos locais, que estridulam noite adentro, como sopranos matutos, o seu produto: – 'Paaamonha, paaamonha, está quentiiiiiiiiiiiinha'"; e ainda o pregão "da vendeira de *açaí* [...], geralmente uma negra dessas que evocam a 'boa terra'"(cf. Astolfo Serra, *Guia Histórico e Sentimental de São Luís do Maranhão*, Rio de Janeiro, Civilização Brasileira, 1965, pp. 191 a 193).
9. Cf. Guilherme Delgado, "Capital e Política Agrária no Brasil: 1930-1980", em Tamás Szmrecsányi e Wilson Suzigan (orgs.), *História Econômica do Brasil Contemporâneo*, 2ª ed., revista, São Paulo, Hucitec/Associação Brasileira de Pesquisadores em História Econômica/Edusp/Imprensa Oficial SP, 2002, p. 209. Outro estudo dessa mesma obra, "Inflação Brasileira: De Aliado a Inimigo Mortal", de Dércio Garcia Munhoz, assinala "a transformação do Brasil, nas duas últi-

velhos tempos coloniais" foram desaparecendo. Se, em 1950, "a população urbana era de apenas 18,8 milhões de pessoas (36% do total), em 1970 [chegaria] a 52 milhões (56%)"[10]. No censo demográfico de 2000, apurou-se que 81,1% da população brasileira viviam em área urbana[11].

Creio, no entanto, ser mais justo afirmar que, desaparecidos aqueles velhos pregões, em nossas cidades surgiram outros, certamente em menor número, mas que persistem desafiando e aumentando o nível médio de barulho. Recentemente, um comerciante da rua 25 de Março, em São Paulo, foi denunciado à prefeitura por gritar em um microfone, na calçada. Amparando-se na "lei do silêncio", que estabelece limites máximos de ruído inclusive para o período diurno, um concorrente prestou queixa[12]. Quem frequenta o comércio popular sabe, todavia, que o uso daquele aparato com o fim de atrair fregueses não é nada raro. Irônico é verificar que, simultaneamente e na mesma região central da cidade, o parente rico da família dos pregões, crescido um tanto longe do comércio popular ou informal, era quem silenciava por completo: no dia 30 de setembro de 2005, houve o último pregão

mas décadas [anos 70 e 80], de uma economia primário-exportadora em um país que exporta sobretudo produtos industrialmente transformados" (p. 267). Apenas a título de ilustração, em julho de 2005, mês de resultados recordes no superávit da balança comercial e nas exportações, produtos básicos representaram 34,8% do total exportado; produtos semimanufaturados, 12,8%; produtos manufaturados, 50,6%. O maior crescimento, todavia, em comparação com julho de 2004, "foi observado nos chamados produtos básicos, como minérios, carnes e produtos agrícolas"; os dez produtos mais exportados foram petróleo, soja em grão, minério de ferro, automóveis, carne de frango, farelo de soja, carne bovina, aviões, óleos combustíveis e açúcar bruto (cf. *Folha de S. Paulo* (Dinheiro), 2.8.2005, pp. B 1 e B 3).

10. Os dados são da publicação *Estatística do Século 20*, do IBGE, citados por Luciana Nunes Leal, "Cidades Crescem, Educação Melhora", *O Estado de S. Paulo* (Geral), 30.9.2003, p. A 12. João Manuel Cardoso de Mello e Fernando A. Novais comentam o processo de expansão urbana estendendo o período por mais uma década. Em termos numéricos, citam os autores que havia, em 1950, "10 milhões de citadinos" frente a "41 milhões de brasileiros que moravam no campo, nos vilarejos e cidadezinhas com menos de 20 mil habitantes"; já em 1980, "as cidades abrigavam 61 milhões de pessoas, contra os quase 60 milhões que moravam ainda no campo, nos vilarejos e cidades pequenas" (cf. "Capitalismo Tardio e Sociabilidade Moderna", *História da Vida Privada no Brasil*, vol. 4: *Contrastes da Intimidade Contemporânea*, coordenador-geral da coleção: Fernando A. Novais; organizadora do volume: Lilia Moritz Schwarcz, 2ª reimpressão, São Paulo, Companhia das Letras, 2002, pp. 574 e 586).

11. O censo demográfico de 2000, realizado pelo IBGE, registrou o total de 169 799 170 habitantes. Sendo 6 561 o número de municípios, em área urbana viviam 137 953 959 pessoas; em área rural, 31 845 211 (cf. Lucia Martins, "Os Números da Exclusão Social no Brasil", *O Estado de S. Paulo* (Geral), 4.12.2002, p. A 13).

12. Cf. Alencar Izidoro, "Regras de Silêncio Não se Limitam à Noite", *Folha de S. Paulo* (Cotidiano), 31.7.2005, p. C 3.

viva-voz na Bolsa de Valores de São Paulo, substituído definitivamente pelo sistema de venda e compra de ações via internet, já responsável por 99% dos negócios e em operação desde 1999[13].

Vamos nos ater, entretanto, ao anúncio da venda de comida pelas ruas, recuperando pontos essenciais de sua história desde o tempo evocado por Freyre. Isso é necessário uma vez que o acúmulo dessa experiência histórica se condensará na canção *A Preta do Acarajé*, de Dorival Caymmi, o que espero demonstrar no próximo capítulo. Na parte final dessa exposição, discutirei por que e de que modo tal experiência avança até os nossos dias, a fim de preparar terreno à análise de *Carioca*, de Chico Buarque.

O pregão dos mascastes se estabeleceu, na América portuguesa, logo nas primeiras décadas de colonização, pois, "a 15 de junho de 1543, o donatário Martim Afonso de Souza, na Capitania de São Vicente, baixava uma postura proibindo os mercadores de, nos pregões que antecediam as vendas, falar mal das mercadorias dos concorrentes"[14]. Mas a economia urbana se desenvolve apenas em "meados do século XVII", ficando o comércio, até então, "limitado aos pequenos mercadores ambulantes, que percorriam o interior à cata de fregueses"; Caio Prado Jr. observa que "as cidades brasileiras, ainda em fins do regime colonial, eram insignificantes. Rio de Janeiro, então já a capital, não passava de 50 144 habitantes; Bahia, 45 600; Recife, 30 000; S. Luís do Maranhão, 22 000; S. Paulo, 16 000. Estas cinco cidades reunidas (as demais não passavam de aldeias) representavam apenas 5,7% da população total do país"[15].

13. Cf. Carlos Franco, "Choro e Luto no Último Pregão Viva-voz da Bovespa", *O Estado de S. Paulo* (Economia), 1.10.2005, p. B10. O título da matéria se refere às lágrimas dos operadores e às tarjas pretas coladas por alguns deles nos crachás; "É duro, porque alguns deixam a Bolsa para o desemprego", disse Luiz Sposito, operador que se aposentaria. Em um telejornal, viram-se operadores de mãos dadas, em roda, rezando o Pai-Nosso.

14. Cf. Roberto Simões, "Do Pregão ao *Jingle*", em R. C. Branco, R. L. Martensen e F. Reis (coord.), *História da Propaganda no Brasil*, São Paulo, T. A. Queiroz, 1990, p. 171.

15. A população total do Brasil era então de "2 852 000 habitantes" (cf. Caio Prado Jr., "Evolução Política do Brasil", *Evolução Política do Brasil e Outros Estudos*, 3ª ed., São Paulo, Brasiliense, 1953, p. 21). Celso Furtado dá como estimativas da população, no período colonial, "100 000 habitantes em 1600, um máximo de 300 000 em 1700 e ao redor de 3 250 000 em 1800"; em 1808, seriam

Em Salvador, segundo Luís da Câmara Cascudo, o comércio ambulante de quitutes se instalou desde pelo menos "as últimas décadas de século XVIII", com a venda de produtos saídos das "cozinhas abastadas" de casas em decadência após a mudança da capital colonial (1763): a ida de funcionários para o Rio de Janeiro ocasionara "declínio na economia familiar dos que ficaram e deles dependiam"[16]. Câmara Cascudo cita "Especialidades Baianas", trecho das "notícias soteropolitanas e brasílicas" redigidas por Luís dos Santos Vilhena, na forma de cartas, entre 1798 e 1799 (Vilhena foi professor régio de língua grega, na Bahia, de 1787 a 1799): "Não deixa de ser digno de reparo o ver que das casas mais opulentas desta cidade, onde andam os contratos, e negociações de maior parte, saem oito, dez, e mais negros a vender pelas ruas a pregão as cousas mais insignificantes, e vis; como iguarias de diversas qualidades" – dentre as quais, acarajé[17].

É preciso saber que o abastecimento das cidades brasileiras, naquele período, revela uma "situação paradoxal", conforme explica Caio Prado Jr.[18]: "[...] há um verdadeiro estado crônico de carestia e crise alimentar que frequentemente se tornam em fome declarada e generalizada. Isso ocorre sobretudo nos momentos de alta de preços dos produtos da grande lavoura, quando as atividades e atenções se voltam inteiramente para ela e as culturas alimentares são desleixadas e abandonadas" – caso da segunda metade do século XVIII, quando tem início o "renascimento da agricultura" colonial[19]. Mas o fato irá

4 milhões (cf. *Formação Econômica do Brasil*, 11ª ed., São Paulo, Companhia Editora Nacional, 1971, nota 69 da p. 74 e nota 107 da p. 107).

16. Cf. Luís da Câmara Cascudo, *História da Alimentação no Brasil*, 2ª ed., Belo Horizonte, Itatiaia; São Paulo, Edusp, 1983, vol. 2, p. 858.
17. Cf. Luís dos Santos Vilhena, *A Bahia no Século XVIII*, notas e comentários Braz do Amaral, apresentação Edison Carneiro, Salvador, Itapuã, 1969, vol. I (livro I), p. 130.
18. Cf. Caio Prado Jr., "Agricultura de Subsistência", *Formação do Brasil Contemporâneo (Colônia)*, 7ª ed., São Paulo, Brasiliense, 1963, pp. 151-163; a citação literal é retirada da p. 157. O historiador cita várias disposições legais tomadas para obrigar ao plantio de gêneros alimentares, comentando que Vilhena "não encontra palavras para deplorar a desobediência geral na matéria, e adverte contra os perigos iminentes que já se percebiam na má qualidade e preços excessivos dos gêneros" (p. 158), estado para o qual contribui o abandono das roças pelos lavradores que se iam refugiar no mato diante do "maior espantalho da população", o recrutamento à força para a tropa de linha (pp. 308-309). Luís da Câmara Cascudo apresenta a questão da dificuldade de abastecimento no volume 1 de *História da Alimentação no Brasil*, edição citada, pp. 230-232.
19. Cf. Caio Prado Jr., "Renascimento da Agricultura", *História Econômica do Brasil*, 3ª ed., São Paulo, Brasiliense, 1953, pp. 81-94. Caio Prado Jr. adverte que a cidade do Rio de Janeiro era uma exceção, pois as áreas litorâneas próximas não se prestavam à grande lavoura, dedicando-se portanto às "culturas alimentares"; a isso se somava o fornecimento vindo da agricultura de sub-

se repetir, expõe Emília Viotti da Costa, na década de 1850 (portanto, após a Independência política), quando à "concentração da mão de obra escrava disponível na lavoura cafeeira, com abandono do plantio de gêneros de primeira necessidade", se somarão o fim do tráfico negreiro ("cessado em 1850, e não interrompido de todo pelo menos até 1856"), o crescimento da mineração, "o aluguel de escravos para construção de vias férreas e outras estradas" e, no plano internacional, a alta geral de preços de gêneros comestíveis[20].

Nesse contexto, a alimentação dos *negros de ganho* e das *negras ganhadeiras* enfrenta um problema específico no quadro geral da escravidão. A saber, trata-se de escravos urbanos que vendem "fora de casa sua engenhosidade, sua mercadoria, a força dos seus braços", sendo às vezes alugados "no mercado de serviços"[21]. Câmara Cascudo, estudando a comida dos escravos - aliás, "a mesma das classes mais humildes e pobres" -, informa que as limitações da dieta se atenuam nas cidades brasileiras, quando possível, por meio da compra "de víveres preparados e oferecidos pelas negras nas praças e cais"; por exemplo, "iguarias idas da Bahia" e "tantos engana-fomes, inventados pela penúria aproveitadora do material mais próximo"[22]. A um só tempo, portanto, entre

sistência que, em Minas Gerais, se desenvolvera acentuadamente ao lado da mineração (cf. *Formação do Brasil Contemporâneo (Colônia)*, pp. 154-157).

20. Cf. Emília Viotti da Costa, *Da Senzala à Colônia*, 4ª ed., 2ª reimpressão, São Paulo, Editora da Unesp, 1998, pp. 101, 177-181.

21. Cf. Kátia M. de Queirós Mattoso, *Ser Escravo no Brasil*, trad. James Amado, 3ª ed., 2ª reimpressão, São Paulo, Brasiliense, 2003, p. 140 (cf. Mary C. Karasch, *A Vida dos Escravos no Rio de Janeiro (1808-1850)*, trad. Pedro Maia Soares, 2ª reimpressão, São Paulo, Companhia das Letras, 2000, pp. 260 e 284). Cf. Luís dos Santos Vilhena, *A Bahia no Século XVIII*, volume I (livro I), p. 127.

22. Cf. Luís da Câmara Cascudo, *História da Alimentação no Brasil*, volume 1, pp. 226 e 240; no capítulo "Comida de Escravo", o autor separa em dois grupos o que se provia: "A base era idêntica, e apenas a incidência de alguma carne ou pescado para dar gosto distinguia os regimes. Para o Norte a farinha de mandioca garantia o pirão, indispensável, diário, sinônimo do próprio alimento geral. Pelo interior da Bahia, para o centro e sul do Brasil estendia-se a geografia do milho" (p. 224); também informa sobre a possibilidade do fornecimento de arroz, feijão, frutas (laranja, banana, caju), cachaça ou café. Já Celso Furtado deduziu, com base nos dados então disponíveis, que a taxa de mortalidade da população escrava brasileira foi bem superior à de natalidade, no século XIX, evidência das condições "extremamente precárias" em que era mantida: "O regime alimentar da massa escrava ocupada nas plantações açucareiras era particularmente deficiente" (cf. *Formação Econômica do Brasil*, pp. 117-119). Gilberto Freyre, citando discurso de José Martins da Cruz Jobim lido na Sociedade de Medicina em 1835, diz que o "trabalho forçado [...] nas cidades foi quase sempre 'em desproporção com a nutrição'" (cf. *Casa-grande & Senzala*. 30ª ed., Rio de Janeiro, Record, 1995, p. 464). E Mary C. Karasch observa que "a falta de alimentação, roupas e moradia apropriadas, em combinação com os castigos, enfraqueciam-nos e preparavam-nos para serem liquidados

os escravos urbanos "ao ganho" vamos encontrar o vendedor ambulante de comidas e uma parte da sua freguesia. Kátia de Queirós Mattoso esclarece que a sobrevivência de *negros de ganho* e *negras ganhadeiras* faz parte de

> [...] um sistema extremamente flexível: às vezes, o senhor dá aos escravos alojamento, alimentação, roupa, cuidados médicos, outras vezes somente lhes oferece morada e cuidados médicos, e ainda, em outras instâncias, o escravo é completamente independente. Nos dois últimos casos, o escravo somente deve a seu senhor uma quantia fixa e nada mais. Esta importância é obviamente calculada a não permitir ao negro ganhar um excedente significativo.

Quando alugado, o locatário passa a ser o responsável pela sobrevivência do escravo[23].

Um sistema flexível e perversamente ambíguo, nota-se, uma vez que nele os escravos bem podem agir como "verdadeiros assalariados e perceber um ganho diário", bem podem amealhar "uma pequena poupança" – mas, ainda assim, são mantidos em cativeiro: tanto devem entregar ao senhor o dinheiro estipulado quanto devem "praticar a obediência, a humildade e a fidelidade, virtudes cardeais do 'bom escravo' nos termos em que o senhor o modela"[24]. Mary C. Karasch, de modo direto, afirma que o escravo "ao ganho" tem de "ganhar dinheiro para sustentar seu dono"[25]. Kátia de Queirós Mattoso, ao examinar 800 inventários soteropolitanos de 1808 a 1889, conclui que "cerca de 50% [dos inventariados] vivem exclusivamente do trabalho escravo, principalmente até a década de 1860"[26]. Veja-se que, entre os

por vírus, bacilos, bactérias e parasitas que floresciam na população densa do Rio urbano" (cf. *A Vida dos Escravos no Rio de Janeiro (1808-1850)*, p. 207; ver também o capítulo 4). Sobre a alimentação do escravo em fazendas do Vale do Paraíba, há uma anedota que me contaram em São José do Barreiro na década de 1990; todo mundo sabe que leite com manga é um veneno fatal; a lenda teria sido espalhada por proprietários e capatazes descontentes com escravos que, parando de trabalhar, apanhavam mangas para comer, tendo sido já alimentados com leite; garantiram-me ainda que ocasionalmente algum escravo realmente era morto, para que se desse fé do veneno.

23. Cf. Kátia M. de Queirós Mattoso, *Ser Escravo no Brasil*, pp. 141-142.
24. *Idem*, pp. 111 e 141; Kátia M. de Queirós, *Bahia: A Cidade do Salvador e seu Mercado no Século XIX*, São Paulo, Hucitec/Salvador, Secretaria Municipal de Educação e Cultura, 1978, p. 289.
25. Cf. Mary C. Karasch, *A Vida dos Escravos no Rio de Janeiro (1808-1850)*, p. 548.
26. Cf. Kátia M. de Queirós Mattoso, *Bahia: A Cidade do Salvador e seu Mercado no Século XIX*, p. 162. Sobre o assunto, ver ainda Jacob Gorender, *O Escravismo Colonial*, 3ª ed., São Paulo, Ática, 1980, pp. 455-456. Vale ainda referir que o cativo indígena também representou ao paulista do

motivos para o suicídio do escravo urbano, mais frequente que o do escravo de fazenda, os relatórios policiais apontam a "incapacidade de pagar ao senhor a soma estipulada no contrato" e a "impossibilidade de queixar-se à justiça de maus-tratos recebidos". Não admira que, andando a mercar, alguns tentem a fuga; como um "escravo mina chamado David", desaparecido desde 31 de janeiro de 1857 "quando vendia pão no Bonfim", segundo anúncio do *Jornal da Bahia* de 14 de novembro daquele ano[27].

Dentre as tarefas reservadas a *negros de ganho* e *negras ganhadeiras*, interessa aqui destacar a "sua habilidade em levar o cliente a comprar o que lhe queira vender. Em Salvador, vende-se de tudo: objetos de folha de flandres, frutas e legumes, pães e doces de milho, carnes e peixes preparados com receitas africanas"[28]. Ao final do século XVIII, Luís dos Santos Vilhena se referia à venda de carne de gado feita por "pretos pelas ruas apregoando", além de escrever sobre a venda de "doces de infinitas qualidades ótimos muitos deles, pelo seu asseio, para tomar por vomitórios", venda feita por aqueles negros que saíam "das casas mais opulentas da cidade". Condenava a prática, aliás, argumentando que o comércio nas ruas de "viandas tediosas [...] devera ser privativa da repartição dos pobres, que nada têm, de que possam haver o necessário para a sua subsistência"[29]. De fato, a competição entre escravos e es-

século XVII "remédio para a pobreza"; estudando o assunto, John Manuel Monteiro cita observação de um governador em carta de 1692: "Aquele cuja muita pobreza não lhe permite ter quem o sirva se sujeita a andar muitos anos pelo sertão em busca de quem o sirva do que servir a outrem um só dia" (cf. John Manuel Monteiro, *Negros da Terra: Índios e Bandeirantes nas Origens de São Paulo*, 4ª reimpressão, São Paulo, Companhia das Letras, 2005, pp. 85-86 e 241).

27. Cf. Kátia M. de Queirós Mattoso, *Ser Escravo no Brasil*, pp. 155 e 151-152, respectivamente. Sobre os maus-tratos aos escravos urbanos no século XIX, há uma nota terrível deixada por Antônio Egídio Martins, em *São Paulo Antigo*. Fala de uma chácara que, "no bairro da Liberdade, [...] ficava situada entre as ruas dos Apeninos, Pires da Mota, Nilo e Paraíso, [...] onde, por ser muito afastada do centro da cidade, se costumava disciplinar os infelizes escravos que não serviam bem aos seus senhores, dando-se-lhes grandes surras, a ponto de ficarem os infelizes descadeirados, provindo daí, ao que parece, o nome de *Quebra-bunda* dado à mesma chácara [...], havendo, além dessa tradicional chácara, outras em diversos lugares da cidade e também afastadas do centro, em que se disciplinavam os escravos, aplicando-se-lhes surras, gratuitamente e por amizade aos respectivos senhores, ou, então, mediante o pagamento de qualquer quantia aos proprietários de tais chácaras" (cf. Antônio Egídio Martins, *São Paulo Antigo (1554 a 1910)*, org. Fernando Góes, São Paulo, Conselho Estadual de Cultura/Imprensa Oficial do Estado, 1973, p. 109).
28. Cf. Kátia M. de Queirós Mattoso, *Ser Escravo no Brasil*, p. 140.
29. Cf. Luís dos Santos Vilhena, *A Bahia no Século XVIII*, volume I (livro I), pp. 130 e 161.

cravas "a ganho" e homens e mulheres livres e pobres, no comércio ambulante de alimentos, viria a se afirmar ao longo do século XIX[30].

No Rio de Janeiro, durante o período dos vice-reis (1763-1808), apregoavam-se "o aluá, a pamonha, a canjica e o gergelim"[31]. Já na segunda metade da década de 1830, escreve o missionário estado-unidense Daniel Parish Kidder, tanto escravos quanto negros libertos vendem uma "grande variedade de frutas" nas ruas:

> Esses artigos são encontrados em profusão nos mercados e apregoados pelas ruas da cidade e dos subúrbios por escravos e negros libertos que os levam geralmente em balaios na cabeça. Os vendedores ambulantes passam constantemente pelas ruas apregoando em altas vozes a natureza e a excelência de suas mercadorias ou emitindo algum som indeterminado, apenas para atrair a atenção do público. Quem quiser comprar alguma cousa, tem apenas que chamá-los com um "psiu", sinal que todos compreendem como sendo um convite para entrar e exibir seu estoque[32].

Pouco antes, em 1834, surgia na corte o grito "Sorvete, Iaiá!"; segundo José Ramos Tinhorão, "após o desembarque de 160 toneladas de gelo trazidas dos Estados Unidos pelo navio *Madagascar*". O transporte do sorvete pelas ruas, nesse tempo, é feito "em latas equilibradas no alto das cabeças", mas o grito alcançaria o século XX, quando os vendedores já empurram "carrinhos de três rodas, com a curiosa forma de navio". Utilizado em mais de uma canção, o pregão acabaria gravado em cinco discos diferentes. Na primeira dessas gravações, há versos que Tinhorão acredita também terem sido aproveitados "do pregão cantado dos sorveteiros cariocas vindos do fim do século anterior"[33]:

> Sorvetinho, sorvetão
> Sorvetinho de ilusão,
> Quem não tem trezentos réis
> Não toma sorvete, não...

30. Cf. Mary C. Karasch, *A Vida dos Escravos no Rio de Janeiro (1808-1850)*, pp. 284-289.
31. Cf. Luís Edmundo, *O Rio de Janeiro no Tempo dos Vice-reis (1763-1808)*, Brasília, Senado Federal, Conselho Editorial, 2000, pp. 29 e 140.
32. Cf. Daniel Parish Kidder, *Reminiscências de Viagens e Permanência no Brasil: Rio de Janeiro e Província de São Paulo*, trad. Moacir N. Vasconcelos, Brasília, Senado Federal, Conselho Editorial, 2001, p. 89.
33. Cf. José Ramos Tinhorão, *Os Sons que Vêm da Rua*, 2ª ed., São Paulo, Editora 34, 2005, pp. 60-65.

Taí, taí,
Chegou, chegou,
Quem não gosta de sorvete
É porque nunca provou...

(E gritando o pregão) Sorvete, iaiá!...[34]

Na quadra inicial da letra, a estratégia de persuasão lembra uma passagem de *Dom Casmurro*, de Machado de Assis: "o pregão que o preto foi cantando, o pregão das velhas tardes, tão sabido do bairro e da nossa infância":

Chora, menina, chora,
Chora, porque não tem
Vintém.

A cena se passa em 1857, no Rio, e quem apregoa é um vendedor de cocadas. Bento (como se sabe, o narrador do romance) observa que a letra era "destinada a picar a vaidade das crianças"[35]. Aludir à possível falta de recursos da clientela, a fim de ferir seu orgulho, atiçar sua prodigalidade e, enfim, obter a venda, desde muito tempo não deve ter sido uma estratégia incomum. Ou, quem sabe, esses pregões estimulassem o mimo, a generosidade ou a sobrançaria de adultos ou mesmo de uma criança mais abastada (novamente como se sabe, tal é a situação de Bentinho, herdeiro inclusive de escravos de ganho, em relação a Capitu). De outro lado, talvez esses cantos ensinassem que pedir ou tomar emprestado constituem atitudes legítimas para a sobrevivência numa sociedade escravocrata, em que as chances de ascensão social são diminutas. Seja como for, a letra de um pregão do Recife, anotado por Nélson Ferreira e publicado por Gilberto Freyre, apresenta sedução semelhante. Tra-

34. *Sorvete, Iaiá*, lundu cantado por Mário Pinheiro, Odeon Record nº 108142, [...] gravado em meados da primeira década do século XX; citado por J. R. Tinhorão, *Os Sons que Vêm da Rua*, pp. 60-61.

35. Cf. Machado de Assis, *Dom Casmurro*, capítulo XVIII, *Obra Completa*, org. Afrânio Coutinho, 3ª ed., Rio de Janeiro, José Aguilar, 1971, vol. 1, p. 829. Gilberto Freyre, em *Casa-grande & Senzala*, reproduz o mesmo pregão de *Dom Casmurro*, apenas com "menino" no vocativo, mas não se refere ao livro de Machado de Assis: afirma que "doce, alfenim e cocada os negros vendiam cantando" tal pregão; cf. *Casa-grande & Senzala*, p. 499 (nota 134 do capítulo V).

ta-se de um dos exemplos exaltados por Freyre, vindo "dos velhos tempos coloniais":

Chora, menino, pra comprar pitomba,
Chora, menino, pra comprar pitomba!
(Falado) Chora, menino! Ei! pi pi pi pi pitomba![36]

Machado de Assis ainda retratou a constância dos pregões no cotidiano do Rio de Janeiro em pelo menos dois contos. Publicado em 1884, em *Histórias sem Data*, "A Segunda Vida", no qual não se assinala precisamente o tempo em que ocorre a ação – o que vai ao encontro do título do livro, como se nota; vale dizer que, em meio aos diálogos, apenas são referidos, enquanto um certo passado, os anos de 1860 e 1861. A frase a que me refiro: "Só lhe chegavam os rumores de fora: – carros e carroças que desciam, quitandeiras apregoando legumes, e um piano na vizinhança". O outro conto é "Marcha Fúnebre", publicado em 1906 em *Relíquias de Casa Velha*, no qual é narrada uma noite de insônia ocorrida em "agosto de 186..."; mas a narração traz para seu próprio tempo o canto dos vendedores: "Vozes de conversa ou de pregão, rodas de carro, passos de gente, uma janela batida pelo vento, nada dessas cousas que ora ouço, animava então a rua e a noite de Cordovil. Tudo era propício ao sono"[37].

Durante a segunda metade do século XIX, o progressivo aumento da imigração de trabalhadores livres, pobres e brancos, as leis de fiscalização contra o tráfico de negros africanos (aprovadas em 1850 e em 1854) e a lenta mas crescente alforria de escravos (até logicamente 1888) são alguns dos fatores que se vinculam à existência de um "grande número de desempregados" nas cidades brasileiras[38]. Nesta que pode ser considerada uma outra etapa do comércio ambulante de comida em Salvador, as principais quituteiras não contariam mais entre aquelas senhoras "proprietárias de escravos de ganho, [certamente] tanto mulheres brancas como mestiças, muitas delas descendentes de libertas", as quais,

36. Cf. Gilberto Freyre, *Guia Prático, Histórico e Sentimental da Cidade do Recife*, p. 180.
37. Cf. Machado de Assis, "A Segunda Vida" e "Marcha Fúnebre", *Obra Completa*, org. Afrânio Coutinho, 3ª ed., Rio de Janeiro, José Aguilar, 1971, vol. 2, pp. 440-446 (a citação que faço entre aspas pode ser lida à p. 443); pp. 680-685 (as citações entre aspas estão nessas duas páginas).
38. Cf. Roberto Moura, *Tia Ciata e a Pequena África no Rio de Janeiro*, Rio de Janeiro, Funarte/INM/Divisão de Música Popular, 1983, pp. 18-19.

preparando as mercadorias mas "tendo uma determinada posição social a manter, não poderiam se expor a vendê-las na rua"[39]. Nem tampouco entre as abadessas de convento, muito embora elas viessem a atender "encomendas, até do estrangeiro". A se acreditar em Gilberto Freyre, na cidade da Bahia "o legítimo doce ou quitute de tabuleiro foi o das negras forras"[40].

Minha intenção, entenda-se, não é promover alguma espécie de concurso culinário. Ao sublinhar a presença (já notada no Rio de Janeiro desde pelo menos a década de 1830, como vimos), e quiçá uma tal proeminência das negras forras na atividade, procuro apenas dar relevo a um expediente que, atravessando Abolição e República oligárquica, avançará até os anos de crescimento urbano-industrial, após 1930, como arrimo tradicional "para grande faixa da população marginalizada das possibilidades regulares de trabalho"[41].

Um ótimo exemplo – bastante afim com o tema a ser desenvolvido – é o de Hilária Batista de Almeida, Ciata de Oxum ou, simplesmente, Tia Ciata. Como se sabe, em uma roda, na sua casa, improvisou-se *Pelo Telefone*, que depois passaria para a história como o primeiro samba carnavalesco a ser registrado (por Donga, em 1916) e gravado (por Bahiano, Manoel Pedro dos Santos, no ano seguinte). Nascida em Salvador, em 1854, além de partideira Ciata foi quituteira, "atividade que tem forte fundamento religioso", como explica Roberto Moura:

> Aliava a seu espírito forte uma crescente sabedoria religiosa e grandes conhecimentos de culinária. Doceira, começa a trabalhar [no Rio, onde chegou com 22 anos]

39. Cf. Katia M. de Queirós Mattoso, "A Opulência na Província da Bahia", *História da Vida Privada no Brasil*, volume 2 (*Império: A Corte e a Modernidade Nacional*), coordenador-geral da coleção: Fernando A. Novais, organizador do volume: Luiz Felipe de Alencastro, São Paulo, Companhia das Letras, 1997, pp. 143-179; a citação que faço pode ser lida à p. 164. Da reflexão da historiadora – que se baseia na análise de inventários do século XIX –, se depreende que as senhoras quituteiras bem podiam morar nas "casas mais opulentas" da cidade, como afirmou Luís dos Santos Vilhena, mas somente à medida que por "opulência baiana" se entenda a ostentação dos "sinais exteriores da riqueza", "o dar-se a parecer" que, concretamente assentado sobre o trabalho escravo, incumbia socialmente quem fosse mais abastado de fornecer "proteção e apoio" a familiares, agregados, protegidos ou amigos.
40. Cf. Gilberto Freyre, *Casa-grande & Senzala*, pp. 454-455.
41. Cf. Roberto Moura, *Tia Ciata e a Pequena África no Rio de Janeiro*, p. 19; o capítulo do qual extraio a citação, "De Salvador para o Rio de Janeiro", sintetiza de modo interessante o estabelecimento da cultura negra na sociedade baiana, durante o século XIX, até a Abolição.

na rua Sete de Setembro e depois na rua da Carioca, sempre com suas roupas de baiana preceituosa que nunca mais abandonaria depois de uma certa idade.

Considerada a tia mais influente da "pequena África no Rio de Janeiro", primeira no terreiro de João Alabá, ela também alugaria "roupas de baiana feitas pelas negras com requinte, para os teatros, e no Carnaval, para as cocotes chiques saírem nos Democráticos, Tenentes e Fenianos, as associações carnavalescas da pequena classe média carioca". A própria Ciata integrava a classe média baixa – "consciente do poder do dinheiro, da necessidade de viabilizar uma vida que mesmo devotada ao trabalho não perdesse sua grandeza", segundo declaração da sua neta Lili[42].

O arrimo que se encontra na venda de comida caseira pelas ruas: essa experiência histórica é que estará na base de *A Preta do Acarajé*, de Dorival Caymmi. Nela, a vendedora ambulante não é uma recordação antiga, pois sai a mercar no cotidiano da Salvador do começo do século XX, como será discutido no capítulo seguinte. Já a lembrança nostálgica do pregão enquanto coisa de tempos passados, tal fez Gilberto Freyre, pode ser notada em outras obras que retomam momentos aparentemente não tão distantes do retratado na composição de Caymmi.

"Os pregões cariocas escreviam no ar o poema da cidade", diria o escritor Álvaro Moreira, na década de 1950, ao recordar, em disco, o começo do século XX, gravando inclusive o *Sorvete, Iaiá*[43]. "Sorvêêêt'iáiá" também é último dos "ruí-

42. *Idem*, pp. 64-70. Sobre o nome de Tia Ciata, à p. 64, Roberto Moura esclarece: "Seu nome 'oficial' afirmado por seus descendentes e que figura nos livros que se referem à baiana é Hilária Batista de Almeida. Entretanto, no seu atestado de óbito, está como Hilária Pereira de Almeida; numa petição para sócia do Clube Municipal encaminhada por seu filho João Paulo em 1949, este escreveria o nome da mãe como Hilária Pereira Ernesto da Silva". Quem é dado a esses pormenores deve saber que o tipo de confusão é bastante comum na história brasileira recente. Por exemplo, o nome de Bide era Alcebíades Maia Barcellos, segundo Roberto Moura (p. 107) e também Jota Efegê (*Figuras e Coisas do Carnaval Carioca*, Rio de Janeiro, Funarte, 1982, p. 239); já Sérgio Cabral, último pesquisador a entrevistar o sambista, escreveu "Alcebíades Barcelos" (cf. *As Escolas de Samba do Rio de Janeiro*, Rio de Janeiro, Lumiar, 1996, p. 247). Citando outro exemplo, agora sem distância alguma: em minha certidão de nascimento, minha avó materna é Lourdes de Carvalho Guedes, repetindo o nome que vai nos documentos de minha mãe; porém minha avó, nos seus próprios documentos, era Maria de Lourdes Carvalho Pereira; na família, ela foi a Dinda; em Guaratinguetá (SP), foi a Dona Lourdes casada com o Seu Dudu e quituteira – mas sem nunca ter saído apregoando: os fregueses buscavam as encomendas na casa dela.

43. "LP de Dez Polegadas Intitulado *Pregões do Rio de Janeiro na Voz de Álvaro Moreira*", citado por José Ramos Tinhorão, *Os Sons que Vêm da Rua*, pp. 64-65; Tinhorão informa que Moreira, gaúcho, se mudou para o Rio em 1910.

dos da rua" recordados por Pedro Nava, "ruídos misturados a cores, a cheiros, a gostos". Na rua Aristides Lobo, entre 1909 e 1911, os pregões se iniciavam desde cedo, pelo "áspero e gritado dos peixeiros, alongando o seu *peiiiiiixcamaró*"; e se encerravam pelos "gritos dos sorveteiros", que "irrompiam da treva quente" quando "já tinha anoitecido e já era depois do jantar"[44].

Nas reminiscências de Manuel Bandeira incluídas no poema "Evocação do Recife", de 1925, também figuram vendedores ambulantes de comida, suas mercadorias e seus pregões. Retoma-se aí o período entre 1892 e 1896, quando Bandeira tinha de seis a dez anos de idade:

> Rua da União onde todas as tardes passava a preta das bananas
> Com o xale vistoso de pano da Costa
> E o vendedor de roletes de cana
> O de amendoim
> que se chamava midubim e não era torrado era cozido
> Me lembro de todos os pregões:
> Ovos frescos e baratos
> Dez ovos por uma pataca
> Foi há muito tempo...[45]

A análise da canção de Caymmi será feita de modo pormenorizado e, creio, esclarecerá a singularidade da composição. Por ora, vale notar que o registro lírico de "Evocação do Recife", bem como as memórias de Pedro Nava ou a frase deixada por Álvaro Moreira se referem não só a um tempo distante, como diz o próprio poema de Bandeira[46], mas a um sentimento diverso daquele que dá o tom à experiência urbana atual. Não me refiro a quando hoje se escuta um amo-

44. Cf. Pedro Nava, *Baú de Ossos: Memórias*, 2ª ed., Rio de Janeiro, José Olympio/Sabiá, 1973, pp. 311 e 314. Devo a indicação a Joaquim Alves de Aguiar.

45. Cf. Manuel Bandeira, *Libertinagem*, em *Estrela da Vida Inteira: Poesias Reunidas*, 2ª ed., Rio de Janeiro, José Olympio/INL, 1971, p.116.

46. Admito que salientar, na análise do trecho de "Evocação do Recife", o testemunho de modificações urbanas é uma redução que parecerá forçada, sobretudo porque se trata de lirismo. Minha justificativa é que, longe de pretender uma interpretação do poema, privilegio nesse trecho tão somente a distância sentida pelo eu-lírico entre o seu estado presente e a infância que "Foi há muito tempo..." Uma vez que, para tanto, ele fala de pregões que estão na sua memória, não no mundo concreto, para o fim deste trabalho é legítimo sublinhar tal desaparição, mantendo à sombra a emoção ali expressada.

lador de facas apregoando e se vai à rua pagar por um serviço praticamente obsoleto. Nesse caso, sempre haverá quem repare na beleza "do que está desaparecendo", para falar com Walter Benjamin[47]. Desaparecendo e, no entanto, ainda vivo no dia a dia das grandes cidades brasileiras, segundo observa e canta, por sua vez, o narrador de *Carioca*, ao escutar e reproduzir um pregão de venda de tapioca.

Já ter despertados uma comoção ou um arrebatamento lírico qualquer, ao ouvir alto-falante de caminhão pela rua, microfone na calçada de loja ou mesmo um vendedor ambulante na praia, é algo, à primeira vista, bem mais difícil[48]. Pode ser que isso ocorra facilmente daqui a algumas décadas, no instante em que as atividades passarem à memória ou estiverem em obsolescência. Por enquanto, o que se pode afirmar é que elas se ligam a um aspecto incômodo, não agradável de nossa experiência. Não apenas porque se tratam de ruídos amplificados ou, na praia, banais, mas porque a vida nas cidades acusa alterações que parecem dificultar o poder de encantamento lírico do comércio ambulante. Discutirei esse ponto, a seguir, procurando demarcar o campo histórico em que *Carioca* se move.

Se quisermos entender por que e como o pregão de rua se mantém até hoje – em forma acústica, antiga, ou em forma amplificada, nova –, devemos observar as funções assumidas pelos segmentos informal e popular do setor de serviços, no processo de industrialização e crescimento urbano. Passo a acom-

47. Cf. Walter Benjamin, "O Narrador: Considerações sobre a Obra de Nikolai Leskov", *Magia e Técnica, Arte e Política (Obras Escolhidas 1)*, trad. Sergio Paulo Rouanet, 6ª ed., São Paulo, Brasiliense, 1993, p. 201.

48. A canção *Sonora Garoa* (Passoca), composta na década de 1980, parece contrariar a afirmação, pois a sua letra explora justamente o lirismo despertado, em São Paulo, pela visão de caminhões e pela audição de radinhos "com voz metálica". Daria um ótimo tema de análise, a qual não empreenderei aqui. Apenas observo que o encanto dessa canção não está exatamente no lirismo despertado pela cidade moderna, e sim no olhar e na escuta que, formados na experiência anterior, interiorana, caipira, enxerga e ouve São Paulo procurando conciliar a sua formação com as novas experiências. A diferença entre o passado e o presente fundamenta a melancolia da canção, o que é uma constante na obra de Passoca. (Uma bonita gravação de *Sonora Garoa*, com citações de *Na Idade da Televisão*, foi feita pelo Vésper Vocal, *a cappella*; cf. *Ser Tão Paulista*, CPC-UMES, CD CPC 047, 2004.)

panhar dois estudos de Francisco de Oliveira, "Crítica à Razão Dualista" e "O Ornitorrinco"[49], reunidos em um só livro pelo autor.

No primeiro ensaio, escrito no princípio da década de 1970, uma das questões discutidas é justamente por que o Terciário foi "o setor que mais absorveu os incrementos da força de trabalho" entre 1939 e 1969. Contra a interpretação de um Terciário "inchado", anômalo por se tratar de um "peso morto na formação do produto"[50], o autor defende a hipótese de que se utilizou "a própria mão de obra criada pelo movimento em direção às cidades – e não de uma reserva pré-capitalista – para prover de serviços as cidades que se industrializavam"[51], lembrando que "antes da década de 1920, com exceção do Rio de Janeiro, as demais cidades brasileiras, incluindo-se nelas São Paulo, não passavam de acanhados burgos, sem nenhuma preparação para uma industrialização rápida e intensa"[52].

49. Cf. Francisco de Oliveira, *Crítica à Razão Dualista/O Ornitorrinco*, São Paulo, Boitempo, 2003.
50. Francisco de Oliveira, *Crítica à Razão Dualista*, pp. 53-54.
51. Francisco de Oliveira, *O Ornitorrinco*, p. 135.
52. Francisco de Oliveira, *Crítica à Razão Dualista*, p. 55. Apenas para que se saiba, inicialmente (1885-1930) a industrialização brasileira se resumiu, à exceção da indústria têxtil, "numa grande quantidade de pequenos estabelecimentos, de caráter artesanal, que produziam alimentos, objetos de vestuário, toucador, velas, móveis etc.", provavelmente "de qualidade inferior e de preço superior ao produto importado" e "como consequência secundária da reorganização capitalista da cafeicultura" (cf. Paul Singer, "Interpretação do Brasil: Uma Experiência Histórica de Desenvolvimento", *História Geral da Civilização Brasileira*, tomo III (*O Brasil Republicano*), 4º volume (*Economia e Cultura, 1930-1964*), direção Boris Fausto, São Paulo, Difel, 1984, pp. 211-216.) Após essa etapa, são distinguidos três outros momentos. O primeiro diz respeito à política de industrialização do Estado Novo (1937-1945) de Getúlio Vargas, que tinha "entre seus principais objetivos o estabelecimento da indústria de base, a ampliação da infraestrutura e a unificação do mercado interno", além do "reequipamento das forças armadas"; observe-se que o setor industrial apresentara, desde 1933, um "vigoroso crescimento", cuja continuidade implicaria a "necessidade da infraestrutura e da oferta de bens intermediários e de capital" (cf. Francisco Luiz Corsi, "Política Econômica e Nacionalismo no Estado Novo", em Tamás Szmrecsányi e Wilson Suzigan (orgs.), *História Econômica do Brasil Contemporâneo*; as citações podem ser lidas, respectivamente, às pp. 8, 4 e 3). O segundo momento se dá quando o Programa de Metas é implantado no governo de Juscelino Kubitschek (1956-1961), recorrendo-se a investimentos estrangeiros que "se concentraram na indústria automobilística, transportes aéreos e estradas de ferro, eletricidade e aço" (cf. Maria Victoria de Mesquita Benevides, *O Governo Kubitschek*, 3ª ed., Rio de Janeiro, Paz e Terra, 1979, p. 237). Nesse período é que foram "assentados os pilares básicos do padrão que se estava internacionalizando através das empresas dos países cêntricos" (cf. Paulo Roberto Davidoff Chagas Cruz, "Capitais Externos e o Financiamento de Longo Prazo no Brasil" em T. Szmrecsányi e W. Suzigan (orgs.), *op. cit.*, p. 183). O terceiro momento realizou-se sob intensa repressão política, "na década dos setenta, quando, por iniciativa estatal, consolidaram-se determinados segmentos das indústrias metalmecânica e química, nucleares do padrão antes referido" (*idem*, loc. cit.); o financiamento das empresas do Governo, contraído junto a bancos privados internacionais, levou ao "desmesurado endividamento externo"

Nessa perspectiva, assim, não há incompatibilidade entre o crescimento urbano-industrial e o tamanho do setor Terciário, pois estamos diante de movimentos complementares. O aumento do Terciário resulta de "um mecanismo fundamental da acumulação: os serviços realizados à base de pura força de trabalho, que é remunerada a níveis baixíssimos, transferem, permanentemente, para as atividades econômicas de corte capitalista, uma fração do seu valor, 'mais-valia' em síntese". Em termos mais amplos, o mecanismo determinaria, aponta o autor, a ligação entre as relações salariais capitalistas e os baixos salários de empregadas domésticas ou o sistema de mutirão para construção de residências de trabalhadores urbanos. Outro exemplo, a ligação entre aumentos na produção e na venda automotiva e serviços de lavagem manual ou consertos em pequenas oficinas. Exemplos finais, a ligação entre o cultivo temporário de lavouras de subsistência, que preparam "a terra para as lavouras permanentes ou para a formação de pastagens" em zonas de ocupação recente, e os preços rebaixados dos gêneros alimentícios nas grandes cidades; bem como, caso que nos interessa mais diretamente, "a simbiose entre a 'moderna' agricultura de frutas, hortaliças e outros produtos de granja com o comércio ambulante"[53].

Além do "carro dos ovos" e do caminhão de frutas, já aludidos, é comum encontrar hoje em São Paulo, mesmo numa grande via como a rua Cerro Corá, vendedores de mandioca e banana carregando os produtos em carrinhos de mão, assim como pães sendo vendidos por ambulantes que se locomovem em bicicletas dotadas de grandes cestos. Desse modo, os baixos salários de grande parte da população empregada formalmente se combinam à compra de produtos baratos vendidos nas ruas: quitutes caseiros, pães feitos por internos em hospitais psiquiátricos, gêneros alimentícios de pequenos produtores rurais – ou, ainda, cópias (não-autorizadas) de CDs e DVDs de sucesso, eletrônicos contrabandeados ou furtados ou roubados, falsificações de marcas (que têm alto índice de *recall*) de produtos de limpeza.

(*idem*, p. 202), abrindo "as portas à financeirização da economia e das contas do Estado brasileiro" (cf. Francisco de Oliveira, *O Ornitorrinco*, p. 132).

53. Cf. Francisco de Oliveira, *Crítica à Razão Dualista*, pp. 42-60; as citações literais são retiradas das pp. 43 e 57. Para uma discussão mais ampla sobre a agricultura no período, cf. "A Modernização da Agricultura", capítulo v de T. Szmrecsányi e W. Suzigan (orgs.), *História Econômica do Brasil Contemporâneo*; ver também João Manuel Cardoso de Mello e Fernando A. Novais, "Capitalismo Tardio e Sociabilidade Moderna", *História da Vida Privada no Brasil*, vol. 4 (*Contrastes da Intimidade Contemporânea*), especialmente pp. 574-586, 598-600 e 619-620.

Como se vê, práticas informais e ilegais aí se juntam, dando testemunho de uma certa continuidade - o que é fundamental para este trabalho - tanto do modo como *negros de ganho*, *negras ganhadeiras*, mão de obra (negra) forra ou (branca emigrada) livre resolviam o seu problema de sobrevivência quanto dos "furtos de alimentos, de roupas, de dinheiro" pelos negros cativos, ou da receptação de parte da colheita desviada por escravos de fazenda[54]. Isso para não dizer da continuidade que bicicletas e carrinhos de mão, na geografia acidentada da Cerro Corá paulistana e suas adjacências, parecem representar de fardos levados à cabeça ou aos ombros por carregadores negros durante o Novecentos, na "topografia extraordinariamente íngreme" de Salvador[55].

O salto entre os momentos históricos foi grande, e convém assim explicar-me melhor. Quando observo certa continuidade, não estou ignorando as diferenças palpáveis entre um e outro contexto - entre a escravidão e o trabalho livre informal, entre as configurações diversas do próprio trabalho livre informal ao início e ao final do século XX, entre a agricultura de subsistência anterior e a posterior à industrialização, ou em relação ao nível de desenvolvimento tecnológico e acesso aos bens de consumo nos dois períodos etc. Estou procurando, sim, esclarecer o enquadramento histórico de dois compositores que, com a

54. Cf. Kátia M. de Queirós Mattoso, *Ser Escravo no Brasil*, pp. 139-140 e 157-158; nesta última página, a autora transcreve uma quadra cantada "com raiva: Branco diz que preto furta / preto furta com razão / sinhô branco também furta / quando faz a escravidão".

55. Cf. Jacob Gorender, *O Escravismo Colonial*, p. 457. Cf. Kátia M. de Queirós Mattoso, *Ser Escravo no Brasil*, pp. 140-141 e *Bahia: A Cidade do Salvador e seu Mercado no Século XIX*, p. 175. Os escravos *cangueiros* carregavam, nas cidades brasileiras do século XIX, absolutamente tudo: desde passageiros a sacos de açúcar e de café, tonéis de vinho, pianos, materiais de construção (inclusive em Salvador, do porto para a cidade alta) ou cargas, aos nossos olhos, ridículas - "'um lápis de cera para lacrar e duas penas novas'", "'um pacote não duas vezes maior do que uma carta'", "'um livro'"; explica Gorender, "o homem livre se sentiria humilhado e desprezado se fosse visto na rua com o mais ínfimo pacote na mão, entregue, por isso, ao negro alugado na hora" (cf. Jacob Gorender, *op. cit.*, pp. 455-459; Mário Maestri, *O Escravo no Rio Grande do Sul: Trabalho, Resistência e Sociedade*, 3ª ed., revista e ampliada, Porto Alegre, Editora da UFRGS, 2006, p. 91; Kátia M. de Queirós Mattoso, *Ser Escravo no Brasil*, p. 140; Gilberto Freyre, *Guia Prático, Histórico e Sentimental da Cidade do Recife*, p. 180; Mary C. Karasch, *A Vida dos Escravos no Rio de Janeiro (1808-1850)*, pp. 263-267). Sobre o transporte de cargas e de passageiros (em redes, cadeirinhas ou liteiras) no Caminho do Mar, entre Santos e São Paulo, ao longo do século XVII e "quase até meados" do XIX, transporte feito por "índios de carga" escravos ou, depois, por "bastardos e mamelucos, que faziam o mesmo trabalho mediante remuneração", cf. Sérgio Buarque de Holanda, *Caminhos e Fronteiras*, Rio de Janeiro, José Olympio, 1957, pp. 148-156; cf. ainda John Manuel Monteiro, *Negros da Terra: Índios e Bandeirantes nas Origens de São Paulo*, pp. 122-126.

distância de seis décadas, observaram uma mesma prática socioeconômica – o pregão de venda de comida, na rua – e a levaram para o corpo de suas canções. A fim de pesquisar o vínculo da obra de Dorival Caymmi com a experiência de uma Salvador ainda com hábitos coloniais, conforme será analisado no capítulo II, tive de recorrer aos livros. No caso da composição de Chico Buarque, cuja letra atua ao modo de uma crônica jornalística, conforme se discutirá no capítulo III, os exemplos do dia a dia que anotei apenas lembram que o início do relato de *Carioca* está longe de ser estranho a quem caminha atualmente pelo Rio de Janeiro ou por qualquer outra grande cidade brasileira. A articulação entre uma Salvador ainda com modos coloniais e um Rio em tempos de Terceira Revolução Industrial e capital globalizado, por fim, é que exige a busca de respostas para além do caráter residual que o pregão de vendedores ambulantes hoje tem, dadas as novas formas que esse tipo de anúncio assume, bastante audíveis a qualquer um e, já se disse, pouco ou nada encantadoras.

Vejamos de que modo Francisco de Oliveira argumenta acerca da permanência de traços antigos em nossa sociedade. A conciliação entre expedientes considerados ultrapassados e o avanço da modernização brasileira ao longo do século XX, de um lado, é por ele pensada no âmbito da "filiação da economia brasileira ao sistema capitalista"; de outro, é entendida como um encaixe que se deu a partir de condições particulares: "o específico da revolução produtiva sem revolução burguesa era o caráter 'produtivo' do atraso como condômino da expansão capitalista". Em outras palavras, a falta de ruptura revolucionária – pela acomodação entre a burguesia empresário-industrial e as classes proprietárias rurais, num pacto firmado a partir de condições externas geralmente adversas à industrialização brasileira e favoráveis à exportação de produtos primários – cuidou de manter as classes trabalhadoras entre dois regimes, diversos mas combinados: as leis trabalhistas formais, capitalistas, e as práticas informais, "padrões não-capitalísticos de relações de produção, como forma e meio de sustentação e alimentação do crescimento dos setores estratégicos nitidamente capitalistas, que são a longo prazo a garantia das estruturas de dominação e reprodução do sistema"[56].

56. Cf. Francisco de Oliveira, *Crítica à Razão Dualista*, pp. 61-69; *O Ornitorrinco*, pp. 128-132; as citações literais são retiradas, respectivamente, das pp. 62, 131 e 69. Deve ficar claro que, circunscrito ao propósito deste trabalho e ciente de minhas limitações no conhecimento da Eco-

Dentre as práticas informais, sabe-se, é que se inclui o comércio ambulante – o qual, atualmente, "muitas vezes não passa de um mercado ilegal e brutalizado", conforme observou (em outro contexto) Robert Kurz[57]. Se uma certa permanência do nosso passado escravagista, ao menos em suas linhas gerais, desse modo é explicado, resta verificar por que a vida urbana, à parte o irritante do barulho, parece recusar as novas formas de pregão que não cessam de aparecer. Creio que as imitações de marcas famosas e as reproduções fora da lei de CDs e DVDs, muito bem-vendidas nas ruas, sugiram uma razão que, não sendo a única, é constitutiva do desagradável do caminhão e do microfone na calçada. Faltaria a esses anúncios deixar de ser pregão, forma antiga, e assumir o aspecto moderno de *jingle*[58]. As conhecidas "musiquinhas do caminhão de gás" já estão nesse âmbito, mas são peças mais simples – *logotons*, assinaturas sonoras que simbolizam as várias marcas do produto.

O pregão é uma melodia curtida no esforço do trabalho e na integração do sujeito à cidade. Ele nos apresenta uma certa *pessoalidade coletiva*, viva em meio ao nosso processo de modernização. Produzido em bases diferentes, próprias da racionalidade capitalista (e que tantos prêmios internacionais têm legado aos nossos publicitários), o *jingle* busca auxiliar na construção de marcas que possam ser consumidas (e inevitavelmente copiadas) em grande escala, o que significa vender uma determinada *individualidade impessoal*.

Embora tornado anônimo pelo movimento urbano e pela distância social, o pregão fala de um determinado comerciante. "Cada um se caracteriza pelo

nomia, procuro retomar a exposição do autor em seus pontos essenciais, o que é insuficiente para que se conheça toda a sua argumentação. De resto, como o próprio Francisco de Oliveira já expôs, o seu pensamento acompanha uma certa interpretação da formação da sociedade brasileira desenvolvida, em diferentes ângulos, por Gilberto Freyre, Caio Prado Jr., Sérgio Buarque de Holanda, Machado de Assis – na interpretação de Roberto Schwarz –, Celso Furtado e Florestan Fernandes (cf. "Privatização do Público, Destituição da Fala e Anulação da Política: O Totalitarismo Neoliberal", em Francisco de Oiveira e Maria Célia Paoli (orgs.), *Os Sentidos da Democracia*, 2ª ed., Petrópolis, Vozes; Brasília, Nedic, 1999, pp. 55-81). Essa tradição de interpretação foi examinada por José Antonio Pasta Jr. em "Le Rythme Singulier d'une Formation Historique", em Pasta Jr. & Penjon (orgs.), *Littérature et Modernisation au Brésil*, Paris, Presses Sorbonne Nouvelle, 2004, pp. 7-12.

57. Cf. Roberto Kurz, "Para Além de Estado e Mercado", *Folha de S. Paulo (Mais)*, 3.12.1995, p. 5-14.
58. Cf. José Ramos Tinhorão, "Os Anúncios Cantados e os *Jingles*", *Música Popular: Do Gramofone ao Rádio e TV*, São Paulo, Ática, 1981, pp. 88-105. Cf. Roberto Simões, "Do Pregão ao *Jingle*", em R. C. Branco, R. L. Martensen e F. Reis (coord.), *História da Propaganda no Brasil*, pp. 171-202.

seu pregão e cada pregão evoca, fatalmente, a figura conhecida do pregoeiro"[59]. Por exemplo, o Homem da Ostra, no Recife, lembrado por Gilberto Freyre[60] e por Mário Sette; o segundo identificou, em 1946, quem era aquele negro, então com oitenta anos e "conhecido em toda a cidade por seu pregão" – mas "sem se preocupar em apurar-lhe o nome", conforme observou José Ramos Tinhorão[61].

O canto de um pregão que vai se firmando na memória de uma cidade é trabalhado mas preserva as suas arestas, e é essa junção que imprime traços – inclusive ou sobretudo melancólicos – de uma vida concreta, particular, no anúncio ouvido coletivamente pela multidão. Desse reconhecimento, pela multidão, de uma tal singularidade, estrutura-se mais tarde o caráter específico da nostalgia do pregão: recorda-se a própria experiência de ouvinte formada em um tipo de contato, com o mundo da rua, cuja medida ainda é o próprio homem.

Já o *jingle* aspira a ser um produto liso, capaz de esconder o trabalho humano nele investido. A sua medida se estabelece no Brasil, desde a década de 1990, pela perfeição dos produtos digitais – as vozes que escutamos sendo sobretudo agradáveis, simpáticas, limpas, dignas da natureza virtual ou divina dos artistas. Cantores de *jingle* sabem, devem cantar de modo claro, bem pronunciado, afinado, devem ostentar de forma precisa exatamente a emoção que se pretende conferir à mercadoria anunciada, como quem se comunica com uma criança exigente. No limite, a dicção perfeita deve traduzir para o consumidor a máxima do palhaço da McDonald's: "Ronald não trabalha, ele se diverte"[62]. Assim, um(a) cantor(a) de *jingle* nunca deve expressar uma personalidade própria. Seria como um rosto vincular-se de modo definitivo

59. Cf. F. Acquarone, *História da Música Brasileira,* Rio de Janeiro; São Paulo; Belo Horizonte, Livraria Francisco Alves/Editora Paulo de Azevedo Ltda., s.d., p. 285.

60. Cf. Gilberto Freyre, *Guia Prático, Histórico e Sentimental da Cidade do Recife*, p. 178.

61. Cf. José Ramos Tinhorão, *Os Sons que Vêm da Rua*, p. 71. No início da década de 1980, na praia de Pitangueiras, no Guarujá, um vendedor ambulante se destacava por gritar o horário acertando na contagem dos minutos. Como andasse sem relógio, ninguém sabia bem como ele fazia aquilo, parando para vender todo o tempo. Já não me lembro o produto que levava – bebida, queijadinha, sorvete, sanduíche? – e nunca soube seu nome, mas fica aqui o registro de sua completa e absurda singularidade.

62. A frase não é invenção minha: foi dita por uma diretora de *marketing* para os EUA da McDonald's, Amy Murray, como resposta a quanto ganham as pessoas que dançam vestidos de Ronald, em *shows* ou comerciais (cf. Shirley Leung e Suzanne Vranica, "McDonald's Cultiva Mística do Sigiloso Ronald", *O Estado de S. Paulo (The Wall Street Journal Americas)*, 30.5.2003, p. B12).

ao anúncio de qualquer coisa - o que só vale a pena em alguns poucos casos, muito bem remunerados.

Isso tudo deve ser relativizado, obviamente, quando a peça publicitária é cantada por alguém famoso, ou quando se parafraseia uma canção de sucesso, pois aí o reconhecimento público da canção e/ou do(a) intérprete dará prestígio à mercadoria e a recobrirá com algum tipo de sentimento, por associação. Ainda assim, a nostalgia que o *jingle* desperta, quando recolhido à memória, não é igual à do pregão. O que forma a substância de sua recordação não é o caráter particular do anúncio nem do anunciante, mas a "poesia que emana de qualquer poder quando ele é passado para trás", para falar com Roberto Schwarz[63]; poesia essa que dará outro brilho à sonoridade das aliterações e das assonâncias e ao ritmo das frases, em si mesmos já bastante desgastados pelo uso.

2. A Fala, o Canto e a Dança

Depois de fixadas as linhas gerais da história do pregão no Brasil - e observado que, para a atualidade dificultosa desse tipo de anúncio, contribui a presença do *jingle*, que se afirma hoje como padrão de anúncio sonoro -, lembro que o problema deste trabalho é descrever de que modo experiências históricas se condensam em *A Preta do Acarajé*, em 1939, e *Carioca*, em 1998. Para alcançar tal intento, é preciso investigar mais a fundo as características gerais da forma do pregão, e verificar suas relações com a forma da canção popular-comercial brasileira.

Pode-se dizer que o pregão é um tipo de anúncio que sempre ambicionou deixar de ser compreendido apenas intelectualmente para assumir interesse sensorial e emocional, aproximando-se assim, em sua linguagem utilitária, da linguagem estética. Essa ambição, contudo, a princípio não desmente o seu caráter utilitário imediato. O vendedor apregoa porque comercia, e o que está à venda não é o seu pregão. É exemplar, a esse respeito, o registro de uma conversa que, embora mantida de forma despretensiosa, creio que alcance um

63. Cf. Roberto Schwarz, "Nacional por Subtração", *Que Horas São?: Ensaios*, São Paulo, Companhia das Letras, 1987, p. 34.

interesse maior do que o de simples anedota. Em 2005, no bairro de Perdizes, perguntei a um vendedor ambulante de cocadas onde ele havia aprendido a cantar bonito daquele jeito:

Leva a cocada cremosa é boa![64]

Figura 5

Estávamos parados diante de um edifício em construção, e um operário, que desembrulhava o doce comprado por cinquenta centavos, concordou: "Esse cabra é baiano". Marcelo, nascido em Cuité, sertão da Paraíba, e morando em São Paulo desde 1984, riu. Como eu insistisse no elogio, ele respondeu: "Cantar? Aprendi a chorar. Se não chora, ninguém compra".

Entre a fala, o grito e o canto, há uma passagem lógica regida pela intenção de se fazer ouvir por um público mais numeroso. Mas a diferença de um ponto (a fala) a outro (o canto) acusa não somente alteração na intensidade do som (volume) como, principalmente, uma mudança na forma de o pensamento se expressar. Essa mudança foi tratada por Mário de Andrade como a passagem da palavra falada de "instrumento oral" a "instrumento musical". Aplicando a ideia ao caso que nos interessa, o pregão, ao ser gritado ou cantado, aspira à "imediata intensidade fisiológica do som musical", pretendendo, com isso, atingir "necessariamente a nossa psique pelo dinamismo que nos desperta no corpo", enquanto deixa em segundo plano "a inteligibilidade e a imediata intensidade psicológica da palavra oral"[65].

José Ramos Tinhorão já notou que "o pregão revela uma tendência inapelável para transformar-se em música, uma vez que o apregoador, ao ir descobrindo aos poucos as amplas possibilidades da modulação da sua voz, acaba

64. Ouvido e anotado a 15 de setembro de 2005.
65. Cf. Mário de Andrade, "Os Compositores e a Língua Nacional", *Aspectos da Música Brasileira*, Belo Horizonte; Rio de Janeiro, Villa Rica, 1991, pp. 32-33.

invariavelmente cantando em bom sentido os nomes dos artigos que tem para vender ou que deseja comprar"[66]. Não é de admirar, assim, que, desvinculados de sua função original, anúncios desse tipo tenham integrado canções em mais de um caso. Creio que não seja mesmo difícil admitir essa forma antiga de publicidade - ou essa forma de publicidade antiga - como matéria-prima bastante apropriada para os cancionistas, por conta de quatro aspectos que sintetizariam a relação:

a. existe uma coincidência formal entre o pregão e a canção popular-comercial brasileira: ambos se constroem basicamente na passagem da fala ao canto;

b. o conteúdo do pregão, porém, é o anúncio de uma mercadoria ou de um serviço, enquanto a canção vende a si mesma;

c. já o vínculo básico entre forma e conteúdo, nos dois casos, se assemelha pois, quando a fala passa a ser cantada, explora-se o conteúdo emotivo e sensorial que, sendo a própria razão de ser da canção, torna um anúncio mais eficaz;

d. há um tipo de canção popular-comercial que não vende a si, mas ao artista, atuando, assim, de modo análogo a qualquer pregão. No atual contexto histórico, contudo, é mais adequado dizer que esse tipo de canção funcionaria como um *jingle* - o qual também procura investir a mercadoria anunciada de componentes afetivos, mobilizando o consumidor.

Teríamos, portanto, uma semelhança geral entre pregão e canção: o vínculo emotivo e sensorial que há na junção de forma e conteúdo. Dependendo do tipo de canção, haveria ainda uma segunda semelhança - a primazia do caráter comercial -, que anularia uma diferença básica: vender mercadoria alheia ou vender a si mesma. Já a grande coincidência entre ambos será vista mais detalhadamente.

Antes, esclareço estar ciente de que a canção popular-comercial brasileira, desde a sua formação, sempre teve muitas fontes, recolhendo materiais diversos, de procedência nacional, estrangeira, popular, erudita, industrial, rural, urbana. Não se trata aqui de afirmar o pregão de rua como única fonte, nem tampouco como a principal. Ocorre que investigar as relações entre ambos ajuda a tornar mais claro um ponto essencial da vigência desse tipo de canção

66. Cf. José Ramos Tinhorão, *Os Sons que Vêm da Rua*, p. 59.

no Brasil: a sua dupla natureza, estética e comercial. O equilíbrio ou o desequilíbrio entre arte e comércio na chamada canção de rádio, ao longo do século XX, é a perspectiva histórica mais extensa que anima este trabalho. Por meio do exame intensivo de duas obras, se buscará sinalizar dois momentos de transformações capitais, contribuindo para o entendimento mais aprofundado do processo como um todo.

Assim, *A Preta do Acarajé* assinala o momento em que os antigos pregões, "vindos dos velhos tempos coloniais", vão se retirando do dia a dia das trocas mercantis, no mundo urbano, para se tornarem memória e canção popular-comercial; ou, na formulação de José Ramos Tinhorão, "um quadro sonoro de época, digno de ser lembrado"[67]. *Carioca*, o momento em que o pregão ainda persiste em sua forma arcaica nas grandes cidades, mas integrado a uma economia informal que se mistura definitivamente com a ilegalidade; nesse quadro, que é o atual, a chance histórica parece ser, tanto para o pregão de rua quanto para a canção, aceitar como parâmetro sonoro o *jingle*, o que significa integrar-se ao mercado hegemônico da mercadoria industrial e do espetáculo. Essas relações, aqui enunciadas de maneira alusiva, bastante genérica, se tornarão mais concretas somente ao término da análise.

Retomemos aquele aspecto ainda não comentado. Afirmei que o pregão de rua e a canção popular-comercial brasileira têm origem na fala, sendo essa a coincidência formal de ambos. Se a afirmação parece razoável aplicada ao primeiro, referida à segunda pode causar estranheza. Por que, afinal, a canção também se originaria da fala coloquial, uma ideia que, lançada assim sem mais nem menos, parece desconsiderar todo o trabalho musical de vários artistas, há tanto tempo?

Começo lembrando que o texto de Mário de Andrade, citado anteriormente, foi escrito em 1937, a propósito da canção erudita. Mas no *Ensaio sobre a Música Brasileira*, publicado em 1928, Mário já notara o "valor específico" do vínculo entre fala e música em "danças cariocas e grande número de peças nordestinas. Porque nestas zonas os cantadores se aproveitando dos valores prosódicos da fala brasileira tiram dela elementos específicos essenciais e imprescindíveis de ritmo musical. E de melodia também". Juntam-se aí referên-

67. Cf. José Ramos Tinhorão, *Os Sons que Vêm da Rua*, p. 76.

cias tanto ao universo popular de tradição oral quanto à canção de rádio (as "danças cariocas" se referem aos sambas amaxixados de Sinhô, gravados em disco), a qual nos interessa diretamente[68].

A principal referência teórica, contudo, é o trabalho de análise formal da canção desenvolvido pelo linguista Luiz Tatit, desde a década de 1980. Tatit se fundamenta na mesma ideia: "o canto sempre foi uma dimensão potencializada da fala"[69]. Em termos bastante sucintos, pode-se dizer que o seu estudo – radicado na semiótica greimasiana e, atualmente, já com vários desdobramentos internos – parte do fator identitário de qualquer canção: a compatibilidade (no plano de conteúdo) e a adequação (no plano de expressão) entre letra e melodia. O elemento chave de ligação formal entre as palavras e as notas musicais é a entoação, ou seja, a melodia natural, instável e descartável da fala; na melodia da canção, a entoação se estabiliza e permanece. A partir do exame dos vestígios de traços entoativos, preservados em alguma medida numa canção qualquer, Tatit afirma inclusive haver uma ligação estreita entre a fala do ouvinte e o canto do intérprete, o que contribuiria para o caráter popular dessa forma estética:

> A canção popular é produzida na intersecção da música com a língua natural. Valendo-se de leis musicais para sua estabilização sonora, a canção não pode, de outra parte, prescindir do modo de produção da linguagem oral. Daí a sensação de que um pouco de cada nova obra já existia no imaginário do povo, senão como mensagem final ao menos como maneira de dizer[70].

Pensando somente nas análises que serão feitas nos próximos capítulos, resumirei alguns pontos essenciais da análise do linguista. São três os processos formais, por ele descritos, de adequação entre letra e melodia. Quando a melodia tende a acompanhar mais de perto a linguagem oral, estruturando-

68. Cf. Mário de Andrade, *Ensaio sobre a Música Brasileira*, p. 23.
69. Cf. Luiz Tatit, *O Século da Canção*, Cotia (SP), Ateliê Editorial, 2004, p. 41; ver também *Semiótica da Canção*, São Paulo, Escuta, 1994, especialmente o capítulo IV, "Composição", pp. 229 a 280. Respondendo recentemente a uma pergunta sobre a possível crise da forma-canção e o seu desmantelamento, em face da primazia da música eletrônica, Tatit argumentou: "A canção é e sempre será uma extensão da fala, que também possui melodia e letra. Enquanto os povos falarem, esses mesmos povos criarão suas canções como consequência imediata" (cf. Alexandre Mathias, "Fina Estampa", *Folha de S. Paulo* (*Mais*), 29.8.2004, p. 8).
70. Cf. Luiz Tatit, "A Construção do Sentido na Canção Popular", *Musicando a Semiótica*, São Paulo, Annablume, 1997, p. 87.

-se musicalmente, por graus imediatos ou cromatismo, em contornos pouco reiterativos, tem-se a *figurativização*. Quando, ao contrário, são as palavras que encaixam, nem que seja à força (ocorrendo silabada, ou seja, desrespeito à acentuação da palavra), numa melodia reiterativa, o processo é chamado *tematização*. Por fim, quando há maior duração das notas cantadas e exploração de notas agudas, muitas vezes alcançadas a partir de saltos intervalares, tem-se a *passionalização*.

Quanto às letras, a compatibilidade estaria garantida, em cada um dos casos: na *figurativização*, pela encenação de situações de conversa; na *tematização*, pela exaltação de algo (muitas vezes a própria canção ou o seu gênero) ou de alguém; e na *passionalização*, pela situação de distância do objeto desejado – sem que essas indicações sumárias, é claro, pretendam abranger a variedade inumerável de letras existentes ou possíveis. Tatit, numa primeira fase, estudou a predominância de cada processo em três tipos de canção, os quais, de certo modo, configuravam o mercado na década de 1930: *figurativização*, samba de breque; *tematização*, samba carnavalesco; *passionalização*, samba de meio de ano. Numa segunda fase, passou a atentar à presença e à interação dos processos em canções de vários períodos[71].

Ao iniciar as análises formais de *A Preta do Acarajé* e de *Carioca* para este trabalho, utilizando tanto a teoria literária e a musical quanto os procedimentos estudados e propostos por Luiz Tatit, notei que as melodias das canções pareciam ter, de fato, uma forte ligação com a fala coloquial. Mas também percebi que isso não se dava só pelos vínculos da melodia com a entoação, estabelecidos por meio dos processos de adequação e compatibilidade aqui muito sucintamente expostos. A relação entre fala e canto podia ser percebida também na construção do ritmo do canto, nos dois casos. Assim, na análise formal das canções, apresentadas nos dois capítulos seguintes,

71. Cf. Bibliografia consultada. Para um resumo bem mais extenso e aprofundado, feito pelo próprio linguista, cf. Luis Tatit, "Dicção do Cancionista", *O Cancionista*, São Paulo, Edusp, 1996, pp. 9-27 (à p. 14, comenta-se o trecho de "Os Compositores e a Língua Nacional", de Mário de Andrade, aqui também citado).

acabei divergindo do trabalho de Tatit (à medida que percebi que não poderia deixar de lado a investigação do ritmo do canto, pois esse elemento era fundamental à identidade das canções pesquisadas e à formação de seu sentido) para com ele, em parte, concordar (também esse ritmo se ligava à fala, se originava da interação da fala com o ritmo de acompanhamento). Importante é adiantar, desde já, dois aspectos. Primeiro, que o ritmo do canto, ao se submeter aos compassos musicais (próprios dessa forma de canção brasileira), acaba adotando uma expressão rítmica bem mais rígida que a da linguagem coloquial, na qual o ritmo é livre. Essa diferença, contudo, a princípio pode ser vista como semelhante à relação que se dá entre a instabilidade da entoação e a frase musical estabilizada. Segundo, que a fala cantada, em contato com o ritmo musical do acompanhamento, acusará aquela mudança observada por Mário de Andrade: na sincopação que altera o que seria uma declamação quadrada da letra, afirma-se a proeminência do estímulo físico em detrimento do raciocínio. Esse ponto influirá decisivamente na percepção do sentido profundo das canções, uma vez que nelas a fala é transfigurada pela dança ou pelo balanço que rege o ritmo do canto.

Fernando José Carvalhaes Duarte, quando analisava o ritmo melódico de *Peguei um Ita no Norte* (Dorival Caymmi), retomou a pergunta sobre a "formação da síncopa: ela está no pé prosódico ou no pé da dança? O binarismo é intrínseco à dicção ou o 'corpo é seu dono?' " E ponderou: "A especial leveza, a famosa flexibilidade da síncopa brasileira é sem dúvida relacionada à baixa energia do fluxo de ar na fase posterior do *sopro*, que se adapta ao binário [...]. Os fatores musicais, contudo, também podem ser arrolados para justificar a sincopação"[72]. Neste trabalho, buscando incorporar ao estudo da forma da canção proposto por Luiz Tatit a relação entre fala e dança, me aproximo da postura de Fernando Carvalhaes. E me distancio, portanto, da certeza com que Tatit afirma:

> Parece-nos evidente que a regularidade do uso das síncopas, sobretudo as que desconsideram as fronteiras de compasso, na música popular brasileira de sempre, decorre bem mais desse esforço de musicalização da instabilidade da linguagem oral do que, es-

72. Cf. Fernando José Carvalhaes Duarte, "A Sílaba (Tonta de Tanto Tom) na Boca das Eras: Notação Prosódica da Música Brasileira", em Cláudia N. de Matos, Elizabeth Travassos e Fernanda T. de Medeiros (orgs.), *Ao Encontro da Palavra Cantada*, Rio de Janeiro, 7 Letras, 2001, p. 146.

pecialmente, de uma evolução progressiva do componente rítmico. Em outras palavras, a própria evolução rítmica demonstra justamente que precisávamos dispor de formas mais complexas para traduzir o que já criávamos com naturalidade nas conversas cotidianas[73].

Em busca de um instrumento de análise do ritmo do canto, concentrei-me em três autores. Primeiro, Mário de Andrade, o qual, além da ideia já destacada acima, cogitou a respeito da interação entre o ritmo da palavra e o ritmo musical em mais de um texto, deixando observações fundamentais sobre o assunto. Segundo, M. Cavalcanti Proença, que, em *Ritmo e Poesia*[74], estudou a possibilidade de compreensão do ritmo dos versos por meio de sua escrita no compasso musical. Terceiro, Carlos Sandroni, que pesquisou as modificações do samba carioca, entre 1917 e 1933, em *Feitiço Decente*[75].

Neste último trabalho, observou-se a existência de dois paradigmas rítmicos para a melodia, sendo que a substituição do primeiro pelo segundo representou, ao lado de outros fatores, a passagem do samba de sua fase amaxixada, por assim dizer (de que é exemplo *Pelo Telefone*, de Donga e Mauro de Almeida, gravado por Bahiano em 1917), à fase do samba que reconhecemos como tal (por exemplo, *Se Você Jurar*, de Ismael Silva, Nílton Bastos e Francisco Alves; *O Orvalho Vem Caindo*, de Noel Rosa e Kid Pepe; *Aquarela do Brasil*, de Ary Barroso). Em outras palavras, cada paradigma rítmico da melodia definiria um estilo diverso de samba. Traço em comum, ambos os paradigmas chegaram ao canto depois de haverem nascido no acompanhamento musical (um processo, conforme veremos adiante, intuído por Mário de Andrade em relação ao samba rural paulista). Desse modo, pode-se entender que a pesquisa de Sandroni se coloca em um polo oposto ao da análise desenvolvida por Tatit, à medida que assinala, como centro do ritmo melódico, determinações musicais: aponta-se que, naqueles dois estilos de samba, um padrão rítmico pré-determinado atuou na seleção das palavras cantadas e na formação das frases melódicas, estivesse o compositor consciente de tal processo ou não; para o intérprete (acrescento eu), a consciência intuitiva de um paradigma melódico estabeleceria a diferença entre atravessar um samba ou cantá-lo com ginga capaz de derrubar o público.

73. Cf. Luiz Tatit, *O Século da Canção*, p. 173.
74. Cf. M. Cavalcanti Proença, *Ritmo e Poesia*, Rio de Janeiro, Organização Simões, 1955.
75. Cf. Carlos Sandroni, *Feitiço Decente*, Rio de Janeiro, Jorge Zahar/Ed. UFRJ, 2001.

O problema é que nenhum dos dois paradigmas estudados por Sandroni vale para *A Preta do Acarajé* ou *Carioca*. Foi preciso, assim, que eu construísse um novo instrumento de análise, a fim de examinar a forma dessas canções. É verdade que a exposição dos procedimentos a serem adotados poderá ser algo aborrecida, o que será feito na parte seguinte. Ainda assim, isso é necessário, por dois motivos. Em primeiro lugar, para que, nas análises, se reafirme a ligação íntima que o canto de *A Preta do Acarajé* e o de *Carioca* mantêm, ao que parece já em seus processos de composição, com a linguagem oral. Em segundo lugar, para que, estudando-se a sincopação da fala no canto, se compreenda melhor de que maneira a experiência histórica, condensada nas canções, nelas se potencializa e assume outros significados[76]. O próprio Tatit, em que pese a discordância ora apresentada, já relembrou, mais de uma vez, que o conteúdo de uma canção é dado por sua letra e a expressão, por sua melodia[77]. O sentido profundo da forma dessas canções, assim, deve ser buscado nessa articulação, ou seja, no modo de expressão das palavras cantadas, sob influência da dança ou do balanço.

3. Proposta de um Novo Instrumento Teórico para a Análise do Ritmo do Canto

A Preta do Acarajé divide-se em duas partes musicais bem distintas. Na primeira delas, a letra se compõe de quadras de redondilhas menores. Afora dois casos isolados, os versos apresentam sempre a mesma segmentação – acentos na 2ª e na 5ª sílaba. Tomando-se a primeira estrofe cantada como exemplo:

Dez horas da noite	Dez/ *ho*/ras/ da/ *noi*/te
Na rua deserta	Na/ *ru*/a/ de/*ser*/ta
A preta mercando	A/ *pre*/ta/ mer/*can*/do
Parece um lamento	Pa/*re*/ce um/ la/*men*/to

76. Inspiro-me em observação de Roberto Schwarz, ao analisar a poesia pau-brasil de Oswald de Andrade; (cf. "A Carroça, o Bonde e o Poeta Modernista", em R. Schwarz, *Que Horas, São?*, p. 23).
77. Cf. Luiz Tatit, "Manifestação das Categorias Temporais", *Musicando a Semiótica*, p. 150; ver também *A Canção: Eficácia e Encanto*, São Paulo, Atual, 1986.

Na gravação de 1939, Dorival Caymmi canta essa primeira parte sempre repetindo uma mesma figura rítmica, todas as vezes. Meu interesse por investigar o ritmo melódico nasceu da percepção de que tal figura pode ser considerada um modelo de identidade entre a métrica musical e o ritmo dos versos: o acento principal na 5ª sílaba, aquele que determina o metro poético, coincide com a *tésis* do compasso binário (2/4), ou seja, com a cabeça do primeiro tempo, que inicia o compasso; já o acento da 2ª sílaba cai na *tésis* do segundo tempo do compasso (os termos técnicos serão mais bem explicados a seguir).

Figura 6

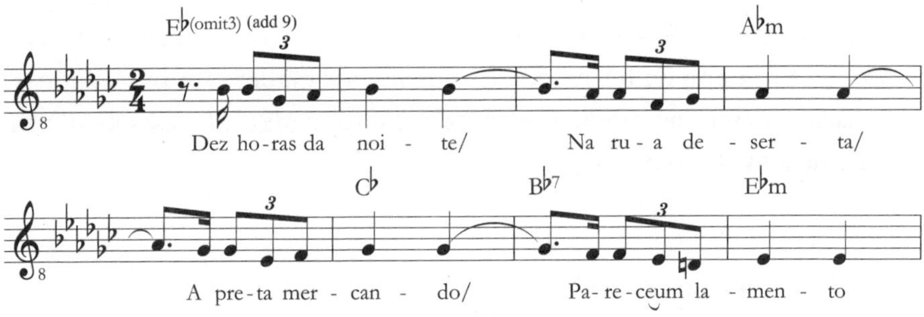

Desconsiderando a variação das alturas das notas, temos, nessa parte, a reiteração da seguinte figura rítmica:

Figura 7

Dificilmente uma declamação que sublinhasse o ritmo dos versos fugiria muito ao desenho cantado por Caymmi. No máximo, pode-se aventar, as tercinas seriam adotadas em definitivo, subdividindo-se cada tempo em três, o que levaria a fórmula de compasso ao binário composto de 6/8. Ou talvez a última sílaba átona de cada verso não precisasse concordar com a tésis do segundo tempo – o que, aliás, é irrelevante. Ou ainda, e muito possivelmente, não se esperasse todo o tempo imposto pela regularidade do compasso musical entre uma frase e outra, pois uma rítmica prosódica não se acomoda à rigorosa métrica da música ocidental sem a isso estar sujeita[78]. Vamos admitir, porém, que houvesse tal sujeição, e que se declamasse em ritmo marcado, sob a regência da métrica que, na música ocidental, configura as balizas de compasso que orientam a voz: seria perfeitamente plausível que se mantivesse o mesmo ritmo reiterado por Caymmi no seu canto.

Esse tipo de declamação a que me refiro se trata, afinal, de uma velha prática de recitação escolar. Mas também procuro aplicar aqui, com o objetivo de analisar a junção entre letra e melodia, a redução do "ritmo dos versos ao compasso binário 2/4", sugerida por Vicenzo Spinelli e adotada por Cavalcanti Proença[79]. É verdade que tal aplicação contraria, em alguma medida, o próprio estudo de Proença, no qual a análise se reporta "ao ritmo do verso inteiriço, diferente do ritmo declamatório", advertindo-se sobre "o valor puramente heurístico" ali emprestado "ao uso das notações musicais na representação das sílabas métricas"[80]. Quando queremos analisar o ritmo melódico de qualquer canção, contudo, estamos diante de uma declamação já orientada, em sua base, pelo compasso musical, algo semelhante ao grito de palavras de ordem, no qual concorda uma multidão[81]. A lembrança daquele exercício de colégio, do mesmo

78. Baseio-me nas considerações de Mário de Andrade acerca do ritmo, no seu *Ensaio sobre a Música Brasileira*, pp. 29-39.

79. Cf. M. Cavalcanti Proença, *Ritmo e Poesia*, p. 20. A sugestão de Vicenzo Spinelli, no meu entendimento, deve ser retomada a partir dos desdobramentos propostos por Cavalcanti Proença e à medida que possa ser útil para o estudo do ritmo melódico. Isso porque Spinelli se baseia no mais puro impressionismo; por exemplo, a sua explicação de por que "não podemos perceber senão segundo esse compasso 2/4" é insustentável: "o ternário é apenas um compasso binário em que os tempos – tripartidos – em vez de serem marcados por dipodias são marcados singularmente, constituindo cada tempo um compasso" (cf. Vicenzo Spinelli, *A Língua Portuguesa nos seus Aspectos Melódico e Rítmico*, Lisboa, Quadrante, 1946, pp. 96-97).

80. Cf. M. Cavalcanti Proença, *Ritmo e Poesia*, pp. 21 e 6, respectivamente.

81. Vejam-se, a esse respeito, as palavras de ordem que Mário de Andrade anotou, em 1930, gritadas por "certamente mais de cem mil pessoas", quando da recepção aos candidatos Getúlio Vargas e João Pessoa em São Paulo (cf. "Dinamogenias Políticas", *Música, Doce Música*, São Paulo, Martins, 1963, pp. 104-111). É certo que o cálculo de Mário acerca da multidão pode ter sido exagerado. Não disponho de dados acerca do ano em questão, mas, em 1920, a população da cidade era de 579 033 habitantes e, em 1940, 1 258 482 (cf. Neide L. Patarra, "Dinâmica Populacional e Urbanização no Brasil: O Período Pós-30", *História Geral da Civilização Brasileira*, tomo III (O Brasil Republicano), 4º volume (*Economia e Cultura*, 1930-1964), p. 262, tabela IV. Seja como for, Mário de Andrade se disse espantado com aquela "formidável recepção estritamente popular", com o povo "vibrando

modo, longe de ser gratuita, busca esclarecer o parentesco entre a recitação bem batida, de ritmo quadrado, e a métrica sobre a qual o canto se desenvolve – algumas vezes, mantendo-se em ritmo quadrado, outras, antecipando e atrasando as sílabas, mas ainda assim remetendo-se ao compasso e à distinção entre os seus tempos fortes e fracos[82]. O ganho que se espera obter com tal análise, assim, resulta justamente da possibilidade de comparação entre uma fala virtual – a declamação em ritmo batido – e o canto efetivamente realizado.

Explicando melhor: notei que a divisão rítmica da primeira parte de *A Preta do Acarajé* já é um modelo do que seria uma declamação batida. Mas não se pode afirmar o mesmo em relação à segunda parte dessa canção. Em *Carioca*, a coincidência entre ritmo melódico e declamação quadrada também ocorre parcialmente. Minha proposta de análise do ritmo do canto parte da construção, caso a caso, de um desenho virtual de declamação batida, ou seja, de fala recitada, em ritmo quadrado, submetida à regularidade do compasso musical; mediante a comparação entre esse desenho virtual e o ritmo cantado, espera-se – é o objetivo inicial – que se possam esclarecer continuidades e desvios, do ponto de vista rítmico, entre a declamação batida, a qual é uma extensão direta da fala, e o canto; feito tal esclarecimento, pretende-se compreender – esse é o objetivo último – de que modo se dá a estruturação do sentido profundo de uma forma artística em particular.

Se a presença da barra de compasso, portanto, se justifica na análise do ritmo dos versos cantados, a escolha da fórmula (2/4, 4/4, 6/8 etc.) utilizada deverá respeitar a solução musical já definida em cada gravação, contrariando-se, em parte, a redução do ritmo poético tal qual adotada por Cavalcanti Proença. Digo "em parte" porque, sabe-se, a fórmula de compasso 2/4 é tradicionalmente utilizada na escrita de muitos ritmos brasileiros, entre eles, vários estilos de samba. A troca dessa por uma outra fórmula, todavia, não deverá causar problemas, uma vez que a construção das figuras virtuais

num cortejo gritador, todo ele tomado de uma raiva dionisíaca, religiosado pela precisão do crer em alguém" – e nesse momento é que os ritmos das palavras de ordem despertaram "o movimento e, consequentemente, o sentir em comum", abafando o individualismo (pp. 104-105). Quem hoje frequenta estádios de futebol sabe quão comuns podem ser experiências desse tipo.

82. Sobre a diferença e a relação entre "métrica" e "ritmo propriamente dito", cf. Carlos Sandroni, *Feitiço Decente*, especialmente o capítulo "Premissas Musicais": "A métrica seria a infraestrutura permanente sobre a qual a superestrutura rítmica tece suas variações" (p. 21).

se fundamentará na decomposição dos versos em *células métricas*. Essa nomenclatura vem de Proença, mas o método é tradicional, com validade pedagógica já defendida por Olavo Bilac e Guimarães Passos: "É de proveito, para quem começa a fazer versos, decompor os metros que a isto se prestam em metros simples. A prática, que nisso se adquire, dá um extraordinário apuro ao ouvido e uma técnica perfeita"[83].

É este, assim, o primeiro procedimento a ser adotado para construção das figuras rítmicas virtuais:

a. deve ser mantida a fórmula de compasso por que já se guiaram os músicos.

Além dele, quatro outros procedimentos serão adotados:

b. as sílabas átonas das palavras devem cair em *ársis*, ou seja, na "parte (tempo) não acentuada de um grupo rítmico que conduz para a parte (tempo) acentuada seguinte";

c. as sílabas tônicas devem cair na *tésis*, ou seja, na "parte forte (acentuada) de um grupo rítmico"[84]; o acento tônico final do verso, por ser o mais importante - uma vez que define o metro poético -, deve cair na *tésis do compasso* (cabeça do primeiro tempo).

Essas distribuições não são arbitrárias, mas lógicas dentro do sistema musical em que a canção popular-comercial brasileira se desenvolveu. No ritmo das melodias efetivamente cantado, os desvios em relação às determinações "sílaba átona/ársis" e "sílaba tônica/tésis" atendem, de modo geral, pelo nome de *síncopes*. Além disso, a tônica final, ao incidir na tésis de um outro tempo que não seja o primeiro, aponta para a correspondência entre o canto e o ritmo de acompanhamento (a batida, a levada ou o *groove* dos instrumentos) quando a tésis principal do ritmo diverge da tésis principal da métrica do compasso[85]; ou então, aponta para a forma de ligação entre as frases musicais

83. Cf. Olavo Bilac e Guimarães Passos, *Tratado de Versificação*, 6ª ed., Rio de Janeiro, Francisco Alves, 1930, p. 61. Sobre a nomenclatura que adoto, "célula métrica" (cf. M. Cavalcanti Proença, *Ritmo e Poesia*, p. 5): "Preferimos chamar os segmentos silábicos mais simples, células métricas, e não células rítmicas, porque a condição fundamental para estabelecimento do ritmo é a repetição no tempo ou no espaço, o que, no caso, não acontece, pois, a estabelecer células rítmicas estas contariam, no mínimo, duas células métricas".

84. As definições de "ársis" e "tésis" são tomadas do *Dicionário Houaiss da Língua Portuguesa*.

85. Citem-se dois exemplos bastante diversos entre si. Um é a interpretação de *A Preta do Acarajé* por Gal Costa, a qual será referida na Conclusão prospectiva deste trabalho. Outro, o *rap*

(de que são exemplos um trecho de *Dom de Iludir*, observado a seguir, além de um ponto de terreiro e um acalanto popular, transcritos bem mais adiante).

Prosseguindo a exposição, vejamos os dois últimos procedimentos:

d. no encadeamento dos versos, sempre que possível e desejável, as sílabas da cesura e, principalmente, a tônica final devem apresentar maior duração que as sílabas átonas[86];

e. as células métricas são, isoladamente, de sete tipos, correspondendo aos "metros elementares ou simples" – metros aos quais os "metros compostos" podem ser "reduzidos, isto é, partidos em dois ou mais de dois"[87]:

1. célula métrica de duas sílabas, sendo a última acentuada; por exemplo, em *Construção* (Chico Buarque), gravada pelo autor[88]:

A*mou* daquela *vez* como se *fo*sse a *úl*tima

A/*mou* -sse a/*úl*(tima)

Figura 8

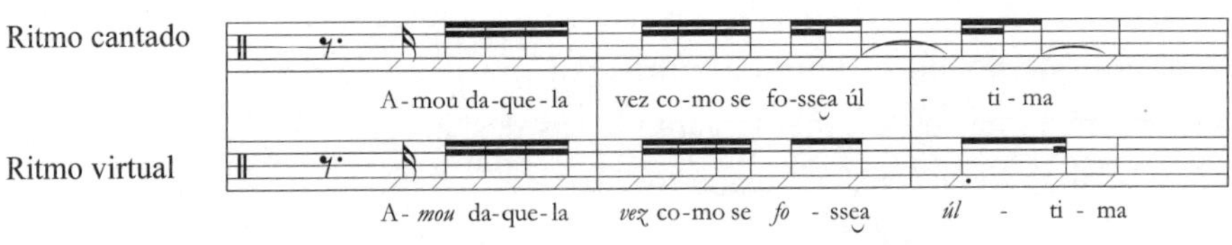

2. célula métrica de três sílabas, sendo a última acentuada; por exemplo, em *Dom de Iludir* (Caetano Veloso), gravada pelo autor[89]:

Diário de um Detento (Mano Brown/Jocenir), cantado por Brown e Ice Blue: via de regra, os acentos finais dos versos incidem na tésis do quarto tempo (cf. Racionais MC's, *Sobrevivendo no Inferno*, Cosa Nostra/Zambia, CDRA 001, 1997).

86. M. Cavalcanti Proença, *Ritmo e Poesia*, p. 25.
87. Cf. Olavo Bilac e Guimarães Passos, *Tratado de Versificação*, pp. 61-70; a citação que faço pode ser lida à p. 61.
88. Cf. Chico Buarque, *Construção*, Philips/Polygram, CD 836 013-2, 1993 [1971].
89. Cf. Caetano Veloso, *Totalmente Demais*, Philips, K7 830 145-4, 1986. A divisão dos versos acompanha Caetano Veloso, *Letra Só*, org. Eucanaã Ferraz, São Paulo, Companhia das Letras, 2003, p. 134.

Você *sa*be expli*car*
Você *sa*be enten*der*
Tudo *bem*

Vo/cê/ *sa*- -be ex/pli/*car*
Vo/cê /*sa*- -be en/ten/*der*
Tu/do /*bem*

Figura 9

Foi por conta do encadeamento duas frases musicais, como se vê, que os acentos principais dos dois primeiros versos caíram na tésis do terceiro tempo do compasso. Na construção do desenho virtual, optei por manter a subdivisão ternária do tempo, mas seria possível subdividi-lo em quatro (pausa de colcheia seguida de duas semicolcheias). Penso que as soluções sejam equivalentes para o que aqui se estuda. A diferença estaria na intenção pretendida pelo intérprete, o que se observará mais adiante. Vale assinalar, por fim, que é bastante difícil anotar o ritmo exato dessa melodia na interpretação de Caetano Veloso escutada. Após cantar uma primeira vez em andamento mais lento, com a voz em rubato (liberdade para distender ou encurtar o tempo das notas), na segunda vez o seu canto ainda se aproxima muito do ritmo impreciso da linguagem oral, descolando-se da batida de bolero do violão. Creio que interpretações desse tipo, no limite do ritmo falado, dispensariam uma análise minuciosa, pois seu caráter rítmico já está ostensivamente afirmado. Não é o caso, todavia, das canções de Caymmi e Chico Buarque abordadas neste trabalho.

3. célula métrica de quatro sílabas, sendo a última acentuada; por exemplo, em *Construção*:

A*mou* daquela *vez* como se *fo*sse a *úl*tima

da/que/la/ *vez* co/mo/ se/ *fo*-

Figura 10

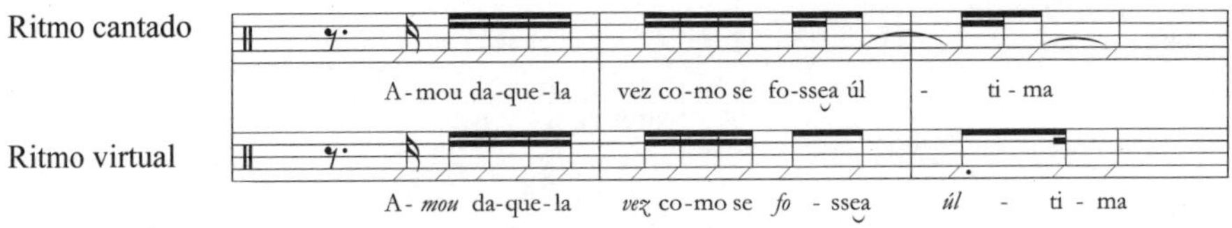

4. célula métrica de duas sílabas, sendo a primeira acentuada; por exemplo, no verso inicial de *Esta Melodia* (Bubu da Portela/Jamelão), gravada por Marisa Monte[90]:

*Quan*do *vem* rom*pen*do o *di*a

Quan/do *vem*/ rom- *pen*/do o

Figura 11

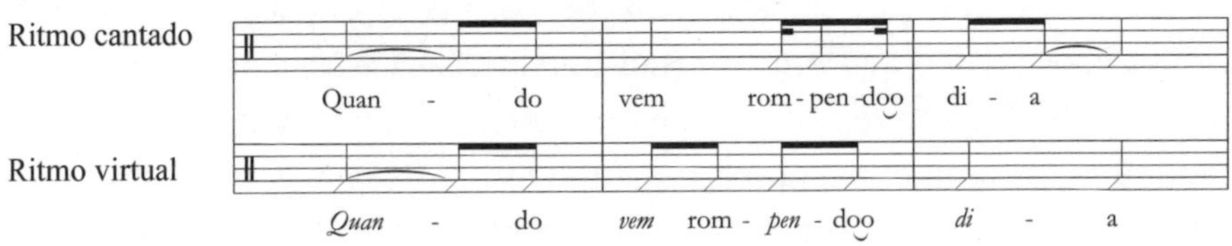

5. célula métrica de três sílabas, sendo a primeira acentuada; por exemplo, em *Valsa de uma Cidade* (Ismael Netto/Antonio Maria), gravada por Caetano Veloso[91]:

*Ven*to do *mar* no meu *ros*to

Ven/to/ do *mar*/ no/ meu

90. Cf. Marisa Monte, *Verde Anil Amarelo Cor-de-Rosa e Carvão*, EMI, CD 830080 2, 1994.
91. Cf. Caetano Veloso, *Caetano*, Philips/PolyGram, CD 832 938-2, s. d. [1987].

Figura 12

Ritmo cantado
igual a uma
declamação batida

6. célula métrica de quatro sílabas, sendo a primeira acentuada; p. ex., em *Chovendo na Roseira* (Tom Jobim), cantada por Elis Regina[92] e *Estrada do Sol* (Tom Jobim/ Dolores Duran), cantada por Silvia Telles[93]:

*Pé*talas de *ro*sa espa*lha*das pelo *ven*to

Pé/ta/las/ de *ro*/sa/ es/pa *lha*/das/ pe/lo

Figura 13

Ritmo cantado
igual a uma
declamação batida

*Que*ro que vo*cê* me dê a *mão*

Que/ro/ que/ vo -*cê*/ me/ dê/ a

Figura 14

Ritmo cantado
igual a uma
declamação batida

92. Cf. Elis Regina e Tom Jobim, *Elis & Tom*, Philips/PolyGram, CD 824 418-2, 1998 [1974]. Elis gravou "Pétalas de rosa carregadas pelo vento". A letra foi corrigida segundo Paulo Jobim *et alii* (coord.), *Cancioneiro Jobim*, Rio de Janeiro, Casa da Palavra, 2000, pp. 321.

93. Cf. Silvia Telles, *O Talento de Silvia Telles*, EMI, CD 790948 2, 1995 (a gravação é de 1958).

Nesse último exemplo, do ponto de vista musical o segundo compasso é uma variação do motivo rítmico apresentado no compasso anterior. Tom Jobim, gravando ao piano, nessa parte simplesmente reiterou o motivo, sem variações[94]. Optei por marcar a coincidência entre o ritmo cantado por Silvia Telles e uma recitação batida a fim de sublinhar, mais uma vez, a equivalência entre as subdivisões em colcheia (e semicolcheias) ou tercina, para efeito desta análise.

De resto, em relação à célula métrica, penso que haja acentuação suplementar em "dê", mas não propriamente acento secundário. Creio que desse modo tanto o ritmo do verso soe mais harmônico quanto o próprio sentido se torne mais claro – a menos que se pretenda insinuar uma outra intenção, de uso vulgar, por meio justamente de acento fraseológico que valorize aquele verbo.

O acento suplementar é fato bastante comum em células métricas de quatro sílabas, sejam elas iniciadas ou finalizadas pela tônica. Essa ocorrência será importante na análise do ritmo melódico de *Carioca*, no Capítulo III. Cavalcanti Proença afirma que somente por "uma convenção artificial" é que esse tipo de célula se mantém, pois a sua pronúncia, na realidade, sempre se faz com o apoio de alguma tônica suplementar[95]. Note-se, por exemplo, o segundo verso de *Chovendo na Roseira*[96], em que há acentuação suplementar na 2ª sílaba ("-tá") e na 6ª ("na"):

Olha,
Está cho*ven*do na ros*ei*ra

Es/*tá*/ cho/*ven*- -do/ *na*/ ro/*sei*(ra)

94. Cf. Antonio Carlos Jobim, *Terra Brasilis*, Warner, CD 2-3409, 1996 [1980].

95. Cf. M. Cavalcanti Proença, *Ritmo e Poesia*, pp. 17-22; a citação que faço pode ser lida à p. 19. Na verdade, Proença chama de acento secundário, indiscriminadamente, qualquer "acentuação suplementar" (pp. 20-21). A diferença que aqui estabeleço, de modo mais rígido, não pretende impor uma nova regra, mas sim facilitar a análise do ritmo da letra na melodia.

96. Na partitura do *Cancioneiro Jobim* (p. 320) e no encarte de *Elis & Tom*, os versos aqui separados formam um só. O *Songbook Tom Jobim*, volume 3 (produzido por Almir Chediak, 7ª ed., Rio de Janeiro, Lumiar, 1994, p. 32), também os separou, mas incluiu um ponto de exclamação depois de "Olha", como há no encarte do CD. Literariamente, creio que a pausa entre "Olha" e "Está" indica mudança de linha, ou seja, de verso. Mas optei pela vírgula, nisso acompanhando o *Cancioneiro Jobim*, por julgar o ponto de exclamação excessivo ao estilo de Jobim.

Figura 15

7. célula métrica de uma sílaba tônica apenas[97], a qual ocorre no princípio ou no término de um verso agudo (com palavra final oxítona).

Algumas observações mais detalhadas sobre essa célula métrica são necessárias. Se o verso se iniciar em anacruse, ou seja, com sílaba átona, as células métricas serão contadas tendo a última sílaba como tônica, enquadrando-se os casos no item 1, no 2 ou no 3, e não havendo, portanto, possibilidade de ocorrer célula métrica com uma só sílaba. Por outro lado, a contagem de sílabas poéticas, conforme o sistema consagrado no Brasil desde que foi introduzido na Língua Portuguesa por Castilho[98], estende-se até a última sílaba tônica do verso. Assim, seria possível afirmar que qualquer tônica final, não importa se de verso grave (terminado em paroxítona), agudo ou esdrúxulo (terminado em proparoxítona), é, em termos práticos, uma

97. Na exposição de todos os outros tipos de células métricas, até agora, acompanhei Cavalcanti Proença. Sua sistematização, porém, não identifica a célula formada por uma só sílaba, ainda que, em decomposições posteriores de versos, no próprio *Ritmo e Poesia*, se indique a existência dela.

98. Cf. Manuel Bandeira, "A Versificação em Língua Portuguesa", *Enciclopédia Delta-Larousse*, Rio de Janeiro, Delta, [1960], tomo VI, p. 3242.

célula métrica com uma sílaba apenas, desde que o verso comece com célula métrica de uma sílaba tônica. Para a análise do ritmo melódico, porém, é importante considerar sílabas átonas vindas após a última tônica, pois sua presença interferirá no encadeamento dos versos, o qual precisa seguir a regularidade dos compassos musicais.

Creio que esse fato, entretanto, não modifica a segmentação dos versos nas células já apresentadas. Por exemplo, em *Construção*, a última célula métrica terá de fato duas sílabas, sendo a última acentuada (item 1), mas no encadeamento dos versos se deverá prestar atenção à presença das duas sílabas finais que, embora de fato atuem, não integram célula alguma (aliás, uma coisa óbvia em se tratando de canção composta e muito bem estruturada). Como criticou Said Ali, "desta maneira cada verso [que não seja agudo] acusa uma sobra que fica suspensa no ar sem fazer parte de metro algum". Estou ciente de que a solução que proponho talvez seja um pouco desajeitada, mas não vejo motivos para voltar ao antigo sistema de contagem de sílabas, que incluía as sílabas átonas finais – reunindo em uma só, porém, as duas últimas do verso esdrúxulo[99]. A meu ver, seria complicar desnecessariamente o que precisa ser funcional. Contando-se até a última tônica, a redondilha menor, por exemplo, não importa se verso grave, agudo ou esdrúxulo, é considerada verso pentassílabo. Assim, "Tem acarajé", na segunda quadra da canção de Caymmi, termina com palavra oxítona e não necessita receber outra denominação, diversa dos versos anteriores, simplificando-se a análise – e fazendo-se jus, com toda certeza, à regularidade, criada intuitivamente ou não, da composição:

Na sua gamela	Na/ *su*/a/ ga/*me*/la
Tem molho cheiroso	Tem/ *mo*/lho/ chei/*ro*/so
Pimenta-da-Costa	Pi/*men*/ta-/da-/*Cos*/ta
Tem acarajé	*Tem*/ a/ca/ra/*jé*/

Como exemplos de células métricas com uma sílaba tônica somente, temos versos já escandidos de *Valsa de uma Cidade* e *Estrada do Sol*, e o verso

99. Cf. Manoel Said Ali, *Versificação Portuguesa*, São Paulo, Edusp, 1999, pp. 20 e 17, respectivamente.

que abre o refrão de *Pra Não Dizer que Não Falei das Flores (Caminhando)* (Geraldo Vandré), gravada pelo autor[100]:

*Ven*to do *mar* no meu *ros*to *ros*(to)

Figura 16

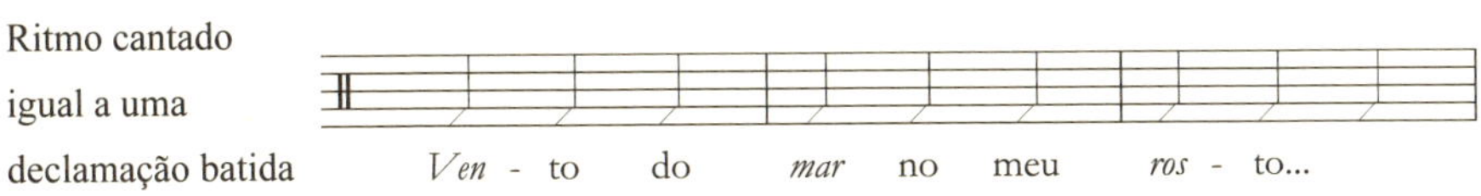

*Qu*ero que vo*cê* me dê a *mão* *mão*

Figura 17

Vem, vamos em*bo*ra *Vem*/

Figura 18

Nem sempre será fácil decidir, em tal configuração, se a célula métrica com uma só sílaba principia ou conclui o verso. Não sendo o objetivo deste trabalho uma investigação exaustiva do assunto, uma vez que a análise da letra na

100. Cf. Geraldo Vandré, *Geraldo Vandré*, disco 2, RGE, CD 8084 2, 1996 (a gravação é de 1968).

melodia é vista aqui como meio e não como fim, apenas indico que, até onde percebo, a presença de monossílabos é fundamental, ao lado da semântica, para se resolver o impasse. Por exemplo, em *Atrás da Porta* (Francis Hime/Chico Buarque), cantada por Chico Buarque[101]:

Dei pra maldi*zer* o nosso *lar*

Dei (pra/ mal/di/*zer*) (o/ no/sso/*lar*)

Figura 19

Repare-se que o verbo "dar" aí se destaca por seu duplo sentido, não havendo, porém, qualquer vulgaridade, porque a utilização da polissemia não fica nada gratuita na vingança dessa mulher abandonada.

A proposta de se construir um desenho virtual de declamação da letra de uma canção qualquer, tendo como ponto de partida uma divisão rítmica reiterada por Dorival Caymmi em *A Preta do Acarajé*, pode levar a duas cogitações. A primeira delas é que diferentes versos de igual metro e igual segmentação, recitados sobre um mesmo compasso musical, manifestem de forma unívoca um determinado conteúdo. A segunda, que se imaginaria possível reduzir a algumas poucas figuras virtuais todas as várias possibilidades de recitação, a partir da segmentação dos versos em células métricas.

Os pontos devem ser agora discutidos, a fim de não interferirem nas análi-

101. Cf. *Caetano e Chico*, Philips/PolyGram, CD 812 522-2, 1993 [1972].

ses posteriores. O vínculo entre um certo ritmo e a expressão de um conteúdo emocional, na canção, não se constrói desvinculado dos vários outros elementos musicais – a começar de sua própria reiteração, passando pela configuração do contorno melódico, andamento, harmonia e pulsação (acompanhamento rítmico). Isso tudo, sem levar em conta a própria letra. A fim de dirimir qualquer dúvida, pensemos nesse último elemento isolado – a letra – e sua relação com um ritmo – por exemplo, a redondilha menor com acentuações na 2ª e na 5ª sílaba, utilizada em *A Preta do Acarajé*. Recorrerei a um exemplo da literatura brasileira pois, desse modo, tanto aqueles elementos musicais não poderão interferir na avaliação quanto se reforçará a proximidade entre a recitação elementar de versos – sobretudo quando de mecanismo "sonoro e cantante", ajustado a uma certa "toada musical"[102] – e a canção virtualmente declamada em compasso regular e com ritmo quadrado. Gonçalves Dias, buscando "a adequação dos metros à psicologia"[103], utilizou-se dessa segmentação da redondilha menor (acentos na 2ª sílaba e na 5ª) em três poemas indianistas de sentimentos diversos[104]. Assim, em "O Canto do Guerreiro", expressa-se vigor bélico:

Valente na guerra,
Quem há, como eu sou?
Quem vibra o tacape
Com mais valentia
Quem golpes daria
Fatais, como eu dou?
– Guerreiros, ouvi-me,
– Quem há como eu sou?[105]

102. Os termos são retirados de Olavo Bilac e Guimarães Passos, *Tratado de Versificação*, p. 73, referindo-se ali à arte do verso em geral.

103. Cf. Antonio Candido, *Formação da Literatura Brasileira*, 9ª ed. Rio de Janeiro; Belo Horizonte, Itatiaia, 2000, vol. 2, p. 73.

104. Os três poemas de Gonçalves Dias que passo a comentar foram trazidos por Said Ali como exemplos do uso do ritmo aqui estudado (cf. *Versificação Portuguesa*, pp. 61-62); sua interpretação, no entanto, privilegia o aspecto imitativo do ritmo em cada poema – "em harmonia provavelmente com o movimento da dança do silvícola", em "O Canto do Guerreiro" e "I-Juca Pirama", e mimetizando "o ritmo do embalar", quando se "nina o filhinho na rede", em "Canção do Tamoio". Este último poema é referido também por M. Cavalcanti Proença, em *Ritmo e Poesia*, à p. 38.

105. Cf. Gonçalves Dias, "O Canto do Guerreiro", *Poemas de Gonçalves Dias*, seleção, introdução e notas de Péricles Eugênio da Silva Ramos, Rio de Janeiro, Ediouro, s.d., pp. 19-21; a estrofe que transcrevo é a segunda do poema, e pode ser lida à p. 20.

Na parte IV de "I-Juca Pirama", quando o índio tupi, prisioneiro dos timbiras, entoa o seu canto de morte, este é feito de dor, pela lembrança "do pai fraco e cego", e de ansiedade, pelo pedido que se roga:

Ao velho coitado
De pernas ralado,
Já cego e quebrado,
Que resta? – Morrer.
Enquanto descreve
O giro tão breve
Da vida que teve,
Deixa-me viver!

Não vil, não ignavo,
Mas forte, mas bravo,
Serei vosso escravo:
Aqui virei ter.
Guerreiros, não coro
Do pranto que choro;
Se a vida deploro,
Também sei morrer[106].

Observe-se que o pedido em si, "Deixa-me viver!", atropela o ritmo mantido em todos os outros versos do poema ao longo de 12 estrofes: a acentuação ali recai sobre a 1ª e a 5ª sílaba, o que sugere uma voz ofegante[107]. Por fim, no poema natalício – segundo indicação do próprio autor – "Canção do Tamoio", manifestam-se júbilo e ternura:

Não chores, meu filho;
Não chores que a vida
É luta renhida:

106. Gonçalves Dias, "I-Juca Pirama", *Poemas de Gonçalves Dias*, edição citada, pp. 78-80; transcrevo as duas últimas estrofes da parte IV do poema.

107. Atribuo o caráter de "ofegante" a um verso em particular, baseando-me em observação de Antonio Candido a respeito de toda a parte IV de "I-Juca Pirama"; é dele também a qualificação de "ansioso" ao andamento da parte (cf. *Formação da Literatura Brasileira*, p. 76).

Viver é lutar.
A vida é combate,
Que os fracos abate,
Que os fortes, os bravos
Só pode exaltar[108].

Os três poemas, cada qual com seu conteúdo particular, se adequariam àquela mesma figura rítmica de redondilha menor (com acentos na 2ª e 5ª sílabas) entoada por Caymmi. Variaria, porém, o andamento mais ou menos acelerado em cada caso. O que se afirmou anteriormente sobre a duração da última sílaba átona e sobre a continuidade dos versos também caberia aqui. Essa continuidade também influiria na duração da primeira sílaba átona de cada verso.

Figura 20

Sobre aquela segunda cogitação – qual o número de recitações virtuais possíveis –, gostaria de esclarecer que não deixou de ser tentador, em meio à pesquisa feita, limitar-me apenas à afirmação desse instrumento de análise rítmica do canto, testando a sua validade num conjunto bem maior de

108. Cf. Gonçalves Dias, "Canção do Tamoio (Natalícia)", *Poemas de Gonçalves Dias*, edição citada, pp. 88-90; transcrevo a primeira estrofe do poema.

canções e, assim, explorando os seus possíveis desdobramentos[109]. Se minha opção, todavia, foi mantê-lo restrito à sua aplicação no trabalho aqui empreendido, isso se deve a um interesse diverso (o que não deixa de ser, ao lado de vários outros fatores, resultado de uma disposição absolutamente pessoal).

Isso não significa, entretanto, que alguns aspectos não possam ou não devam ser aqui mais bem explorados. Páginas atrás, quando me referi às alternativas de subdivisão do tempo, disse que a opção por uma ou outra poderia estar relacionada às intenções do intérprete. Tomemos como exemplo os mesmos poemas de Gonçalves Dias. Dado o caráter combativo ou orgulhoso que se quisesse melhor imprimir à declamação, o ritmo poderia abandonar a tercina, e principalmente não se deixar amolengar pelo 6/8, preferindo uma marcação mais batida para as sílabas fracas[110]:

Figura 21

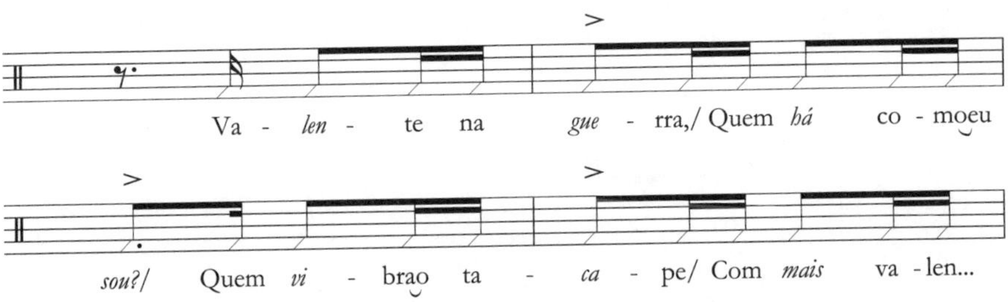

109. Uma pesquisa interessante seria o cotejo da declamação do poema "Rondó do Capitão", feita por Manuel Bandeira, com a música sobre o poema composta por João Ricardo e gravada pelos Secos & Molhados (cf. Lauro Moreira (prod.), *Manuel Bandeira: O Poeta em Botafogo*, Independente, CD LMB-001, 2005; Secos & Molhados, *Secos & Molhados – 1973/1974*, Continental/Eastwest, CD 857381095-2, 1999). Bandeira não chegou a ouvir essa canção popular, mas a respeito de poemas seus musicados por compositores eruditos escreveu: "Foi vendo a 'musicalidade subentendida' dos meus poemas desentranhada em 'música propriamente dita' que compreendi não haver verdadeiramente música num poema, e que dizer que um verso canta é falar por imagem. [...] É que por maiores que sejam as afinidades entre as duas artes, sempre as separa uma espécie de abismo. Nunca a palavra cantou por si, e só com a música pode ela cantar verdadeiramente" (cf. Manuel Bandeira, *Itinerário de Pasárgada*, 3ª ed., Rio de Janeiro, Editora do Autor, 1966, pp. 79-80).

110. Inspiro-me em comentário de Mário de Andrade a respeito da tendência brasileira de modificar, cantando, "a rítmica rija de certas frases do Hino Nacional" (colcheia pontuada seguida de semicolcheia) em "fórmulas mais moles e moleironas" (tercina) (cf. "Crítica do Gregoriano", *Música, Doce Música*, pp. 33, nota 1).

Observe-se que ritmo ficaria, nesse caso, semelhante ao empregado em uma parlenda bastante conhecida, na qual se misturam versos de cinco e de quatro sílabas[111]:

Figura 22

Anoto a forma como a brincadeira me foi ensinada, e sabe-se que a tradição oral não se fixa rigidamente. Ressalte-se, assim, que a notação não é a única possível, entre outros fatores porque, não desconheço, há quem prefira recitar a primeira sílaba dos versos com maior ênfase; nesse caso, o início de cada verso cairia na tésis do compasso, e a última sílaba tônica, tornada menos

111. Sílvio Romero publicou uma outra versão dessa parlenda – "vulgaríssima em Portugal", segundo nota de Luís da Câmara Cascudo (cf. Sílvio Romero, *Cantos Populares do Brasil*, edição anotada por Luís da Câmara Cascudo, Rio de Janeiro, José Olympio, 1954, tomo II, p. 691).

forte que a inicial, na tésis do segundo tempo (tal impulso rítmico, percebe-se, contraria um dos procedimentos que adotei, o de obrigatoriamente fazer incidir o acento tônico final do verso na tésis do compasso).

Figura 23

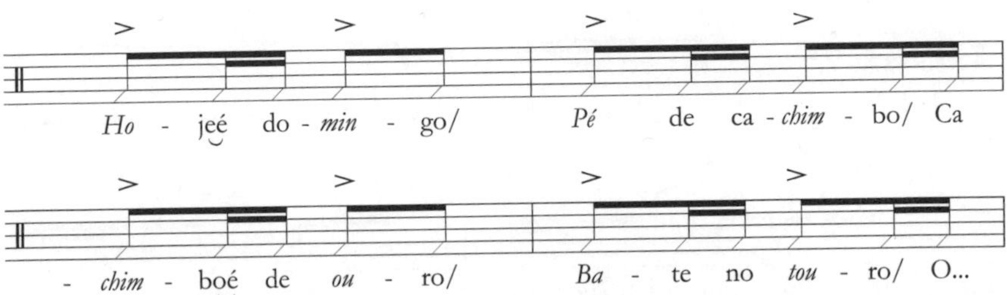

Retornemos à recitação dos versos de Gonçalves Dias. Também se poderia querer que o acento tônico da 2ª sílaba caísse na tésis do compasso. Na prática, a figura rítmica dobraria o valor de duração das notas, desacelerando a declamação:

Figura 24

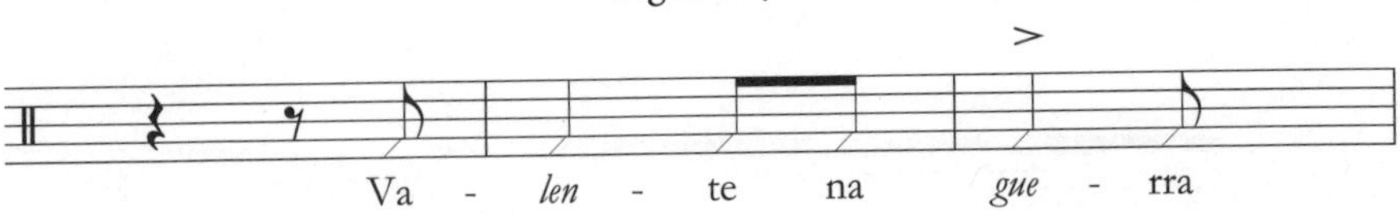

Portanto, se não ofereço uma resposta sobre a quantidade de declamações (algo que seria útil de ser especulado com outro propósito, por exemplo, em exercícios de improvisação para atores ou cantores), ao menos indico que, assim como ao ritmo do verso não se liga um só caráter, tampouco existe uma única possibilidade de recitação, ainda que ela seja quadrada e esteja enformada na marcação do compasso 2/4, o qual lhe rege as durações das sílabas e algumas possibilidades de ocorrência das tônicas e átonas. Lembre-se inclusive que a escolha dessa fórmula de compasso seguiu a métrica da gravação de *A Preta do Acarajé*. Não se imagine, assim, que a redondilha menor com tal segmentação não se adequaria, por exemplo, a um compasso ternário simples:

Figura 25

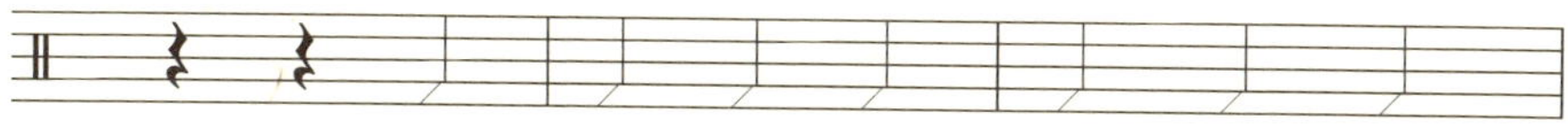

Apenas uma última observação. Creio que as notações aqui feitas sugerem três aspectos do modo como alguns ritmos simples de canção são criados: utilizando a regularidade de fórmulas de compasso comuns (binária, ternária ou quaternária); fazendo coincidir a acentuação dos versos e a musical; escolhendo sequências de notas com valor de tempo uniforme, num desenho não apenas reiterativo mas bastante lógico.

Finalizando essa etapa, um último aspecto deve ser esclarecido a respeito da construção dos desenhos virtuais de declamação da canção, em ritmo quadrado. Comecei a defini-lo a partir da leitura de uma análise de Mário de Andrade acerca da ligação entre um tipo de síncope bastante recorrente na música popular brasileira e o verso de redondilha maior, no samba rural paulista[112]. Vamos à passagem:

> Esta sincopação está diretamente ligada à acentuação rítmica do verso poético. Com efeito todos estes casos [de síncopa] estão em redondilhas maiores legítimas, com acentuação na segunda sílaba, todos. Ora pra respeitar esta acentuação fonética do verso, a primeira sílaba dele tinha que cair na tésis do compasso seguinte. Mas isto feito, observa-se que para a acentuação principal (sétima sílaba), determinadora do metro poético, cair também na tésis do compasso seguinte, ficavam cinco sílabas pro compasso do meio. Ora a síncopa de cocheia entre semicolcheias era a solução afroamericana que se apresentava mais normal, por dar três sons em vez de dois para um dos dois tempos. E ela era tanto mais uma boa solução que, normalmente na língua, as redondilhas com acentuação na segunda e sétima contêm um sub-acento na quinta sílaba, e esta quinta sílaba caía justo na tésis do segundo tempo, respeitando a tonicidade. Usou-se a síncopa. Outro sub-acento normal desta redondilha cai na quarta sí-

112. Cf. Mário de Andrade, "O Samba Rural Paulista", *Aspectos da Música Brasileira*, pp. 170-171.

laba... Usou-se a síncopa, desrespeitando a tonicidade [versos 2 e 6]. Os sete casos que se apresentam provam esta lei. Se observe:

Figura 26

Ritmo musical

Ritmo poético:
[verso 1] A/ *cer*/ca/ num/ *tá*/ 'rom/*ba*/da
[verso 2] É/ *ho*/ra/ *mi*/nha/ si/*nho*/ra [canta-se: É/ *ho*/ra/ mi/*nha*/ si/*nho*/ra]
[verso 3] Eu/ *mo*/ro/ na/ *A*/ti/*ba*/ia
[verso 4] Ca/*va*/lo/ de/ *fa*/zen/*de*/ro
[verso 5] Te/*rre*/no/ de/ *Pi*/ra/*po*/ra
[verso 6] É/ *ho*/ra/ *va*/mu/ sim/*bo*/ra [canta-se: É/ *ho*/ra/ va/*mu*/ sim/*bo*/ra]
[verso 7] Na es/*tra*/da/ num/ *vô*/ fi/*cá*.

Percebe-se uma contradição interessante na explanação de Mário de Andrade. Ele atribui a ocorrência da síncope ao metro poético, mas reconhece que a figura é executada desrespeitando a tonicidade em dois versos que têm segmentação diversa. Ao final do ensaio, ele irá dizer que, em relação ao surgimento da síncope, "foi na América que os negros a desenvolveram e sistematizaram, fazendo-a passar do acompanhamento de percussão para o corpo da melodia"[113]. Assim, o que parece se afirmar de fato é a reiteração, no canto das redondilhas maiores, daquilo que Mário chamou uma "solução nacional que se [impôs], por dar três sons ao tempo, em vez de dois"; uma solução nascida na interação da métrica dos versos cantados com o ritmo de acompanhamento.

Esse tipo de síncope não seria a única forma rítmica a dar "três sons ao tempo, em vez de dois", como se sabe. Observe-se agora o ritmo de um canto da tradição oral brasileira, um ponto de sessão de terreiro, anotado por Rossini Tavares de Lima[114]:

113. *Idem*, pp. 183-184.
114. Cf. Rossini Tavares de Lima, *Melodia e Ritmo no Folclore de São Paulo*, São Paulo, Ricordi, 1954, p. 102. Redividi os versos, organizados em sextilha pelo autor; optei pela quadra seguindo as fra-

Olindandan, minha mãe, minha mãe
Olhe o que vai fazer
Santo de boa viagem, Calunga
Olhe o que vai fazer

O/lin/dan/*dan*,/ mi/nha/ *mãe*,/ mi/nha/ *mãe*/
O/lhe o/ que/ *vai*/ fa/*zer*/
San/to/ de/ *bo*/a/ vi/*a*/gem,/ Ca/*lun*/ga
O/lhe o/ que/ *vai*/ fa/*zer*/.

Figura 27

ses musicais. O ponto foi gravado no bairro de Água Rasa, cidade de São Paulo, pelo Centro de Pesquisas Folclóricas Mário de Andrade:

Em termos poéticos, a quadra é formada por versos pares decassílabos e versos ímpares repetidos, hexassílabos. O primeiro decassílabo ("Olindandan, minha mãe, minha mãe"), com acentos na 4ª, 7ª e 10ª sílaba, foi escrito com divisão rítmica adequada a um modelo de declamação batida. Isso é importante pois, no compasso que vai ao meio na transcrição, há três sílabas em cada tempo. O segundo decassílabo ("Santo de boa viagem, Calunga"), com acentuação na 1ª, 4ª, 7ª e 10ª sílaba, traz uma novidade interessante: as quatro tônicas caem em tésis, mas o acento final está no segundo tempo. Isso se deve ao encadeamento das frases na quadratura (o canto se inicia em anacruse, e recomeça a cada oito compassos). E o mesmo tipo de subdivisão do tempo em três, presente no primeiro decassílabo, aparece aqui. Assim, se, por um lado, o seu ritmo descreve o que seria uma recitação quadrada, por outro, a acentuação principal do verso parece enfatizar a cabeça do tempo menos forte do compasso. Das duas, uma: ou de fato haveria essa ênfase, uma síncope, ou o canto contrariaria a acentuação poética; tudo dependeria da interpretação.

Já o hexassílabo repetido apresenta a figura rítmica que tanto ocupou Mário de Andrade[115], e que marca a história de alguns ritmos brasileiros, entre eles, o samba. A célula métrica inicial do verso tem uma sílaba tônica apenas, seguindo-se uma célula métrica com três sílabas e acento na última[116]. Em termos simples, a novidade é que se antecipou a primeira sílaba átona, alongando-se "-lhe o". Se seguíssemos o conceito tradicional de síncope, diríamos que aí ocorre uma... possibilidade de síncope. Pois a síncope se daria mesmo com a incidência, nesse ponto, de uma sílaba tônica, deslocando-se, assim, o acento da melodia em relação à tésis do compasso[117]. É o que se nota, por exemplo, no início de *Esta Melodia*, quando se canta "rompendo":

115. Cf. Carlos Sandroni, *Feitiço Decente*. Procurei mapear os textos de Mário de Andrade que trataram desse tipo de síncope em minha dissertação de mestrado, *Bim Bom: A Contradição sem Conflitos de João Gilberto* (São Paulo, Paz e Terra, 1999, pp. 159-164).

116. Na segmentação desse hexassílabo, baseio-me na análise de dois versos do poema "A um Varão que Vai Nascer" (Carlos Drummond de Andrade), feita por Cavalcanti Proença em *Ritmo e Poesia* (p. 41): "Todos vêm tarde. A terra / anda morrendo sempre" ("*To*/dos/ vêm/ *tar*/de. A/ *te*/rra"; "*an*/da/ mo/*rren*/do/ *sem*/pre").

117. Exemplo de uma definição tradicional para síncope: "Deslocamento do acento de um tempo ou parte dele para antes ou depois do tempo ou da parte dele que deveria ser naturalmente acentuada" (cf. Henrique Autran Dourado, *Dicionário de Termos e Expressões da Música*, São Paulo, Editora 34, 2004).

Figura 28

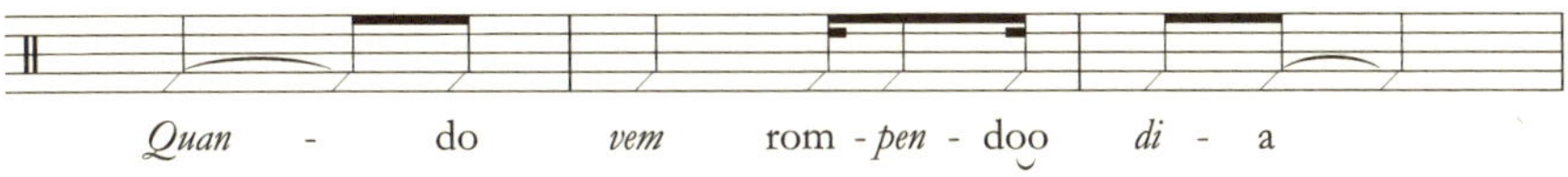

Já no ponto de terreiro, em "Olhe o que vai fazer", se é certo que a duração com que se canta "-lhe o", sendo o dobro da duração com que se canta "O-", poderia impor uma nova tonicidade ao verso, isso, via de regra, não se dá, quer seja pela vigência da tésis do compasso, quer seja pelo respeito à prosódia[118].

Até onde sei, Mário de Andrade (novamente), no *Ensaio sobre a Música Brasileira*, foi o primeiro estudioso a atentar para ocorrências desse tipo e para o fato de que elas "nada têm com o conceito tradicional da síncopa e com o efeito contratempado dela. Criam um compromisso sutil entre o recitativo e o canto estrófico"[119]. Para meu trabalho, o mais importante é reter o princípio formal básico dessa figura: a antecipação, em uma semicolcheia, de uma sílaba (a qual, no caso, passa então a durar uma colcheia), tendo-se como parâmetro o ritmo batido, em declamação quadrada. Refiro-me ao desenho de colcheia-semicolcheia-semicolcheia, cantado nos dois decassílabos do ponto de terreiro, quando falo em declamação quadrada[120]:

Figura 29

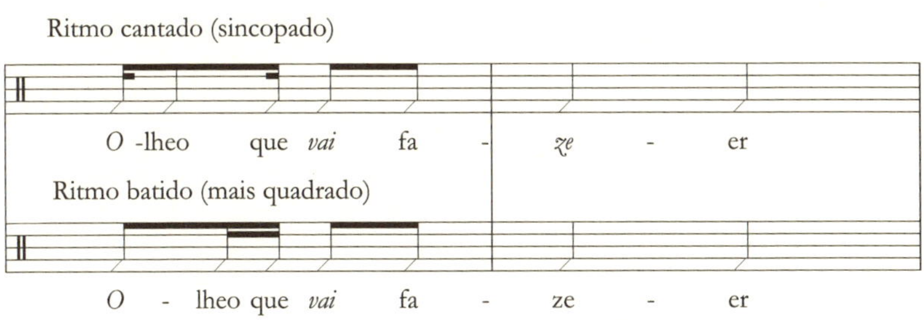

118. Não se tratasse de um canto, provavelmente a maior duração da colcheia, entre duas semicolcheias, iria se impor como acento.

119. Cf. Mário de Andrade, *Ensaio sobre a Música Brasileira*, p. 36; sua primeira publicação é de 1928.

120. Mário de Andrade e Carlos Sandroni estudaram não apenas a figura sincopada como essa outra, segundo ambos, bastante presente nas "polcas europeias do 2º Império" (cf. C. Sandroni, *Feitiço Decente*, p. 71).

Por conveniência, chamarei de sincopada toda figura na qual uma sílaba qualquer foi deslocada em relação ao desenho virtual; a diferença entre ambos, ao fim, pode ser entendida como a diferença entre uma figura com balanço (ou suingue) e um desenho de ritmo quadrado[121]. O termo *síncope* deverá aqui se referir, portanto, não só aos casos de acentuação no contratempo como, de modo mais amplo, à incidência bem marcada de sílabas átonas nas partes teoricamente mais fracas de um tempo (notadamente, na 2ª e na 4ª semicolcheia). Esse último caso se refere, de modo geral, a duas ocorrências: *1.* "a escrita de um tempo fraco de um compasso prolongado até outro tempo de maior ou igual duração"[122]; a definição é (ainda outra vez) de Mário de Andrade, e penso que traga a vantagem de incluir tanto "o conflito entre ritmo e compasso", essencial em danças brasileiras como o samba, quanto a aparente ausência desse conflito, nos casos em que a melodia "é livre e prescinde do esquema métrico do compasso", como fazem alguns cantadores nordestinos[123]; *2.* a presença de uma sílaba átona na 4ª semicolcheia de um tempo que, embora seguida de uma sílaba tônica na tésis do próximo tempo, sugira uma marcação balançada conhecidíssima na canção brasileira, desde pelo menos Ernesto Nazareth e seu chorinho (ou polca, ou tango brasileiro) *Odeon*[124]; a partir disso, poderíamos imaginar um caminho que iria de uma hipotética parlenda, em ritmo quadrado, até uma canção de tradição oral em ritmo sincopado; tomando como exemplo o acalanto "Vem cá, Bitu"[125], os dois ritmos, se sobrepostos, ficariam tal se observa na partitura seguinte.

121. Essa diferença que estabeleço entre as duas figuras acaba retomando, em alguma medida, a análise que o maestro Cláudio Leal Ferreira empreende da forma melódica, em seu curso de Rearmonização. A fim de identificar mais facilmente motivos e variações na música popular-comercial brasileira, ele sugere que se desconsiderem as antecipações e os retardos das síncopes.

122. Cf. Mário de Andrade, *Dicionário Musical Brasileiro,* coordenação Oneyda Alvarenga e Flávia Camargo Toni, Belo Horizonte; Itatiaia; Brasília, Ministério da Cultura/São Paulo, IEB, Edusp, 1989.

123. As observações são retiradas do texto "A Literatura dos Cocos"; assim, Mário de Andrade se refere aos coqueiros que ouviu em sua viagem ao nordeste quando fala de ritmos melódicos livres, independentes do compasso (cf. *Os Cocos,* preparação, ilustração e notas de Oneyda Alvarenga, São Paulo, Duas Cidades; Brasília, INL, Fundação Nacional Pró-Memória, 1984, pp. 367-368).

124. Cf. Nara Leão, *Nara Leão,* Universal / Mercury, CD 73145463442, 2002 (gravação de 1968).

125. Mário de Andrade anotou o acalanto com uma ligeira diferença rítmica em "Tenho Medo" e com vocativo diverso "Vem cá, Vitu", além de registrar "Vitu Vitu" em vez de "meu belo par" (cf. *As Melodias do Boi e Outras Peças*, p. 398). Com essa melodia também se canta *Cai, Cai, Balão*, letra surgida posteriormente, segundo Mariza Lira: "Havia aí por 1811 um ébrio contumaz, branco,

Figura 30

Como espero demonstrar, são correspondências dessa ordem que se observam na melodia da segunda parte de *A Preta do Acarajé* e na melodia de *Carioca*, apontando para o percurso da fala ao canto empreendido nessas composições, percurso do qual o ponto intermediário seria a recitação em ritmo quadrado. O que se conserva pelo caminho é a linguagem "real, prática,

talvez lusitano, chamado Vitorino, alcunhado Bitu ou Vitu, conforme o sotaque português que troca o 'b' pelo 'v' ou vice-versa. [...] *Vem cá Bitu (bis) / Vem cá, vem cá, vem cá! / Não vou lá, não vou lá, não vou lá, / Tenho medo de apanhá*. A nossa rua dos Andradas era antigamente a rua do Sabão, onde o povo passeava pelas tardes lindas e onde se realizavam festas populares. A garotada da rua adaptou à música do Bitu uma nova letra, falando nas tradições dos balões dos festejos de junho: *Cai, cai balão / Na rua do Sabão / Cai, cai balão / Aqui na minha mão*". Na partitura que Lira publica, "Tenho medo" é anotada com uma terceira divisão rítmica, além ser cantado (como se viu) "vem cá, vem cá" em lugar de "meu belo par" ou de "Vitu Vitu" (cf. M. Lira, "A Influência do Étnico na Nossa Música Popular", *Coleção Revista da Música Popular*, edição completa em fac-símile (setembro de 1954 – setembro de 1956), Rio de Janeiro, Funarte / Bem-Te-Vi Produções Literárias, 2006, pp. 315-316).

que existe também para os outros homens"[126]. O que se acrescenta é a presença de um corpo que, reconhecendo normas rígidas, delas vai se esquivando, em movimentos que atribuem outros significados àquilo que é cantado.

126. Cf. Karl Marx e Friedrich Engels, *A Ideologia Alemã,* trad. Luis Claudio de Castro e Costa, 2ª ed., 3ª tiragem, São Paulo, Martins Fontes, 2002, p. 24.

II

A Preta do Acarajé, de Dorival Caymmi

Quando, então, Glória se lembrava – sentia falta de canções
e de música. Maria da Glória ia apanhar a vitrolinha,
que era um aparelho portátil, de manivela. – "Você sabe, Lala?
Toda vez que a gente quer alguma coisa, e não sabe o quê,
então é porque a gente está é com sede dum bom copo d'água,
ou carecendo de ouvir música tocada..."

João Guimarães Rosa

1. Mercadoria Incipiente, Tradição Oral, Vestígios Coloniais

O primeiro disco da carreira de Dorival Caymmi foi gravado em dupla com Carmen Miranda em 1939. No lado A, *O que É que a Baiana Tem?*; no lado B, *A Preta do Acarajé*. Nesta última, "a então desconhecida Dalva de Oliveira" cantou os "agudos que a voz de Carmen não alcançava"[1], ou seja, a frase inicial do pregão da vendedora. Até onde sei, esse fato não foi divulgado na época e, na coletânea em CD mais recente de que consta o fonograma, também não se dá crédito a Dalva[2]. Seria um bom exemplo de que truques sempre existiram nos discos, mesmo quando a gravação elétrica dispunha de apenas um canal e registrava uma execução ao vivo? Em face das alterações que os meios tecnológicos e publicitários vieram realizando na canção popular-comercial desde

1. Cf. Luiz Henrique Saia, *Carmen Miranda*, São Paulo, Brasiliense, 1984, p. 32. A primeira gravação de "O que É que a Baiana Tem?", por Carmen Miranda e Dorival Caymmi, também pode ser ouvida na coletânea *Cantando Caymmi*, tal como *A Preta do Acarajé* (cf. caixa de CDs *Caymmi Amor e Mar*). Nesta última, para mim é muito difícil discriminar, pela audição, a troca de uma cantora por outra, seja pelas condições de gravação, seja pela mudança de tessitura quando a frase inicial do pregão é entoada (mais aguda em relação às outras frases da vendedora). Ao referendar a informação de Luiz Henrique Saia, faço uma escolha estratégica, pois o dado me permite discutir mais amplamente o contexto de produção do fonograma, mas não há intenção de criar polêmica.
2. Refiro-me à mesma coletânea *Cantando Caymmi*.

aquela época, acho realmente difícil fazer uma avaliação precisa. Que se trata de uma manobra está claro, mas compará-la ao logro da dupla norte-americana Milli Vanilli, revelada em 1990[3], ou aos recursos atuais de edição de voz no computador, para irmos a extremos, implicaria considerar a diferença de grau entre uma única frase dublada, por assim dizer, e a mais deslavada tapeação ou a produção de vozes quase inumanas. A dimensão mercadológica de Carmen Miranda, assim como a de qualquer outro grande nome da canção, por si só sempre foi suficiente para obnubilar o caráter coletivo de criação do produto[4]. Mas seria por causa disso que as fichas técnicas não existiam ainda na década de 1930, impondo (ou possibilitando) a muitos aficionados de hoje a obrigação de identificar, por exemplo, Orlando Silva cantando em algum coro de samba ou Garoto tocando em um regional?

A verdade é que as atenções sempre estiveram voltadas para o lado A daquele disco, e observar um pouco de sua história nos ajudará a dimensionar melhor esse apagamento do nome de Dalva de Oliveira de que se fala. *O que*

3. Em 1989, Milli Vanilli lançou seu único disco, *Girl You Know It's True* (que não se perca pelo nome). No ano seguinte, ganhou o prêmio Grammy como grupo revelação. Mas o produtor Frank Farian revelou que os dois integrantes, Rob Pilatus [*sic*] e Fab Moravian (ou Morvan), não haviam gravado voz alguma. Nas apresentações ao vivo, sempre se utilizava *play-back* – uma praxe em *shows* de música *pop*. A revelação foi feita em Munique, depois que o alemão Farian se desligou da dupla, diante da insistência de Pilatus e Moravian (ou Morvan) em cantar no trabalho seguinte. A dupla perdeu o prêmio, e os brasileiros, a chance de vê-la no Rock in Rio 2. Até a revelação da farsa, em novembro de 1990, o disco vendera "7 milhões de cópias nos EUA e 20 milhões no mundo inteiro". No dia 1º de abril de 1991 (seria o Dia da Mentira também nos EUA?), a gravadora BMG lançou o LP *The Really Milli Vanilli*, gravado pelos verdadeiros músicos, que agora se mostravam. Até onde apurei, o disco não fez sucesso; assim como não fizeram sucesso também Pilatus e Moravian (ou Morvan), quando tentaram vender as suas autênticas vozes (cf. *Folha de S. Paulo* (Ilustrada), "Milli Vanilli Pode Perder Grammy por Fraude", 17.11.1990, p. E-3; "Milli Vanilli Perde o Grammy por Fraude e Sai do Rock in Rio 2", 21.11.1990, p. F-3; "Milli Vanilli Diz que Foi Seduzido pela Fama", 22.11.1990, p. F-3; "Verdadeiro Milli Vanilli Lança LP dia 1º de abril", 16.3.1991, p. 5-3).

4. Estamos analisando uma gravação de 1939, lançada antes da primeira viagem de Carmen Miranda aos EUA, que se daria ainda naquele ano. Mas é preciso relembrar que o sucesso da cantora tivera início em 1930, com a marcha *Pra Você Gostar de Mim (Taí)*, de Joubert de Carvalho. Jairo Severiano e Zuza Homem de Mello comentam que "*Taí* foi sucesso absoluto durante o ano todo, sendo ainda uma das músicas mais cantadas no carnaval de 31, até mesmo mais do que no de 30" (cf. *A Canção no Tempo, Vol. 1: 1901-1957*, São Paulo, Editora 34, 1997, p. 100). A valorização comercial de Carmen Miranda, naquela década, pode ser medida por sua estreia, dia 1º de dezembro de 1936, "na Rádio Tupi, que a tirou da Mayrink Veiga com um contrato de cinco contos de réis por mês, considerado o maior absurdo e motivo de polêmicas", segundo conta o biógrafo Cássio Emmanuel Barsante (cf. *Carmen Miranda*, 2ª ed., Rio de Janeiro, Elfos Editora, 1994, p. 77).

É que a Baiana Tem? já fazia sucesso antes da gravação do disco, após ter sido incluída no filme musical *Banana da Terra*, que estreara em fevereiro de 1939. Numa época em que se aliavam "a precariedade da indústria cultural e a incipiência da sociedade de consumo"[5], a Metro-Goldwyn-Mayer do Brasil distribuía filmes como esse, cuja definição de roteiro, "cenários, figurinos, canções e artistas" era quase uma ação entre amigos – J. Rui, também diretor, Alberto Ribeiro, Braguinha, Mário Lago e Almirante[6]. Daí a possibilidade de sucesso da noite pro dia, como ocorre ali com Dorival Caymmi, à parte o talento do artista e a qualidade da composição.

Conforme já se relatou mais de uma vez, *O que É que a Baiana Tem?* é incluída no filme às pressas, substituindo *Na Baixa do Sapateiro* depois que o compositor Ary Barroso pediu o dobro do combinado ao produtor Wallace Downey, quando os cenários já estavam prontos. Caymmi chegou ao Rio de Janeiro em abril de 1938. Pouco depois, participa do *Clube da Meia-noite*, programa apresentado por Lamartine Babo na Rádio Mayrink Veiga. Em junho, estreia na Rádio Tupi e, em agosto, passa à Rádio Transmissora. Por meio de contatos pessoais foi que teve acesso a todas essas rádios, forma típica de um tempo em que "a maioria das coisas se resolvia na informalidade", como notou a biógrafa Stella Caymmi. Em novembro daquele ano, ele já assina contrato com a Rádio Nacional, levado por Almirante. Junto com Carmen Miranda, Caymmi vai ao centro do Rio "comprar os componentes para montar um balangandã", e ainda opina sobre "uns tecidos argentinos que [a cantora] havia comprado" para a confecção do figurino de baiana utilizado em *Banana da Terra*. Ele ainda canta com Carmen, na gravação do filme, e lhe sugere meneios, "revirando os olhos com malícia", mas o seu nome não seria divulgado sequer como autor da canção[7].

Esse fato pode nos dar uma medida mais justa do silêncio a respeito da participação de Dalva de Oliveira em *A Preta do Acarajé*. Ambos os casos demonstram que a informalidade como marca histórica desse período não teve mesmo apenas efeitos positivos. Se a falta de reconhecimento do trabalho de qualquer

5. Cf. Renato Ortiz, *A Moderna Tradição Brasileira*, 5ª ed., 3ª reimpressão, São Paulo, Brasiliense, 2001, p. 106.
6. Cf. Stella Caymmi, *Dorival Caymmi: O Mar e o Tempo*, São Paulo, Editora 34, 2001, pp. 127-129.
7. *Idem*, pp. 107-139; as citações literais podem ser lidas às pp. 115, 133 e 137.

artista é lamentável, para dizer o mínimo, lembre-se que contratos são firmados de boca, podendo ser cumpridos ou não; e, num grau de violência crescente, a malandragem que então se profissionalizava compra um samba ou faz o acerto de sua parceria, necessário para que ele seja gravado e executado nas rádios; ou a parceria é imposta sob ameaça de agressão; ou se rouba uma composição, pura e simplesmente[8]. Todos esses exemplos, enfim, participam da transformação inicial da canção popular brasileira em mercadoria. Para o bem ou para o mal, eles ilustram a tortuosa passagem de uma sociedade fundada sobre bases agrárias, recém-saída da escravidão, para uma sociedade de economia urbana e industrial, com pretensões de democracia e que, como vimos, irá combinar o regime formal de trabalho com algumas práticas informais, em várias esferas, sendo a indústria cultural somente uma entre tantas.

As composições de Dorival Caymmi se instalam justamente como sinais profundos desse trânsito – entre o que íamos deixando de ser e o que vínhamos passando a ser –, e para compreendê-las devemos olhar novamente o lado positivo da questão. A informalidade vigente na indústria cultural e o nível pouco estruturado do próprio mercado consumidor não apenas facilitaram o aparecimento do artista nas rádios cariocas e no cinema, mas foram sobretudo as con-

8. A compra de sambas foi comentada na década de 1930 por Noel Rosa: "Pergunta-se na cidade constantemente: há compositores que compram samba? Eu posso afirmar que há. Falo por experiência própria. Já vendi muitos sambas. Você achará graça quando eu disser que vendia os sambas exclusivamente pelo prazer de vê-los gravados"; João Antônio, que recolheu o depoimento do compositor em jornal da época, deixou em nota: "Há evidências de que ainda hoje [1982] se compram músicas. Os compradores são chamados, no Rio, de comprositores" (cf. Noel Rosa, *Noel Rosa,* seleção de textos e notas, João Antônio, São Paulo, Abril Educação, 1982, p. 93). Sobre coação para se ganhar uma parceria ou se roubar um samba, João Máximo e Carlos Didier relatam dois casos exemplares: a inclusão de Kid Pepe, então ex-boxer, como parceiro de Noel em *O Orvalho Vem Caindo*; e o expediente de Benedicto Lacerda, em bares do Mangue, escrevendo na pauta sambas que otários cantam, instigados pelo malandro Baiaco (cf. João Máximo e Carlos Didier, *Noel Rosa: Uma Biografia,* Brasília, Editora da UnB / Linha Gráfica, 1990, pp. 273 e 290-291). Como me referi ao roubo de composições, não ao furto, deixo de citar a famosa polêmica em torno de *Pelo Telefone*; sobre o assunto, cf. Carlos Sandroni, *Feitiço Decente*. Há casos também em que cada pesquisador deu voz apenas a uma das partes, e a leitura das duas versões, no entanto, não esclarece em que medida houve má-fé, se é que realmente houve. Veja-se, por exemplo, a queixa de Babaú a respeito da venda de seu samba *Tenha Pena de Mim* (que fez bastante sucesso, com Araci de Almeida, no carnaval de 1938), relatada por Marília Barboza da Silva e Arthur de Oliveira Filho em *Cartola: Os Tempos Idos* (Rio de Janeiro, Gryphus, 1998, pp. 109-111); e a versão do parceiro Ciro de Souza, reproduzida por Jairo Severiano e Zuza Homem de Mello em *A Canção no Tempo, Vol. 1: 1901-1957*, p. 169.

dições materiais que possibilitaram o *meio de produção poética* de Caymmi. Refiro-me à sua célebre preguiça, a qual foi relativizada pelo compositor, em mais de uma oportunidade, por dois motivos que me parecem bastante razoáveis. E que ajudam a perceber a correspondência entre o mundo da canção popular-comercial que estava se formando e o mundo com vestígios do passado colonial cantado por Caymmi.

O primeiro motivo faz a defesa do tempo necessário para a criação de um produto, nas palavras do compositor, "espontâneo, aquilo que o povo gosta": "Fazer uma coisa amorosa, bonita, procurar direito as frases. O enjoativo de música é quando se vê que tem muito 'olhar', muito 'você', é a repetição. Uma certa vagabundagem faz bem. Sem ela, não sai"[9]. Uma canção espontânea, nesses termos, não se confunde com o espetáculo produzido em série, nem com o efeito fugaz que o desleixo ou o estalo podem causar. Ela persegue a naturalidade da fala coloquial, mas o interesse que desperta é contínuo, à medida que sua naturalidade se constrói no relato de uma vida, como é próprio da linguagem cotidiana, particular e mergulhada em uma experiência histórica. Pode-se dizer que também ela seja, como a narrativa tradicional, "num certo sentido, uma forma artesanal de comunicação"[10], e assim sendo o seu tempo de criação é forçosamente dilatado. Esse tempo foi aceito na fase de implantação da indústria cultural, mas não condiz com a racionalidade capitalista que administrará os meios de comunicação a partir da década de 1970, no bojo do enorme aumento "de produção, de distribuição e de consumo de cultura"[11].

Não que Dorival Caymmi, participando do mercado fonográfico que se formava, tenha pessoalmente resistido a alguma mudança tecnológica. Ao

9. Cf. entrevista a Alessandra Blanco, "Dorival Caymmi: Minha Preguiça É Necessária", *Revista da Folha*, edição paulistana, ano 4, nº 207, encarte da *Folha de S. Paulo*, 7.4.1996, p. 13.

10. A frase é de Walter Benjamin; em parte, inspiro-me no texto "O Narrador: Considerações sobre a Obra de Nikolai Leskov" em minha análise de Dorival Caymmi (cf. Walter Benjamin, *Obras Escolhidas: Magia e Técnica, Arte e Política*, p. 205).

11. Cf. Renato Ortiz, *A Moderna Tradição Brasileira*, p. 121. Em sua argumentação, Ortiz aponta a década de 1960 como marco da expansão da indústria cultural a que me refiro. Uma vez que me restrinjo ao mercado fonográfico, todavia, preferi considerar 1960 como uma etapa decisiva de mudanças (desencadeadas pelo governo militar) que se confirmaram na década seguinte, apoiando-me nos trabalhos de Rita C. L. Morelli (cf. *Indústria Fonográfica: Um Estudo Antropológico*, Campinas, Editora da Unicamp, 1991) e Marcia Tosta Dias (cf. *Os Donos da Voz*, São Paulo, Boitempo/Fapesp, 2000).

contrário, opiniões suas externam o entusiasmo de quem viveu momentos em que, ainda se estruturando em termos empresariais, "as novas tecnologias, rádio, televisão, cinema, disco, abriram perspectivas para experiências as mais diversas possíveis"[12]. Antonio Risério reproduz uma entrevista em que o compositor afirmou: "Eu penso assim, se o pessoal da minha geração, Lamartine Babo, Luiz Gonzaga, se esse pessoal tivesse os recursos que existem hoje... os recursos que um Michael Jackson tem. Pensa que eu não reparo no Michael Jackson? Pois sim..."[13] Em 2000, Caymmi ainda declararia: "Quando apareceu o *long play* achei bonito, queria gravar aquilo, com muitas músicas. Depois, a fita cassete também foi uma emoção. Mas a beleza é o que se vê hoje em dia. Mas aí eu não estou entendendo nada, estou só embevecido com essas mudanças tecnológicas. Daquelas que eu participei, me senti honrado"[14].

Pertencem a ordens diversas, entretanto, essas disposições pessoais modernas, por assim dizer, e o caráter arcaico do ritmo de trabalho do compositor. Se houve lugar para tal ritmo na indústria fonográfica, isso foi quando o autor ainda podia achar graça de estar sendo "anunciado como uma mercadoria" no rádio, ao final da década de 1930[15]. Mas já em 1955 ele diria a Paulo Mendes Campos: "O rádio como é atualmente me desagrada. Devo no entanto muito ao rádio. Sou um produto do tempo em que o rádio cultivava as coisas sérias, do ramo do rádio como entendem Paulo Roberto, Almirante, Sílvio Autuori, Fernando Lobo, Antônio Maria e outros poucos". E, na mesma entrevista, respondendo se era possível fugir ao comercialismo: "Não há como fugir: toda a nossa indústria musical é dirigida ao fácil, tanto por parte do público como dos editores. Eu, por exemplo, não posso pilotar um movimento de renovação de nossa música, eivada de vícios: sou cantor, apareço em exibições públicas e sou com-

12. Cf. Renato Ortiz, *A Moderna Tradição Brasileira*, p. 106.
13. Cf. Antonio Risério, *Caymmi: Uma Utopia de Lugar*, São Paulo, Perspectiva; Salvador, Copene, 1993, p. 32.
14. Cf. entrevista a Sylvia Colombo, "Sou a Própria Espontaneidade, Diz Caymmi", *Folha de S. Paulo* (Ilustrada), 11.12.2000, p. E 4. Alguém poderia lembrar uma declaração do filho Danilo falando sobre o ecletismo do que se ouve nas festas da família Caymmi, quando Dorival completava noventa anos: "No último Natal, teve até Kelly Key e o papai chegou a dançar" (cf. Beatriz Coelho Silva, "Não Pedi Presentes, mas Aceito uma Flor", *O Estado de S.Paulo*, 30.4.2004, p. D 6). Mas juntar o pitoresco dessa anedota à análise da obra do compositor seria adotar, como parâmetro de crítica, a revista *Caras*.
15. Cf. Stella Caymmi, *Dorival Caymmi: O Mar e o Tempo*, pp. 120-121.

positor. Tenho de ganhar a vida"[16]. Como se vê, não foi preciso chegar aos anos 70 para que Caymmi se queixasse da "máquina" – o termo é dele[17].

Todavia, a distância entre uma etapa e outra do mercado de discos, a distância entre o contentamento do artista e a sua queixa – nada disso determina que Dorival Caymmi tenha se mantido à margem de qualquer esquema publicitário. Ele tinha "de ganhar a vida". Na década de 1940, o Sabonete Carnaval distribui fotos de cancionistas e letras de canções na compra de três sabonetes. Caymmi tem a sua foto estampada (Lúcio Alves, Emilinha Borba, Marlene, Linda e Dircinha Batista, Bob Nelson, Luiz Gonzaga e Francisco Alves são alguns dos que também participam dessa promoção), e as letras de *Dora* e *Marina* são incluídas. Na década seguinte, Caymmi posa para anúncio do Ron Merino, tocando violão na rede. O texto parafraseia o refrão de *Maracangalha*: "Eu vou pra Maracangalha / Eu vou / Eu vou com Ron Merino / Eu vou". E a canção também batiza um novo *drink*, ali apresentado: "Ron Merino, gelo, guaraná e... pronto! Não vá só... vá com ele que V. vai bem!"[18] Na compra do disco *Eu Vou pra Maracangalha*, lançado pela Odeon em 1957, ganha-se "a miniatura de Ron Merino autografada por Dorival Caymmi"[19].

O fato é que o mercado de canções, em sua etapa de implantação, não inventou mas acolheu essas estratégias do comércio, as quais já estavam na praça. Em janeiro de 1916, um anúncio na revista *A Cigarra* trazia a quadrinha:

> Gente rica ou gente pobre
> Gente humilde ou de destaque;
> Seja plebeu, seja nobre,
> Fuma os Cigarros *Bilac*.

E informava: "Cada carteira contém uma poesia e um bello retrato do grande poeta"[20]. Antes disso, na década de 1880, "os abolicionistas ofereciam

16. Cf. Paulo Mendes Campos, "Dorival Caymmi Fala sobre Pintura, Literatura e Música", *Coleção Revista da Música Popular*, p. 184.
17. Stella Caymmi, *Dorival Caymmi: O Mar e o Tempo*, p. 139.
18. *Idem*, pp. 256 e 344.
19. Cf. contracapa do LP reproduzida no encarte de *Eu Vou pra Maracangalha / Canções Praieiras*, EMI, CD 580272 2, 2002.
20. Devo a informação a Thaís Mitiko Taussig Toshimitsu, que a anotou para pesquisa inédita.

charutos e cigarros com a efígie de Joaquim Nabuco". Os cigarros ainda teriam boa aceitação na República, assim como as "cervejas 'nabuquistas'"[21].

As relações entre obras artísticas ou campanhas ideológicas e o fetichismo da forma-mercadoria estão, portanto, estabelecidas há um bom tempo entre nós. Sua complexidade exige um esforço de reflexão caso a caso. O que se pode afirmar em relação às canções de Caymmi é que a natureza comercial não se sobrepôs à estética no processo de feitura das obras. Isso fica evidente já pelo tempo despedido na composição, em desacordo com as demandas de um mercado ávido por novidades. Uma vez composta, a obra bem pode ser utilizada como um *jingle*, para avançarmos até o quadro atual, o que, de resto, não é mera suposição. *O que É que a Baiana Tem?* tornou-se *O que É que o McDonald's Tem?* em 2003[22]. Deve-se salientar, no entanto, que a elaboração artística de uma obra caymmiana de novo contraria a produção (em série) de peças publicitárias[23]. Não é só por estarmos acostumados a ouvir "a baiana" que "o McDonald's" soa esquisito naquele refrão. Pode-se achar que a razão é semântica, uma vez que, por princípio, *fast-food* globalizado e símbolo regional brasileiro não combinam. A visão é equivocada se entendermos, tal qual Renato Ortiz, que "padronização e diferença são faces de um mesmo fenômeno. O que torna compreensível o lema das grandes corporações: 'pense global, aja localmente'"[24]. Incompatíveis os termos realmente são, mas em nível semântico mais profundo: o ritmo de "sincronia entre produção e consumo" do padrão *fast-food*[25] atravessa e desorganiza o tempo distendido, de conversa sem pressa, da canção de Caymmi. Isso se torna evidente se prestarmos atenção à forma do *jingle*: a marca ali encaixa mal na melodia, por ter mais sílabas e por sua sonoridade, na qual

21. Cf. *História da Vida Privada no Brasil*, volume 2 (*Império: A Corte e a Modernidade Nacional*), coordenador-geral da coleção: Fernando A. Novais, organizador do volume: Luiz Felipe de Alencastro, São Paulo, Companhia das Letras, 1997, pp. 434-435.

22. Cf. Carlos Franco, "Verão do McDonald's Tem Baiana de Caymmi", *O Estado de S. Paulo* (*Economia*), 8.1.2003, p. B 7.

23. Para uma opinião contrária, de elogio à criatividade, à inteligência e ao profissionalismo da publicidade, cf. Júlio Medaglia, *Música Impopular*, São Paulo, Global, 1988, pp. 311 e 327; para a discussão de opiniões como essa, cf. Roberto Schwarz, "Nota sobre Vanguarda e Conformismo", *O Pai de Família e Outros Estudos*, 2ª ed., Rio de Janeiro, Paz e Terra, 1978, pp. 43-48.

24. Cf. Renato Ortiz, *Mundialização e Cultura*, 5ª reimpressão, São Paulo, Brasiliense, 2003, p. 181.

25. *Idem*, pp. 82-83.

ressurtem consoantes, não ser redonda como a de "baiana", em que predominam as vogais[26].

Nesse sentido, é válido reproduzir aqui uma observação de Caetano Veloso – ainda que feita a respeito de uma outra canção –, retificando um comentário de Gilberto Gil. O diálogo retoma diretamente pontos discutidos neste trabalho:

> CAETANO – O Caymmi tem essa capacidade de fazer a música exatamente com a entonação da palavra falada, a entonação coloquial, mas com uma graciosidade musical e uma adequação à composição como um todo que é inacreditável. Veja a interrogação de "Você já foi à Bahia?"... Com vírgula e vocativo.
>
> GIL (*cantando*) – "Você já foi à Bahia, nega?"
>
> CAETANO e GIL (*cantando juntos*) – "Não? Então vá."
>
> GIL – Um "jinglista", não é?
>
> CAETANO – Mas não há nenhum *jingle* assim. Isso é uma joia, uma beleza, uma pureza[27].

Mas não se pode deixar de imaginar também que a eficácia do *jingle* da McDonald's talvez estivesse justamente no ruído que a marca implica à canção: mantendo-se, desse modo, os termos separados, haveria a comunicação tanto da diferença quanto da conciliação celebrada na peça publicitária, num processo de transferência dos valores do símbolo cultural (*O que É que a Baiana Tem?*) para "sete sobremesas, três molhos para saladas e duas novas versões dos sanduíches" – reforçando, assim, "a brasilidade dos produtos, dos consumidores e dos funcionários", como a campanha almejou[28]. Em outras palavras, caso não estranhássemos o *jingle*, não perceberíamos a associação anunciada, talvez esquisita de início, talvez depois aceita. Pode ser que sim. Se o pensamento esti-

26. Mauro Dias, em texto de jornal, também notou a contradição ("*fast* e Dorival não combinam") sem, contudo, desenvolvê-la (cf. Mauro Dias, "Carmem Miranda Vestiu os Versos da Canção", *O Estado de S. Paulo (Economia)*, 8.1.2003, p. B 7).

27. Cf. Marcos Augusto Gonçalves & Augusto Massi, "MPB com Todas as Letras", *Folha de S. Paulo (Mais)*, 17.10.1993, pp. 6-4. Caetano Veloso escreveu em dois momentos sobre a obra de Dorival Caymmi, relacionando-a com a formação e o princípio estético de João Gilberto: no artigo "Ângulos", produzido entre 1965 e 1966 (em *Alegria, Alegria*, org. Waly Salomão, Rio de Janeiro, Pedra Q Ronca, s.d., pp. 1-13), e no livro *Verdade Tropical* (São Paulo, Companhia das Letras, 1997; ver especialmente pp. 222-224).

28. Cf. Carlos Franco, "Verão do McDonald's Tem Baiana de Caymmi".

ver correto, contudo, notem-se dois aspectos: que ele se refere à obra de Caymmi salientando a distância deste em relação à peça publicitária típica; e que ele ajuda a esclarecer sobretudo o funcionamento do anúncio atual, no trabalho incrível de conferir à mercadoria "um valor simbólico ou 'imagem'" que apela para "valores conscientes ou subconscientes do consumidor", por meio da associação de marca, produto ou serviço a um contexto ideológico que lhes é estranho – "por exemplo, a família feliz, a tecnologia onipotente, a Natureza", a História ou até mesmo as críticas à própria publicidade[29], ou ainda o prestígio de artistas, de suas obras, dos afetos que despertam.

O segundo motivo alegado por Dorival Caymmi para relativizar a sua fama de preguiçoso diz respeito à matéria da qual o autor diz retirar inspiração e à sua maneira de trabalhá-la: "Sempre fui um grande observador, calado, das coisas que aconteciam à minha volta. Sempre pensando poeticamente sobre como poderia tirar alguma coisa dali. [...] Quando estou quieto, encostado, ou de pé, olhando, algo está acontecendo". No seu modo de entender, portanto, ele não cultivaria a preguiça, mas sim a contemplação[30]. "Você faz uma canção com o passarinho, aquela mulher passeando na rua. Já andei desenhando mulheres conversando na feira. Ela fala, põe as mãos nas cadeiras. Sou janeleiro. As músicas saem desse contato"[31].

Deve-se acrescentar, saem canções cuja poesia se fundamenta no exercício de contemplar o mundo revelando a beleza que as coisas têm em si mesmas, despidas de qualquer ornamentação. Exemplo maior é quando os próprios ornamentos são nomeados minuciosamente em *O que É que a Baiana Tem?*: a adjetivação é precisa e essencial, servindo para compor uma figura de traço limpo, que a constante reiteração dos versos cantados cuida de amplificar e enriquecer, valorizando o que podia passar despercebido no dia a dia. O próprio Caymmi já aludiu ao aspecto visual de seu processo de composição: "Eu vejo uma imagem na minha frente, uma cena, um quadro plástico que me im-

29. Cf. Torben Vestergaard & Kim Schrøder, *A Linguagem da Propaganda*, trad. João Alves dos Santos, 3ª ed., São Paulo, Martins Fontes, 2000, pp. 171-188. Como os autores explicam, as críticas à publicidade são estranhas ao seu funcionamento porque, se levadas realmente a sério, fariam desaparecer a própria publicidade (p. 189).
30. Cf. entrevista a Sylvia Colombo, "Sou a Própria Espontaneidade, Diz Caymmi".
31. Cf. entrevista a Alessandra Blanco, "Dorival Caymmi: Minha Preguiça É Necessária", p. 16.

pressiona. Então procuro transferir para a canção a imagem vista. É uma espécie de filmagem"[32]. E Antonio Risério, tomando como exemplo dessa estética a canção *Marina*, aponta aí a coincidência entre a forma artística e o assunto, o qual é o próprio olhar amoroso sobre a realidade (ou o olhar sobre a realidade que se ama, o que dá no mesmo): "Nesta composição urbana e intimista, o despojamento linguístico como que responde ao despojamento físico que o amante deseja encontrar na amada. Caymmi não usa artifícios verbais para condenar artifícios faciais. É estilisticamente coerente com o seu protesto"[33].

Em *A Preta do Acarajé*, a observação se volta para uma cena cotidiana na Salvador em que Dorival Caymmi nasceu (1914) e viveu, até mudar-se para o Rio de Janeiro. As experiências mais fundamentais de sua infância, segundo o próprio artista, aconteceram "na nossa Saúde de noite de misteriosos silêncios. Só furavam esse bendito silêncio as freguesas da noite. A do acarajé. A da pipoca com coco, fubá de milho, amendoim torrado e também cozido [...]". Ele morou na rua Direita do bairro da Saúde até 1925, quando se mudou para a Ladeira do Carmo, próxima ao Pelourinho. Dentro de casa, conta a biógrafa Stella Caymmi, "Dorival convivia com as chamadas mulheres de saia, que eram agregadas à família. Eram ex-escravas, ou filhas delas, que preferiam continuar morando com aqueles que as criaram"[34]. E, conforme Marília T. Barbosa e Vera de Alencar relatam, das velhas baianas o artista guardaria lembranças que vão do cheiro das ervas – "para curar dor de cabeça, usavam passar na fronte folhas de guiné" – ao jeito de falar – "tomar uma buginginha", "tomar uma pura", "levar um dinheirinho, comer uma coisinha", "trouxe uma latinha, trouxe o mocó"[35].

Vê-se que os diminutivos, nessa fala recordada, se multiplicam. De uso comum na linguagem coloquial brasileira, o seu emprego teve a função apontada

32. Cf. Marília T. Barbosa e Vera de Alencar, *Caymmi Som Imagem Magia*, Rio de Janeiro, Fundação Emílio Odebrecht / Sargaço Produções Artísticas, 1985, p. 154.
33. Cf. Antonio Risério, *Caymmi: Uma Utopia de Lugar*, p. 36.
34. Cf. Stella Caymmi, *Dorival Caymmi: O Mar e o Tempo*, pp. 38 e 45.
35. Cf. Marília T. Barbosa e Vera de Alencar, *Caymmi Som Imagem Magia*, p. 33.

por Sérgio Buarque de Holanda no âmbito das normas sociais de convívio pautadas pela *cordialidade*: "A terminação 'inho', aposta às palavras, serve para nos familiarizar mais com as pessoas ou os objetos e, ao mesmo tempo, para lhes dar relevo. É a maneira de fazê-los mais acessíveis aos sentidos e também de aproximá-los do coração"[36]. Considerando o modo como as suas canções se apresentam, o olhar de Caymmi se desenvolveu nessa forma de convívio e mostra igual disposição. Por meio delas, nos aproximamos amorosamente do mundo, o qual é contemplado com a simplicidade que descobre a beleza, por vezes terrível, das coisas; adiante retomarei esse ponto, ao comentar a canção *O Mar*.

Se a própria memória do compositor registra a ligação entre o seu trabalho – por exemplo, em *A Preta do Acarajé* –, os "vestígios de uma Bahia ainda colonial" e a "tradição oral da sua cidade"[37], Antonio Risério foi quem primeiro estudou Caymmi procurando relacionar as suas canções ao caráter particular que Salvador assumiu, ao longo do século XIX, na formação do que veio a ser chamado *cultura baiana*, "um complexo cultural historicamente datável" que teria vigorado até a década de 1950. Dizendo de modo sucinto, seriam quatro as bases dessa cultura apontadas por Risério:

a. em termos econômicos, o declínio do "recôncavo agrário e mercantil", que viera já com o ciclo da mineração (século XVIII), se afirmaria com a grande lavoura de café e, mesmo, com "a expansão dos cacauais no eixo Ilhéus-Itabuna" (século XIX), mantendo-se ainda ao início do processo de industrialização (século XX);

b. em termos políticos, o "crescente desprestígio" no plano nacional e, na passagem para o século XX, também no regional, com a supremacia do Recife;

c. em termos sociais, o enraizamento de suas estruturas no passado colonial;

d. por fim, "a relativa estabilidade da composição etnodemográfica da região", a qual "não foi atingida seriamente por aquilo que, da perspectiva da história geral do Brasil, chamamos 'migrações secundárias' (japoneses, italianos, alemães etc.)".

36. Cf. Sérgio Buarque de Holanda, *Raízes do Brasil*, 3ª ed., Rio de Janeiro, José Olympio, 1956, p. 212. Antonio Risério e Tuzé de Abreu observam a respeito do uso constante de diminutivos, nas canções praieiras, que "a dureza de Caymmi é, paradoxalmente, uma dureza suave" (cf. A. Risério, *Caymmi: Uma Utopia de Lugar*, pp. 142-145).

37. Cf. Stella Caymmi, *Dorival Caymmi: O Mar e o Tempo*, p. 39.

Da articulação dessas quatro instâncias teria se formado "uma nova cultura, de extração principalmente luso-banto-iorubana, mas também com traços tupis", cujo aspecto exterior mais visível - no meu entendimento - talvez seja a "aura mítica" que passa a envolver, nesse período, as coisas da "Bahia provinciana": exalta-se a sua "antiguidade histórica", a sua "beleza natural e urbana" e, consequência de tudo o que resumidamente aqui se indicou, a sua "originalidade cultural"[38].

Em suma, Antonio Risério adverte que uma canção como *A Preta do Acarajé* não é "pesquisa folclórica", mas sim a recriação estética de "uma cidade tradicional, semiparalisada, culturalmente homogênea, curtindo seus dias de vagarosa estância da vida urbana pré-industrial"[39]. Com efeito, a evocação de Caymmi nem mesmo figura como caso único, ainda que aos outros dois, citados a seguir, falte justamente o pregão. Quando de sua primeira visita a Salvador, em 1926, Gilberto Freyre redigiu um pequeno artigo de jornal com suas impressões, dentre as quais se lê: "Às esquinas, pretalhonas imensas, das que a gente imagina desaparecidas do Brasil, escancaram o x dos seus tabuleiros de angu, mingau, beiju, manga, laranja"[40]. Ary Barroso, por sua vez, viajou à cidade em 1929. Em 1936, escreveria *No Tabuleiro da Baiana*. Como exemplo do que aqui se discute, não importa a canção ter sido encomendada pela companhia teatral de Jardel Jercolis, a quem inclusive foi vendida, segundo Ary declararia, tamanha a descrença do autor no mérito da obra, "mais 'fabricada' que inspirada". Trabalhando "mais ou menos à força", como ele disse, qualquer compositor de canções poderia acabar se utilizando tanto de formas que anteriormente já desenvolvera (Ary afirmou ter recorrido aos moldes de seu "samba *Batuque*, gravado por Sílvio Caldas e Elisa Coelho em 1931")[41] quanto, é claro, das experiências que lhe estivessem à mão.

38. Cf. Antonio Risério, *Caymmi: Uma Utopia de Lugar*. As citações literais são retiradas das pp. 62, 111, 158, 159, 165, 166 e 167.
39. *Idem*, pp. 12 e 63.
40. Publicado no *Diário de Pernambuco* de 19 de março de 1926, o artigo, intitulado "Bahia à Tarde", está reproduzido em Gilberto Freyre, *Bahia e Baianos*, org. Edson Nery da Fonseca, Salvador, Fundação das Artes / Empresa Gráfica da Bahia, 1990, pp. 13-14.
41. O depoimento de Ary Barroso sobre *No Tabuleiro da Baiana* foi dado à revista *Carioca* em 1937, e pode ser conferido em Jairo Severiano & Zuza Homem de Mello, *A Canção no Tempo: 85 Anos de Músicas Brasileiras (Vol. 1: 1901-1957)*, p. 146. A canção foi gravada, entre outros, por João Gilberto, Maria Bethânia, Caetano Veloso e Gilberto Gil, em 1981, no disco *Brasil* (WEA, LP 670.9348,

Tomando por base especialmente as canções praieiras de Dorival Caymmi, cujas narrativas se localizam, com raras exceções, no antigo arraial de pescadores de Itapuã, Antonio Risério ainda observou que o artista "compôs uma versão idealizada da Bahia. De uma parte, ele ignora o que não se ajusta à imagem diferencial da região. É o caso das novidades urbanas, por exemplo. De outra, ele exclui programaticamente de sua poesia os aspectos desagradáveis da vida baiana"[42]. A ausência de conflitos com que as narrativas se constroem, assim, poderia bem servir ao conformismo, à imagem exótica e/ ou turística, sobretudo à negação das "mazelas históricas, facilitando, desse modo, a ação de uma elite que pretende igualar transformação à deformação", como notou Mirella Márcia Longo[43]. E, de fato, elas não se encontram livres de qualquer uma dessas utilizações.

Entretanto, nas canções de Caymmi o que se afirma é uma utopia, sustenta Risério: ocultam-se a miséria, a opressão, a exploração, os antagonismos – em suma, as "fontes sociais da dor" –, mas se cantam liricamente, sem excessos, "valores e práticas das camadas mais pobres da população baiana", cuja única fonte de sofrimento é a presença substantiva da morte. A força e a beleza desse lirismo, instaurando uma "utopia de lugar", conduziria à reflexão sobre sua distância em relação à realidade – e sobre se não seria digna de "existência poética" a miséria social[44].

Mirella Márcia Longo, retomando as ideias de Risério, com elas concordou mediante um reparo decisivo: a "suspensão das tensões" não eliminaria das narrativas os vestígios dessa "tendência de pôr as dores numa elipse [...], a mania de ofuscar, com solaridade festiva, tudo o que mereceria pranto" – uma perspectiva que é das próprias comunidades pesqueiras, antes de ser caymmiana. Por conseguinte, ao crítico caberia identificar essas tensões, "visando à reposição da distância que vai da utopia até o engodo, distância que vai da

1991). Sobre a viagem à Bahia de Ary Barroso, a primeira gravação de *No Tabuleiro da Baiana* e sua inclusão em peça teatral, cf. Sérgio Cabral, *No Tempo de Ari Barroso*, Rio de Janeiro, Lumiar, s.d., pp. 47-48; 104; 160-161.

42. Cf. Antonio Risério, *Caymmi: Uma Utopia de Lugar*, pp. 70-71; 109 (a citação é retirada dessa página).

43. Cf. Mirella Márcia Longo, "Memórias do Cais: Caymmi, Canções e Fontes", *Literatura e Sociedade*, nº 4, São Paulo, USP/FFLCH/DTLLC, 1999, p. 77.

44. Cf. Antonio Risério, *Caymmi: Uma Utopia de Lugar*, pp. 109-110; 121-125.

construção poética ao embuste publicitário"[45]. Concordo inteiramente com a advertência, mesmo porque acredito que a melancolia atravessa, de modo geral, a obra de Caymmi, firmando-se como ponto de resistência artística frente a idealizações espetaculosas. Isso não impede que o espetáculo, enquanto "representação ilusória do não vivido"[46], se utilize dessa obra; mas o sucesso da utilização dependerá do apagamento da melancolia. O trabalho crítico, por sua vez, ao sublinhar a presença estrutural desse sentimento, faz o caminho inverso.

Veja-se que duas cantoras baianas, de estilos diversos para não dizer opostos, não deixaram de notar, ao menos parcialmente, o que aqui se afirma: Maria Bethânia – "A música de Caymmi é linda, tem um pouco de melancolia"; e Daniela Mercury – "Sempre impregnado de lamento, ele compôs parte do imaginário da 'Cidade da Bahia' "[47]. Também Vinicius de Moraes já cantava, no recitativo a *Saudade da Bahia* (Dorival Caymmi), apresentando Caymmi no *show* que ambos dividiram:

> Eu tenho um amigo que é baiano
> Um amigo muito humano
> Um baiano cujo som
> É todo bom
>
> Ouçam como é lindo ele cantar sua poesia
> Que melancolia
> Ai, que saudade eu tenho da Bahia...[48]

A melancolia a que me refiro não poderia ter uma única feição, sendo a obra variada. O que se pode dizer é que o traço constante, nessa variedade, será a contemplação serena, e portanto sábia, dos vestígios da chamada *cultura baiana* ou dos "profundos mistérios da dor e da morte"[49]. Talvez *O Mar* seja a

45. Cf. Mirella Márcia Longo, "Memórias do Cais: Caymmi, Canções e Fontes", pp. 76-77.
46. Cf. Guy Debord, *A Sociedade do Espetáculo*, trad. Estela dos Santos Abreu, 3ª reimpressão, Rio de Janeiro, Contraponto, 2002, p. 121.
47. Cf. "Depoimentos", *O Estado de S. Paulo* (Caderno 2), 30.4.2004, p. D 6.
48. A melodia para esse texto foi inspirada no recitativo de *Minha Namorada* (Carlos Lyra/Vinicius de Moraes), cantada antes de *Saudade da Bahia* (cf. *Vinicius e Caymmi no Zum Zum – Ao Vivo*, Elenco / Universal, 04228489692 SET 73145606862, 2001 [disco lançado originalmente em 1965]).
49. Aproprio-me de passagem de Olívio Montenegro, em ensaio sobre José Lins do Rêgo (cf. José Lins do Rêgo, *Banguê*, 7ª ed., Rio de Janeiro, José Olympio, 1969, p. XXIV).

canção que melhor ilustre o que estou tentando explicar, em especial na gravação que Dorival Caymmi dela realizou em 1959. Ouvi-la adequadamente é sentir a fragilidade da vida do pescador no velho arraial de Itapuã. Uma experiência talvez não tão distante da nossa realidade quanto se gosta de imaginar[50].

Em sua primeira parte musical, "O mar / Quando quebra na praia / É bonito... é bonito..." nos leva à contemplação da natureza, coisa em si. A morte que esse elemento traz, entretanto, é uma possibilidade baseada em casos anteriores, quase um presságio, pois as mortes são referidas em geral ("Quanta gente perdeu / Seus maridos, seus filhos / Nas ondas do mar"). Apesar disso, sempre há a esperança de que o presságio não se confirme ("Pescador quando sai / Nunca sabe se volta / Nem sabe se fica"). Na segunda parte, narra-se a morte de um pescador no mar, Pedro, e a dor de sua mulher em terra, Rosinha, a qual enlouquece. Quando se retorna à primeira parte, ela é exatamente igual e, no entanto, a sua essência se modificou. A experiência particular que se acumulou sobre a morte – intrínseca à natureza –, no tempo da própria canção, revela agora que a beleza do mar possui uma face decididamente terrível, a qual é a sua verdade mais profunda. O que sobra da audição dessa narrativa é o sentimento e a sabedoria acerca da finitude, ou seja, é uma forma de melancolia.

Veremos, a seguir, em que medida a melancolia estrutura *A Preta do Acarajé*, e o que nos resta após a audição. Porém, antes é necessário esclarecer dois pontos.

O primeiro, é que há visões gerais a respeito da obra de Caymmi diversas da minha. Por exemplo, a de Lorenzo Mammì: "A baiana o chama para dançar, mas ele não vai. Se Anália não quiser ir, vai só. Se por acaso chover, aí não vai mesmo. As letras de Caymmi falam da liberdade de ir e vir. Quem canta é o homem perfeitamente livre"[51]. Ou a de Luiz Tatit:

50. Cf. Dorival Caymmi, *2 em 1: Caymmi e Seu Violão (1959) / Eu Não Tenho Onde Morar (1961)*, EMI, CD 789014 2, 1994. Stella Caymmi diz que *O Mar* (Dorival Caymmi) foi "a música que [o autor] escolheu para representar sua obra" (cf. S. Caymmi, *Dorival Caymmi: O Mar e o Tempo*, p. 85). Antonio Risério e Tuzé de Abreu analisaram *O Mar* ao lado de outras canções do compositor (cf. Antonio Risério, *Caymmi: Uma Utopia de Lugar*, "Escrita sobre o Mar", pp. 127-152).

51. Cf. Lorenzo Mammì, "Dorival Caymmi", em Arthur Nestrovski (org.), *Música Popular Brasileira Hoje*, São Paulo, Publifolha, 2002, pp. 73-74.

> Caymmi é o lado zen da canção. Retrata o ciclo dos fenômenos sem intervir em seu movimento natural e sem sofrer com os desvios de expectativa. [...] A canção [*O que É que a Baiana Tem?*] foi um sucesso e abriu as portas para o compositor baiano apresentar, além de outras obras na mesma linha de tematização (*Samba da Minha Terra*, *Rosa Morena*), seu lado lírico-sereno, no qual a paixão transcorre sem tensão nos contornos de melodias cíclicas que, no fundo, decantam continuamente o ato de viver[52].

Não é que eu discorde totalmente dessas visões, pois reconheço-lhes a pertinência, sobretudo quando se ouve, além dos exemplos por ambos citados, *Vatapá*, *Acontece que Eu Sou Baiano* ou *O Dengo que a Nega Tem*. Ocorre que todas essas canções também são atravessadas de melancolia, desde que sejam contempladas sobre o fundo histórico em que se realizam: a beleza e a alegria aí celebradas fazem parte de um mundo em declínio; ou, de outro lado, como notaram Antonio Risério e Mirella Márcia Longo, em contradição com a modernização conservadora do século XX, a qual conciliou avanço econômico e atraso social, numa perpetuação da miséria que vai perdendo a graça. De resto, contemplar a morte não é necessariamente fazer-se depressivo e tampouco exclui, em princípio, a afirmação da vida.

O segundo ponto é que o acento que coloco na presença da melancolia deriva da minha escuta das canções de Caymmi e das gravações que considero as melhores. Isto é, na perspectiva que adoto, das gravações que sintetizam com maior acerto uma determinada experiência histórica. Via de regra, são as gravações realizadas pelo autor sozinho, com o seu violão (*A Preta do Acarajé* é uma exceção), ao lado das gravações feitas por João Gilberto.

2. Descrição de *A Preta do Acarajé*

Passarei a descrever *A Preta do Acarajé*, acompanhando a gravação de 1939 com as vozes de Dorival Caymmi, Carmen Miranda e Dalva de Oliveira. A descrição será bastante minuciosa, procurando captar como se constrói a for-

52. Cf. Luiz Tatit, "Dicção de Dorival Caymmi", *O Cancionista*, pp. 106-126; a citação que faço pode ser lida às pp. 106-107.

ma artística e qual o seu sentido, a fim de que ambos possam ser referidos ao processo histórico, de modo aprofundado, na parte final deste capítulo.

A análise detalhista de qualquer canção popular-comercial brasileira, todavia, corre sempre o risco de ser considerada, de antemão, como inútil. Afinal, qual o proveito de se esmiuçar canções dessa espécie – não bastaria uma avaliação mais geral? Em se tratando de Dorival Caymmi, devemos lembrar inicialmente que o seu processo de composição já é detalhista, e a análise, desse modo, pretende fazer jus ao objeto. Além disso, um exame minucioso pode nos ensinar sobre o artesanato da canção – para falar com Mário de Andrade, artesanato enquanto a parte geral da técnica, "os segredos, os caprichos, as exigências do material"; assim como esse exame pode também nos levar a perceber tanto "a solução pessoal do artista" quanto o seu "conhecimento e prática das diversas técnicas"[53]. E, ao contrário da opinião acima referida, há um tipo de ouvinte da canção popular-comercial para quem esse tipo de estudo é em si mesmo encantador, à medida que o coloca, se não *dentro* da obra, ao menos no caminho do entendimento racional sobre aquela estrutura que, de alguma maneira, o emociona[54].

Isso posto, veja-se que a composição é formada por duas partes musicais bem distintas. A primeira – que chamarei Parte A, designação atual e bastante funcional – tem andamento desacelerado e é uma espécie de recitativo em tonalidade menor; a segunda – Parte B – tem andamento acelerado e é um samba de roda em tonalidade Maior homônima. O acompanhamento instrumental sugere que ambas devam ser escritas em fórmula de compasso binário (2/4), ou que pelo menos foi essa a métrica sentida pelos músicos naquela gravação. Ao final, após a repetição da Parte A em ritmo de samba de roda, sobre a qual há um solo de trompete, o clima do início retorna para uma última estrofe. Ao longo do canto, duas personagens se revezam, um narrador e a vendedora que anuncia, em seu pregão, acarajé e abará, dois quitutes com "forte

53. Cf. Mário de Andrade, "O Artista e o Artesão", *O Baile das Quatro Artes*, São Paulo, Martins, 1963, pp. 11-15. Para alguns desdobramentos das ideias de Mário de Andrade apresentadas nesse texto, cf. Jorge Coli, *Música Final*, Campinas, Editora da Unicamp, 1998, principalmente pp. 46-49; 204 e 233-264.

54. Para os cancionistas, o aprendizado das "três etapas" da técnica – artesanato, conhecimento e solução pessoal, conforme a divisão proposta por Mário de Andrade – é extremamente encantador à medida que estimule novas criações; espero que este trabalho também sirva para isso.

fundamento religioso": o acarajé, um "bolo de feijão fradinho, frito em azeite de dendê", "costuma ser ofertado a Iansã e Obá"; e o abará, um "pequeno bolo de massa de feijão fradinho com cebola, azeite de dendê, envolto em folha de bananeira e cozido na água", é "comida ofertada a Iansã"[55]. Na Parte B, as personagens dialogam, e o narrador assume o papel de freguês.

Parte A

NARRADOR
Dez horas da noite
Na rua deserta
A preta mercando
Parece um lamento

VENDEDORA
Iêê abaráá!

NARRADOR
Na sua gamela
Tem molho cheiroso
Pimenta-da-Costa
Tem acarajé

VENDEDORA
Ô acarajé ecô olalai ô ô
Vem benzê-ê-êm
'Tá quentinho

Parte B

NARRADOR/FREGUÊS
Todo mundo gosta de acarajé
Todo mundo gosta de acarajé

VENDEDORA
Mas o trabalho que dá pra fazer é que é
Mas o trabalho que dá pra fazer é que é

55. Cf. Marília T. Barbosa e Vera de Alencar, *Caymmi Som Imagem Magia*, p. 197.

NARRADOR/FREGUÊS
Todo mundo gosta de acarajé
Todo mundo gosta de acarajé

NARRADOR/FREGUÊS
Todo mundo gosta de abará
Todo mundo gosta de abará

VENDEDORA
Mas ninguém quer saber o trabalho que dá
Ninguém quer saber o trabalho que dá

NARRADOR/FREGUÊS
Todo mundo gosta de abará
Todo mundo gosta de abará
Todo mundo gosta de acarajé

Parte A

(Instrumental)

VENDEDORA
Iêê abaráá!

(*coro*)
Iêê abaráá!

NARRADOR
Dez horas da noite
Na rua deserta
Quanto mais distante
Mais triste o lamento

VENDEDORA
Ô acarajé ecô olalai ô ô
Vem benzê-ê-êm
'Tá quentinho

CORO
Todo mundo gosta de acarajé

Na Parte A, a melodia é bastante reiterativa e apresenta perfil descendente. Repete-se uma mesma figura rítmica, a qual, já apresentada no capítulo anterior, parece se originar de uma declamação regida pelo compasso binário:

Figura 31

O contorno melódico também é mantido durante o período inteiro (quatro frases em oito compassos). A única variação se dá porque o motivo é transposto[56], indo-se do 5º grau para o 1º. Em cada frase, a primeira e a última nota coincidem, a não ser na frase final, pois nela é necessário repetir a penúltima nota a fim de se repousar na tônica; altera-se, desse modo, o contorno melódico, mas apenas por um detalhe. Uma vez que as passagens entre as frases são feitas sempre por graus imediatos, aí também a reiteração se instaura, firmando-se como principal característica da forma musical.

Figura 32

Olhando-se isoladamente para a letra, todos os versos da quadra têm o mesmo metro (cinco sílabas, ou seja, redondilha menor), o mesmo ritmo (acentos na 2ª e na 5ª sílaba) e são graves (terminam com palavra paroxítona). Tudo isso instaura uma previsibilidade no canto que é compatível com a rotina e a melan-

56. Minhas análises musicais se baseiam nos cursos que fiz com o maestro Cláudio Leal Ferreira, entre 1996 e 1999, de Harmonia e de Rearmonização da música popular. Em livro, uma introdução sobre as técnicas para variações de um motivo melódico na canção popular brasileira foi apresentada por Antonio Adolfo em *Composição: Uma Discussão sobre o Processo Criativo Brasileiro*, Rio de Janeiro, Lumiar, 1997, pp. 24-31.

colia da cena descrita por um narrador. A única quebra na monotonia é causada pelo uso de versos brancos, aproximando a estrofe da linguagem coloquial:

Dez horas da noite	Dez/ *ho*/ras/ da/ *noi*/te
Na rua deserta	Na/ *ru*/a/ de/*ser*/ta
A preta mercando	A/ *pre*/ta/ mer/*can*/do
Parece um lamento	Pa/*re*/ce um/ la/*men*/to

O lamento a que a letra se refere tem no andamento desacelerado o seu correlato musical. Já a reiteração melódica, não provocando nenhum apelo à dança por conta dessa desaceleração, cumpre duas funções. A primeira delas é dar corpo à intenção recitativa dessa parte, ou seja, configurar a fala de um narrador: quanto ao perfil melódico, "em nossa fala cotidiana, repetimos o motivo entoativo ao enumerarmos fatos de mesma natureza", um traço de *figurativização*, conforme explica Luiz Tatit[57]; e, quanto ao ritmo melódico, também a organização das sílabas indica uma recitação enformada no compasso musical, segundo a análise aqui proposta. A outra função é acentuar a rotina melancólica que se canta. A reiteração melódica, portanto, está adequada à melancolia da cena que se repete cotidianamente, como sugere a indicação temporal familiar ("Dez horas da noite").

Um detalhe da harmonia deve ser mencionado: no acorde inicial do violão, suprimiu-se a 3ª (menor) e se acrescentou a 9ª, uma nota dissonante, mantendo-se a fundamental e a 5ª. O resultado, de interessante efeito timbrístico, é o tipo de efeito harmônico que só ganharia notoriedade com a bossa nova. Por ser, ainda hoje, considerado moderno no acompanhamento da canção popular, é responsável por um clima sonoro que possivelmente desperta a atenção do ouvinte, sobretudo porque a batida do violão marca os dois tempos do compasso, insinuando a presença melancólica (mais uma vez) de um relógio ou – quem sabe? – de sinos.

Ao narrador, então, sucede a própria personagem, iniciando o seu pregão. Intensifica-se aí, ainda mais, o tom lamentoso, por efeito da tessitura mais aguda em que se canta: em relação à última nota de Caymmi, a entrada de Dalva de Oliveira assinala um salto de duas oitavas, levando-se em conta a

57. Cf. Luiz Tatit, "Elementos para a Análise da Canção Popular", *Musicando a Semiótica: Ensaios*, São Paulo, Annablume, 1997, p. 109.

distância entre as tessituras masculina e feminina, mas desconsiderando-se a nota inicial do portamento – Dalva desliza de si bemol a mi bemol; esta última nota é que realmente conta. Além disso, o lamento se acentua pela maior duração das vogais e pela continuidade da desaceleração. Todos esses traços apontam para o que Luiz Tatit chama de *passionalização*, processo em que o investimento emotivo sobressai. A duração das notas e a desaceleração, além disso, se intensificam, na frase, pela utilização de rubato (liberdade para distender ou encurtar o tempo das notas), um recurso que dispensa a análise rítmica para que se aponte o seu vínculo com o ritmo natural da fala[58].

Iêê abaráá!

Figura 33

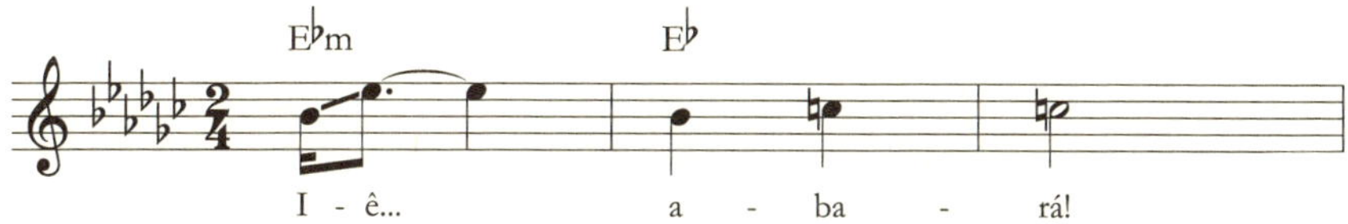

Sintetizando, até agora tivemos o seguinte quadro de correspondências entre a forma musical e a narrativa cantada:

Reiteração[59]; desaceleração	→	fala do narrador (linguagem coloquial)	→	rotina melancólica e lamentosa
Salto intervalar; duração das vogais; desaceleração; rubato	→	pregão da vendedora	→	lamento

58. Sobre a relação entre a linguagem oral e a obra de Caymmi, é ilustrativo perceber que existe um certo parentesco entre a entoação de *Iê Abará*! e uma outra melodia do compositor que aparece em duas canções suas: em *Dora*, no primeiro chamado "Ô, Dora!"; e em *Saudade (Coqueiro) de Itapuã*, nos apelos "Coqueiro!", "Morena!"e "Me deixa!" (este, na parte final). Em 1991, em Cumuruxatiba (sul da Bahia), escutei um menino chamar "Mã-i-nha!" com uma entoação semelhante a essa melodia de Caymmi (estivesse na tonalidade de Mi bemol Maior, notas sib-mib--dó). O menino gritava, mas parecia estar cantando. As canções citadas podem ser ouvidas nos discos *Eu Vou pra Maracangalha / Canções Praieiras* e *2 em 1: Caymmi e Seu Violão (1959) / Eu Não Tenho Onde Morar (1961)*; *Coqueiro de Itapuã* foi gravada por Caetano Veloso em 1982, no disco *Cores, Nomes* (Philips / PolyGram, CD 838 464-2, 1989).

59. Especificando-se, reiteração no ritmo e no contorno melódico, e também na métrica e na segmentação dos versos.

Ao final do pregão, na harmonia tem-se o acorde de tônica da tonalidade Maior (a nota final do pregão é o 6º grau desse acorde; um intervalo consonante, portanto, ainda que a harmonia tradicional o considere uma consonância imperfeita). Em outras palavras, tem-se um acorde de empréstimo modal, tomado de empréstimo da tonalidade paralela (homônima)[60]. Retornando a mesma melodia da estrofe inicial, retorna também o acorde de tônica do modo menor – executado desta vez sem qualquer alteração. Esse detalhe harmônico – a alteração do modo menor para o Maior – é importante; sua função, no entanto, só poderá ser identificada quando o pregão se completar e, depois dele, vier a Parte B da canção.

A seguir, o narrador retoma a descrição da cena. Ainda que haja rima toante nesta nova estrofe, outra vez ela se aproxima do uso de versos brancos e da linguagem coloquial, pois o esquema é *abca*, e as palavras assim rimadas, distantes entre si, são uma paroxítona ("gamela") e outra oxítona ("acarajé"). Não é a uniformidade sonora que ressalta nas duas quadras, portanto, mas a precisão do relato feito – a rima toante parecendo mais obra do acaso que intencional:

Na sua gamela
Tem molho cheiroso
Pimenta-da-Costa
Tem acarajé

Na/ *su*/a/ ga/*me*/la
Tem/ *mo*/lho/ chei/*ro*/so
Pi/*men*/ta-/da-/*Cos*/ta
Tem/ *a*/ca/ra/*jé*/

Figura 34

60. Sobre acorde de empréstimo modal e tonalidade paralela, cf. Almir Chediak, *Dicionário de Acordes Cifrados*, 4ª ed., São Paulo/Rio de Janeiro, Irmãos Vitale, 1984, pp. 266-267. A primeira vez que Dalva de Oliveira entoa o pregão, não há acompanhamento instrumental. Minha observação sobre a harmonia se baseia na segunda vez em que ele é cantado, quando inclusive, após Dalva, há a repetição pelo coro (que ataca a nota inicial sem glissando).

O último verso, se declamado, acusaria um ritmo diverso dos anteriores (acentos na 1ª sílaba e na 5ª, "*Tem* acara*jé*"). O canto de Dorival Caymmi, no entanto, reafirma o mesmo ritmo de toda a estrofe, fazendo prevalecer a reiteração melódica sobre a declamação e reafirmando, com isso, a monotonia e o lirismo[61].

Finalizando a primeira parte, a vendedora conclui seu pregão, entoando agora em português e nagô. Caymmi contou ter ouvido, durante a infância, uma negra "pontual com seu tabuleiro", e que o anúncio dela, "na língua geral dos negros", lhe enchera "os ouvidos de música e de nostalgia". Em *A Preta do Acarajé*, é o pregão daquela vendedora que se ouve "tal qual, palavra e música"[62]. Na sua lembrança, a composição, iniciada na Bahia, foi concluída "nas andanças noturnas pelo centro do Rio", caminhando a avenida Rio Branco até "sentir o cheiro do mar ali na Praça Mauá", durante os seus primeiros meses na cidade, em 1938. E concluída sem apoio do violão, que ele mantinha escondido no quarto da pensão num "pacote grande e quadrado", haja vista o "medo de ser tomado por malandro ou coisa pior"[63]. A ausência do instru-

61. Amorim de Carvalho considera que a redondilha menor com acentuação na 2ª e 5ª sílabas "toma um ritmo doce e lento", enquanto a acentuação na 1ª, 3ª (acentos simultâneos ou não) e 5ª sílabas "adquire logo um movimento mais apressado e vivo". Tal impressão não serve como regra geral, é claro, mas não deixa de ser curiosa, sobretudo quando somada a outra observação feita por esse autor: em versos de cinco, sete ou nove sílabas predominaria "um ritmo cantante" de caráter lírico; já nos versos de seis, oito, dez ou doze sílabas predominaria "um ritmo recitativo, isto é, mais próximo da toada da prosa" (cf. Amorim de Carvalho, *Tratado de Versificação Portuguesa,* 2ª ed., Lisboa, Portugália, 1965, pp. 36-37; 51-52).
62. Cf. Dorival Caymmi, *Cancioneiro da Bahia,* 5ª ed., revista e ampliada, Rio de Janeiro, Record, 1978, pp. 160-161. Deve-se advertir que o comentário, como todos os demais do *Cancioneiro da Bahia,* segundo Stella Caymmi foram redigidos por Jorge Amado a partir de depoimentos de Dorival Caymmi ou da própria imaginação de Amado. Em relação a *A Preta do Acarajé,* contudo, a própria biógrafa escreve, antes de transcrever a letra da primeira parte: "As vendeiras, com seus pregões em linguagem nagô, lhe causaram profunda impressão" (cf. Stella Caymmi, *Dorival Caymmi: O Mar e o Tempo,* pp. 257-258 e 39, respectivamente). Em *show* no Teatro Castro Alves, em 1979, Dorival Caymmi disse que, na sua infância, "dava pra ouvir os pregões" do sorveteiro e da pipoca; depois de entoá-los, comentou: "Minha música veio daí", passando para *A Preta do Acarajé* (cf. Dorival Caymmi, *Caymmi in Bahia,* PolyGram, CD 522041-2, 1994).
63. Cf. Stella Caymmi, *Dorival Caymmi: O Mar e o Tempo,* pp. 107; 111-112. Em entrevista publicada em 1955, Caymmi diz a Paulo Mendes Campos: "A título de publicidade, costumo dizer em entrevistas que componho ao violão. Não é verdade. Acredito que todo como eu [*sic*], que não sabe música, compõe imaginando a linha melódica, confrontando semelhanças com outras canções, pesando a força lírica, procurando as palavras. Faço minhas músicas em geral andando na rua, nos lugares em que posso falar sozinho, nos lugares em que haja muita gente e

mento pode ser mera curiosidade, mas a anedota ganha sentido ao se verificar a forma da composição: nessa primeira parte, melodia reiterativa intercalada pelo pregão, dividido em dois e entoado em rubato; na segunda parte, como será analisado, versos tirados da fala coloquial e melodia também reiterativa.

Vejamos o pregão, em português e nagô, fixado segundo a memória de Dorival Caymmi e o seu trabalho de composição:

Ô acarajé ecô olalai ô ô
Vem benzê-ê-êm
'Tá quentinho

Figura 35

O andamento permanece desacelerado, e a melodia, como em *Iê Abará*, é entoada em rubato[64]. O pregão, assim, continua a ser lamentoso e a ostentar sua ligação íntima com a fala. A tessitura do canto, porém, não acusa um salto para região mais aguda, como se dava na frase anterior, a não ser o ocasionado pela própria distância entre as vozes masculina e feminina. Dessa vez, assim, quem entoa não é Dalva de Oliveira, e sim Carmen Miranda, um dado, porém, que não é o mais importante neste momento da descrição.

onde eu sinta uma certa indiferença pela minha pessoa" (cf. Paulo Mendes Campos, "Dorival Caymmi fala sobre Pintura, Literatura e Música", *Coleção Revista da Música Popular*, p. 184).

64. Como vai assinalado na notação musical, Carmen Miranda entoa "Ô acarajé ecô..."/ "lalai ô ô..."/ "Vem benzê-ê-êm..." e sugere a presença de fermata ("prolongamento de uma nota ou pausa a critério do intérprete") ao final de cada um desses segmentos; compreenda-se que a fermata na pausa, assim, é uma tentativa de grafar a respiração da cantora nesse ponto. (A definição de "fermata" é retirada de Henrique Autran Dourado, *Dicionário de Termos e Expressões da Música*.) A despeito do esforço da notação, todavia, prefiro considerar o pregão como um todo em rubato para fazer jus à liberdade de um canto *a cappella* (sem acompanhamento instrumental) entoado explicitamente entre a fala e a música. A letra foi cotejada com Stella Caymmi, *Dorival Caymmi: O Mar e o Tempo*, p. 39, dada a revisão do compositor (cf. p. 19).

Importa realmente perceber que a maior proximidade entre a frase do narrador e o pregão da vendedora atenua a lamentação (cantadas pela mesma pessoa, as tessituras são absolutamente iguais, a mesma nota mais grave e a mesma mais aguda, numa extensão de 6ª menor). E há ainda um outro fator musical que também interfere no lamento para contrabalançá-lo. Naquele início do pregão, já foi dito, executava-se um acorde de empréstimo modal próprio da tonalidade paralela. Pois, agora, melodia e harmonia realmente modulam para a tonalidade Maior, numa espécie de ponte, uma vez que esse tom se manterá na segunda parte.

É sabido que, na cultura ocidental, uma música ou uma parte musical em tonalidade menor é habitualmente percebida como sombria, triste, introvertida, em oposição à tonalidade Maior, sentida como luminosa, alegre, expansiva. Tais impressões, é certo, estão sempre sujeitas a contingências para se definirem, seja por conta das particularidades de cada música, seja por conta da subjetividade do ouvinte. Mário de Andrade anotou um bendito cantado por uma senhora que mendigava em Catolé do Rocha (Paraíba), em 1929, e comentou se tratar de "um desmentido pra certas teorias. Canto maior e rápido e apesar disso duma dor magnífica, pobre, mesquinha, triste mesmo"[65]. Tampouco faltam sambas de carnaval melancólicos executados em tonalidade Maior. Entre aqueles que fizeram sucesso, são bons exemplos *Agora É Cinza* (Bide/Marçal), *O Orvalho Vem Caindo* (Noel Rosa/Kid Pepe) e *Ai, que Saudades da Amélia* (Ataulfo Alves/Mário Lago)[66].

65. O comentário sobre o bendito faz parte de Mário de Andrade, *O Turista Aprendiz*, estabelecimento de texto, introdução e notas de Telê Porto Ancona Lopez, São Paulo, Duas Cidades / Secretaria da Cultura, Ciência e Tecnologia, 1976, pp. 292-294; a notação musical está publicada em *As Melodias do Boi e Outras Peças*, p. 194 (nesta obra, o comentário de *O Turista Aprendiz* é reproduzido às pp. 330-331).

66. As primeiras gravações de *Agora É Cinza*, por Mário Reis e Diabos do Céu, e *O Orvalho Vem Caindo*, por Almirante, foram feitas em 1933 para o carnaval do ano seguinte; podem ser ouvidas na coletânea *Os Grandes Sambas da História*, CD integrante do fascículo nº 3 da coleção *História do Samba* (Rio de Janeiro, Globo/BMG, 1997/1998). Hoje um tanto esquecido, *Agora É Cinza* foi o "samba vencedor do concurso promovido pela prefeitura" em 1934; e, "numa pesquisa realizada pelo *Jornal do Brasil* em 1961 junto aos especialistas em música popular, pretendendo saber quais eram os dez mais bonitos sambas de todos os tempos, [ele] foi o único a figurar em todas as listas" (cf. Sérgio Cabral, *A MPB na Era do Rádio*, São Paulo, Moderna, 1996, p. 47). *Ai, que Saudades da Amélia* foi gravado pela primeira vez em 1941, também para o carnaval do ano seguinte, por Ataulfo Alves e sua Academia de Samba. O fonograma foi incluído no disco que acompanha o fascículo dedicado a Ataulfo na coleção *História da Música Popular Brasileira* (São Paulo, Abril

Ainda assim, permanecem "em estado latente como material relevante a serviço da construção"[67] as associações entre cada tonalidade e um determinado caráter, sendo percebidos como contrastantes os efeitos do menor e do Maior quando justapostos. No caso de *A Preta do Acarajé*, a divisão de sua estrutura musical em duas partes é percebida sem dificuldades pelo ouvinte, dados o andamento (primeiro desacelerado, depois acelerado) e a mudança no ritmo do acompanhamento. A primeira parte é evidentemente sombria, lamentosa, e a segunda, alegre, sacudida. O que talvez não se saiba tão facilmente é que a modulação da tonalidade menor para a homônima Maior também interage e contribui para essa sensação.

Se o ouvinte atentar com cuidado ao pregão, no entanto, perceberá não somente a atuação de melodia e harmonia mas um outro ponto fundamental: antes da segunda parte, uma certa alegria já se imiscui no lamento da vendedora. A melodia inicial do pregão ainda poderia ser tratada em campo harmônico menor (modo dórico, dado o 6º grau Maior na frase[68]). No arranjo aqui analisado, porém, ou a voz entoa *a cappella* (sem acompanhamento instrumental) ou é apoiada por acorde emprestado de tonalidade Maior (Eb, Mi bemol Maior, modo jônio). Já a segunda melodia da vendedora, sem dúvida nenhuma, é cantada na escala Maior (modo jônio). Nesse trecho, portanto, enquanto a letra mistura português e nagô, a melodia junta à lamentação (andamento desacelerado, notas distendidas) uma certa alegria (tonalidade Maior); entre uma e outra disposição, a tessitura mais grave aproxima o canto da fala, de um modo geral, e da voz do narrador, no fluxo da composição.

O quadro de correspondências entre a forma musical e a narrativa, desse modo, se modificaria ao término da Parte A, passando a registrar novos ele-

Cultural, 1970), e depois na *Nova História da Música Popular Brasileira* (2ª ed., São Paulo, Abril Cultural, 1977). Mário Lago conta que teve de insistir para que seu parceiro gravasse o samba após três cantores terem recebido muito mal a composição: "Orlando Silva tinha torcido o nariz quando o parceiro lhe mostrou a música, e o Ciro Monteiro não fizera cara melhor. A opinião de Moreira da Silva tinha sido mais cruel: 'marcha fúnebre não pega em carnaval, isso é bonito mas é muito triste'" (cf. Mário Lago, *Na Rolança do Tempo*, 4ª ed., Rio de Janeiro, Civilização Brasileira, 1979, p. 143).

67. Cf. José Miguel Wisnik, *O Som e o Sentido*, São Paulo, Companhia das Letras, 1989, p. 130.
68. No *Songbook Dorival Caymmi*, volume 1, a partitura de *A Preta do Acarajé* é escrita em Ré (menor e Maior). Na passagem em que se canta *Iê Abará*, assinala-se o acorde de Dm6 (Ré dórico, um modo menor). Em 1979, Caymmi executaria, na tonalidade de Mi menor, tal tipo de acorde (menor com 6ª Maior) nessa passagem (cf. *Caymmi in Bahia*).

mentos – a alternância para a tonalidade homônima Maior; a tessitura mais próxima da vendedora, na sua segunda frase, em relação ao recitativo do narrador; e uma dose de contentamento, em meio ao lamento do pregão.

Reiteração; desaceleração; tonalidade menor	→	fala do narrador (linguagem coloquial)	→	rotina melancólica e lamentosa
Salto intervalar; duração das vogais; desaceleração; rubato;	→	pregão da vendedora	→	lamento
tessitura mais grave; tonalidade maior.	→		→	alegria imiscuída

Para avaliar o sentido dessa construção, porém, devemos aguardar um pouco. Veremos, a seguir, como a alegria, até aqui encoberta, salta à frente e ganha a cena na Parte B. E como o lamento originará uma reclamação, contida, ainda que expressada. Na mistura e na justaposição desses sentimentos é que o sentido da canção irá se delinear, abrindo possibilidades para que examinemos essa forma artística em suas relações com o processo histórico.

Iniciemos observando separadamente a letra do diálogo entre o narrador/freguês e a vendedora na segunda parte. Se forem desconsideradas as repetições literais de versos, cada estrofe se resumirá a um dístico:

Todo mundo gosta de acarajé
Mas o trabalho que dá pra fazer é que é

To/do/ *mun*/do/ *gos*/ta/ de a/*ca*/ra/*jé*/
Mas/ o/ tra/*ba*/lho/ que/ *dá*/ pra/ fa/*zer*/ é/ que/ *é*/

Todo mundo gosta de abará
(Mas) ninguém quer saber o trabalho que dá

To/do/ *mun*/do/ *gos*/ta/ de/ *a*/ba/*rá*/
(Mas)/ nin/*guém*/ quer/ sa/*ber*/ o/ tra/*ba*/lho/ que/ *dá*/

As reiterações que ainda persistem se dão pelo uso de encadeamento (repetição de frases, palavras) e paralelismo (repetição de ideias), recursos muito utilizados na poesia medieval portuguesa[69] e vivos "ainda hoje nas nossas cantigas populares"[70]. Nota-se que os primeiros versos de cada estrofe, cantados pelo narrador/freguês, somente se diferenciam pela troca das palavras finais, o que causa elisão entre "de acarajé" e hiato entre "de abará", alcançando-se, nos dois casos, dez sílabas métricas. Analisando o ritmo poético, esses decassílabos apresentam uma segmentação também "comuníssima nos poetas arcaicos"[71]: os acentos se distribuem na 3ª, 5ª, 8ª e 10ª sílabas. E já que a cesura ("pausa intencional praticada no interior do verso" longo[72]), na 5ª sílaba, divide o verso em dois hemistíquios (segmentos) simétricos – cada qual formado por duas células métricas, a primeira com três sílabas, a segunda com duas –, a reiteração, de novo, se faz notar em outro nível, na estrutura métrica desses versos.

Já os segundos versos, cantados pela vendedora, *quase* acusam uma simetria rítmica plena. "Mas o trabalho que dá pra fazer é que é" apresenta treze sílabas, e os acentos se distribuem na 4ª, 7ª, 10ª e 13ª. Todas as células métricas, portanto, possuem três sílabas, a não ser a inicial (poderíamos também considerar que há acento secundário em "Mas", o que não mudaria a avaliação). Por sua vez, "Mas ninguém quer saber o trabalho que dá" é exemplar e monotonamente simétrico: doze sílabas, com acentos tônicos na 3ª, 6ª (cesura), 9ª e 12ª. Advirta-se que a norma para a colisão de sílabas fortes (..."nin*guém quer* saber...") recomenda que se atenue "a intensidade da primeira, que terá valor de sílaba fraca"[73]. Não faz nenhum sentido, entretanto, destacar-se o verbo "quer" e separá-lo de "saber", que o complementa, assim como, no verso

69. Cf. Manuel Bandeira, "A Versificação em Língua Portuguesa", p. 3241.
70. Cf. Francisco da Silveira Bueno (org.), *Antologia Arcaica*, 2ª ed., São Paulo, Saraiva, 1968, p. 4. O autor dá como exemplo a cantiga "Se esta rua, / se esta rua fosse minha, / eu mandava, / eu mandava ladrilhar / com pedrinhas, / com pedrinhas de brilhante / para o meu, / para o meu amor passar".
71. Cf. M. Cavalcanti Proença, *Ritmo e Poesia*, p. 55. Nas páginas seguintes, a análise do poema "Oficina Irritada", de Carlos Drummond de Andrade, exemplifica várias segmentações do verso decassílabo, dentre elas, a mesma que se nota em *A Preta do Acarajé*: "como poeta algum ousará fazer" (co/mo/ *poe*/ta al/*gum*/ ou/sa/*rá*/ fa/*zer*). Sobre a simetria rítmica do decassílabo com cesura na 5ª sílaba, cf. p. 60.
72. Cf. Manuel Bandeira, "A Versificação em Língua Portuguesa", p. 3242.
73. Cf. Manoel Said Ali, *Versificação Portuguesa*, p. 31. Essa passagem também foi citada por M. Cavalcanti Proença, em *Ritmo e Poesia*, à p. 28 da edição consultada.

anterior, não faria sentido separar "é que é" em duas células métricas ("...pra *fazer* é que *é*..."). Em outras palavras, a semântica e a acentuação fraseológica se encarregam de tais colisões. Quando Carmen Miranda, porém, não canta a palavra inicial, a simetria é quebrada; o que não deve ser muito valorizado, seja porque a repetição de células métricas impera, seja porque a quebra provavelmente foi uma mera exigência da respiração.

Observa-se ainda a ocorrência do tipo mais consagrado de reiteração sonora, a rima consoante, havendo também aliteração (/t/, /d/), nos versos ímpares, e eco (repetição das vogais tônicas), nos pares. Nesses últimos, todavia, a presença da consoante vibrante /r/ provoca uma quebra na sonoridade anterior, em que vigoram as oclusivas. Ainda assim, a análise do ritmo poético e da sonoridade dos versos, na segunda parte, reforça a presença da reiteração como principal figura estilística em *A Preta do Acarajé*.

Farei um breve parêntese. Manuel Bandeira lembra que "o *dístico* é muito empregado pelo povo nos seus adágios (Água mole em pedra dura / Tanto bate até que fura)"[74]. Atribuir caráter de provérbio a versos de *A Preta do Acarajé* decerto agradaria a Caymmi, que teve como sonho "ser autor de uma ciranda-cirandinha, uma coisa que se [perdesse] no meio do povo"[75]. O pensamento de seus dísticos estaria na linha de "Trabalha o feio pro bonito comer" ou, quem sabe, "Alfaiate mal vestido / Sapateiro mal calçado". Acontece que se trata de um diálogo. Se cada verso conclusivo corrige o entusiasmo do anterior, não é porque haja propriamente uma sentença moral, um conselho prático ou uma constatação empírica[76], mas porque se apresentam os lados opostos dessa troca mercantil.

Parêntese feito, é preciso reter o que se viu até aqui. Na Parte A, o recitativo do narrador nos mostrava o trabalho da vendedora, por ele contemplado

74. Cf. Manuel Bandeira, "A Versificação em Língua Portuguesa", p. 3244. Já Said Ali, no capítulo "Estrofes" de seu *Versificação Portuguesa*, afirma que "o dístico, largamente conhecido pelos adágios populares, máximas, epigramas etc., em forma rimada, tem aplicação em composições de maior fôlego", citando *A Lágrima*, de Guerra Junqueiro (cf. p. 130).

75. A declaração de Dorival Caymmi é transcrita por Tárik de Souza no artigo "Em Constante Busca da Simplicidade", *Caymmi*, fascículo da *História da Música Popular Brasileira*, São Paulo, Abril Cultural, 1982, p. 1.

76. Baseio-me no prefácio que Paulo Rónai escreveu para o *Adagiário Brasileiro*, de Leonardo Mota (Belo Horizonte, Itatiaia; São Paulo, Edusp, 1987); dessa obra também foram retirados os dois provérbios que cito.

melancolicamente; já a vendedora, apregoando, lamentava-se, sobretudo, mas o seu anúncio se apoiava em um sentimento diverso, que ali ficava em latência. Na Parte B, ambos dialogam, colocando-se agora, porém, em lados contrários. O narrador, passando a freguês, exibe o contentamento de quem se serve. A vendedora se queixa, numa certa bronca. Entre contentamento e reclamação, o saldo é harmonioso, pois a reiteração, observada em vários níveis formais, garante que seja assim.

Contudo, uma vez que se atentou apenas à letra dessa segunda parte, as últimas considerações terão validade se puderem ser confirmadas na análise dos outros elementos. Passemos ao polo oposto, observando o ritmo musical. Esse novo exame exigirá um percurso um tanto moroso, a fim de que primeiro se compreenda não apenas o samba de roda em geral como as particularidades da composição. Somente depois dessa pesquisa – necessária para que se capte a estrutura dançante, por assim dizer, com que as palavras cantadas se expressam – é que retomaremos o estudo do sentido do diálogo entre narrador/freguês e vendedora.

Na década de 1990, Dorival Caymmi diria a respeito das suas primeiras composições gravadas (*O que É que a Baiana Tem?*, *A Preta do Acarajé* e *Roda Pião*, entre outras): "A música típica brasileira é samba. E o samba na Bahia era um estilo de samba de mote e glosa, é você abrir um estribilho e o outro responder. É o samba de umbigada, samba de rua, com influência portuguesa e africana"; e comentaria ainda que o pistom de Antonio Sergi, na gravação do disco, "deu aquele molho caribenho", descaracterizando um pouco o samba[77].

Em seu comentário, Caymmi se refere expressamente a práticas com história marcante no Brasil e na África. O gesto da umbigada esteve e ainda está presente em danças brasileiras criadas pelos negros nas quais os participantes se colocam em roda e batem palma, cantando em resposta a um solista[78]. A origem africana e a presença do gesto, no Brasil e em Portugal, foram apre-

77. Cf. Stella Caymmi, *Dorival Caymmi: O Mar e o Tempo*, pp. 132, 133 e 141.
78. Cf. Carlos Sandroni, *Feitiço Decente*, p. 85: "Em traços gerais, [...] todos os participantes formam uma roda. Um deles se destaca e vai para o centro, onde dança individualmente até escolher um participante do sexo oposto para substituí-lo (os dois podem executar uma coreografia – de par separado –

sentadas por José Ramos Tinhorão, depois de Edison Carneiro haver proposto, diante de vários problemas de nomenclatura, que aquelas várias danças ("tambor, bambelô, coco, samba de roda, partido-alto, batuque, jongo, caxambu") fossem chamadas genericamente "samba de umbigada"[79], um legado do "batuque dos povos bantos de Angola e do Congo"[80].

Já o canto responsorial, diálogo de voz solo e coro, era a forma geral dos *vissungos*, cantos de trabalho que negros - descendentes dos bantos - entoavam nas lavras da região de Diamantina, ainda nas primeiras décadas do século passado[81]. O cônsul britânico James Wetherell, escrevendo sobre o período de 1842 a 1857 na Bahia, afirmou que assim cantavam os escravos *cangueiros*: "Esse canto coral começa geralmente por um comentário, entoado por um negro, de qualquer coisa que ele vê e pode ser mais ou menos criticável. Os outros respondem em coro"[82]. Oneyda Alvarenga, em suas pesquisas, identificou o recurso em sambas baianos de tradição oral do século XX, assinalando-o "como de possível origem negro-africana"[83]. A forma também foi estudada por Carlos Sandroni em uma das partes de *Pelo Telefone* (Donga/Mauro de Almeida)[84], e ainda estrutura o "partido cortado" carioca, um partido-alto

antes que o primeiro se reintegre ao círculo). [...] A umbigada é o gesto pelo qual um dançarino designa aquele que irá substituí-lo"; sobre esse tipo de samba na famosa casa de Tia Ciata, cf. pp. 108-109.

79. Cf. Edison Carneiro, *Folguedos Tradicionais*, Rio de Janeiro, Conquista, 1974, p. 32; José Ramos Tinhorão, *Os Sons dos Negros no Brasil*, São Paulo, Art Editora, 1988, pp. 45-68. O estudo de Edison Carneiro é também retomado por Carlos Sandroni, em *Feitiço Decente*, à p. 85.

80. Retirei a informação de Nei Lopes, quando o autor traça a "linha evolutiva que vem do batuque dos povos bantos de Angola e do Congo até o partido-alto" (cf. *O Negro no Rio de Janeiro e sua Tradição Musical*, Rio de Janeiro, Pallas, 1992, p. 47). Edison Carneio se refere, em *Folguedos Tradicionais*, apenas à Angola, mas José Ramos Tinhorão, em *Os Sons dos Negros no Brasil*, já havia incluído o Congo na região africana em que há umbigada (ver nota anterior).

81. Cf. Aires da Mata Machado Filho, *O Negro e o Garimpo em Minas Gerais*, Belo Horizonte, Itatiaia; São Paulo, Edusp, 1985, p. 65: "Pelo geral, dividem-se os vissungos em *boiado*, que é o solo, tirado pelo *mestre* sem acompanhamento nenhum, e o *dobrado*, que é a resposta dos outros em coro, às vezes com acompanhamento de ruídos feitos com os próprios instrumentos usados na tarefa". A expressão "canto responsorial" foi empregada por Mário de Andrade em "O Samba Rural Paulista", *Aspectos da Música Brasileira*; por José Ramos Tinhorão, em *Os Sons dos Negros no Brasil* (cf. p. 45); e por Luiz Tatit, em *O Século da Canção* (cf. p. 22).

82. Trecho de *Brasil: Apontamentos sobre a Bahia, 1842-1857*; citado por Kátia M. de Queirós Mattoso, *Ser Escravo no Brasil*, pp. 140-141.

83. Cf. Oneyda Alvarenga, *Música Popular Brasileira*, 2ª ed., São Paulo, Duas Cidades, 1982, p. 153.

84. Cf. Carlos Sandroni, *Feitiço Decente*, p. 126; a gravação de *Pelo Telefone* por Bahiano (Manoel Pedro dos Santos), realizada em 1917, pode ser ouvida em *Os Pioneiros, vol. 2* (Associação dos Produtores de Discos/Mec/Funarte/INM/Emi-Odeon, LP C101.129, 1977).

com refrão secundário cantado por coro, segundo Nei Lopes[85]. Também as doutrinas de Tambor de Mina e os cantos do Baião de Princesas, na Casa Fanti Ashanti, em São Luís do Maranhão, são chamados pelo solista e repetidos pelo coro, e ambos vão assim se revezando até que se interrompa a canção – entoada hoje no culto de "voduns jeje do antigo Dahomé" e de encantados de "várias linhas, nações e regiões"[86].

Por sua vez, Mário de Andrade aventou que o refrão coral curto, repetido verso a verso ou ao final de cada estrofe, talvez esteja presente, na cultura brasileira, como resultado de uma coincidência entre as heranças africana, ameríndia (haja vista o exemplo de uma cantiga indígena amazonense) e portuguesa (desde a canção trovadoresca, passando daí a cantigas populares)[87].

Entretanto, o que realmente interessa para a continuidade da análise está subentendido, e não expresso, na declaração de Caymmi. O compositor alude a um tipo de samba – dançado na rua, tradicionalmente em roda, com umbigada na coreografia e canto responsorial – que se faz com acompanhamento de palmas que mantêm, como padrão rítmico, o *tresillo*. Essa designação, utilizada em trabalhos sobre a música cubana e adotada na pesquisa do samba por Carlos Sandroni, talvez explique, em parte, a presença do "molho caribenho" que desagradou Caymmi: ainda que indesejável, estrangeiro, postiço... um parente distante.

Como já foi dito anteriormente, o estudo de Sandroni, *Feitiço Decente*, analisa as modificações do samba carioca entre 1917 e 1933, distinguindo nesse período dois paradigmas que, do acompanhamento, passaram ao ritmo melódico. O primeiro deles é chamado justamente "paradigma do *tresillo*". Na tradição oral brasileira, lembra o musicólogo, o *tresillo* aparece no samba-de-roda, no coco, no partido-alto, no maracatu, na capoeira, "em vários tipos de toques para divindades afro-brasileiras e assim por diante"[88]. Embora seja

85. Cf. Nei Lopes, *O Negro no Rio de Janeiro e sua Tradição Musical*, pp. 98-99.
86. Uma amostra pode ser ouvida em Casa Fanti Ashanti, *Tambor de Mina na Virada pra Mata*, Independente, CD FA 0003, 2000; e em Casa Fanti Ashanti & A Barca, *Baião de Princesas*, CPC-UMES, CD CPC041, 2002. As citações foram retiradas dos encartes dos discos.
87. Cf. Mário de Andrade, *As Melodias do Boi e Outras Peças*, pp. 375-379. Acrescente-se sobre a herança portuguesa que o refrão, no lirismo trovadoresco, já "era de cunho popular e não se encontra nas cantigas de maestria, estando sempre presente nas cantigas d'amigo" (cf. Francisco da Silveira Bueno (org.), *Antologia Arcaica*, p. 17).
88. Cf. Carlos Sandroni, *Feitiço Decente*, p. 28.

grande a variedade dos casos, pode-se exemplificar a relação entre o canto e o paradigma rítmico utilizando-se duas frases daquele ponto de terreiro anotado por Rossini Tavares de Lima (citado no capítulo 1):

Figura 36

As sílabas que caem em um dos três ataques do *tresillo* estão em itálico. Nota-se que, numa frase e na outra, há certa concordância entre o canto e o acompanhamento, conforme Sandroni apontou. Na gravação de *A Preta do Acarajé* de 1939, em que não há palmas nem instrumentos de percussão, os violões poderiam sugerir o desenho do *tresillo*, mas não é isso que acontece. Simplificando bastante, o ritmo do acompanhamento é um contínuo de semicolcheias, mas nesse fluxo parece sobressair a divisão semicolcheia-colcheia-semicolcheia de cada tempo[89]. O *tresillo*, no entanto, entraria sem nenhum problema nesse arranjo. Basta o ouvinte bater palmas para confirmar, mar-

89. Em *Roda Pião* (Dorival Caymmi), cuja estrutura musical é semelhante à de *A Preta do Acarajé*, e que foi gravada logo seguida a esta, também por Carmen Miranda e Caymmi, antes que a cantora viajasse para os EUA, há um compasso ternário (3/4) em meio ao samba de roda. O que poderia ser uma quebra na métrica, não causa grande surpresa ao ouvinte. Essa naturalidade pode ser explicada por dois motivos: no canto, o seu vínculo com a fala, pois no trecho em questão se está concluindo a estrofe ("O pião entrou na roda, ô, pião") para se retomar o refrão ("Roda pião, bambeia o pião"); na sensação rítmica do acompanhamento, o predomínio não do *tresillo* (figura de compasso binário), mas da divisão de cada tempo, isoladamente, em semicolcheia-colcheia-

cando o padrão – e cuidando para não confundi-lo com uma divisão mais simples, na qual as tésis dos dois tempos são assinaladas, como no ritmo do "vira" português (não é que essa marcação não caiba, apenas ela deixaria bastante sem graça o acompanhamento)[90]:

Figura 37

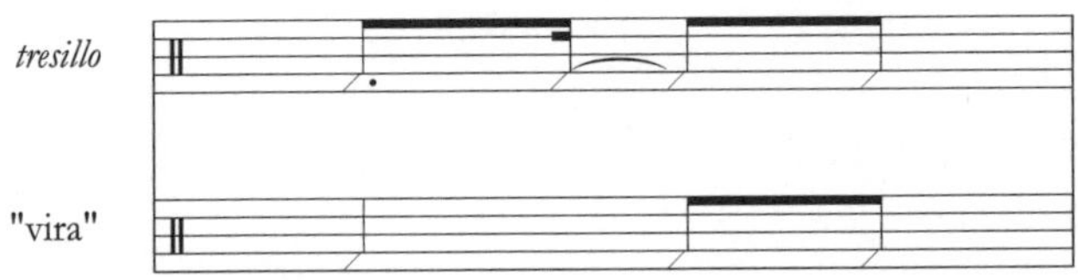

Ocorre que, no ritmo da melodia de *A Preta do Acarajé*, não predomina a correspondência com o *tresillo*. E tampouco se afirma o segundo padrão descrito por Sandroni, chamado por ele de "paradigma do Estácio"[91]. Co-

-semicolcheia. A gravação de *Roda Pião* a que me refiro também está incluída na coletânea *Cantando Caymmi*.

90. A simplicidade da comparação entre o padrão do *tresillo* e o do vira (por assim dizer) talvez esconda as grandes diferenças culturais que aí se expressam, sintetizadas; sem superdimensionar, mas também sem baratear a comparação, um e outro ritmo indicam como dançar, cantar e tocar se consolidaram em formas populares de Portugal e do Brasil, não digo de todo, mas majoritariamente. A ressalva é importante; por exemplo, em Pacoval, distrito de Alenquer, no Pará, o "Marambirá" tocado em homenagem aos reis do Congo e a São Benedito tem uma marcação mais próxima à figura do vira (conforme gravação realizada para a série *Música do Brasil*, programa "Música para Santos Negros"). Ainda assim, o que eu aponto, na verdade, nada mais é que uma derivação da diferença entre a polca europeia e a polca abrasileirada (pelo *tresillo*) que foi observada por Mário de Andrade e por Carlos Sandroni (cf. *Feitiço Decente*, pp. 71-74).

91. Cf. Carlos Sandroni, *Feitiço Decente*, pp. 32-37; 203-217. De modo prático, a vigência do "paradigma do Estácio" pode ser conferida na observação de *O Orvalho Vem Caindo*; apesar das variações no ritmo melódico, e descontando-se a *bossa* da interpretação de Almirante, via de regra as sílabas tônicas obedecem o seguinte desenho:

Essa é, porém, apenas uma das formas do paradigma; o que importa não é o desenho em si, mas a divisão das 16 semicolcheias em dois segmentos ímpares, um com 7, outro com 9 semicolcheias: 2+2+3 (=7)/ 2+2+5 (=9).

mo se verá, o ritmo melódico do samba de Caymmi se constrói com certa liberdade, mantendo-se aí, porém, duas características que podem ser adiantadas:

a. a propensão a fazer cair sílabas tônicas na tésis do segundo tempo do compasso 2/4, num balanço próximo ao do samba carioca formado no bairro do Estácio de Sá, como se discutirá a seguir (ressalte-se que isso não quer dizer que o "paradigma do Estácio" seja seguido);

b. o deslocamento em uma semicolcheia da maioria das sílabas, comparando-se o ritmo melódico ao modelo virtual de declamação em ritmo quadrado; é como se o canto retirasse do acompanhamento do violão, feito em semicolcheias, as possibilidades de distribuição das sílabas; não havendo paradigma, portanto, verifica-se uma certa norma, a qual parece ser contrariar a recitação batida – a ela se referindo, todavia, ou não existiria contrariedade – pelo deslocamento das sílabas em semicolcheia, quase sempre as antecipando.

Analisemos, então, verso a verso, como se estrutura o ritmo cantado na segunda parte de *A Preta do Acarajé*. Por meio dessa análise, ficará mais clara a especificidade rítmica do samba que o compositor baiano criou. O modelo virtual do canto do narrador/freguês, em ritmo batido, ficaria assim:

Figura 38

O desenho vale para todas as suas frases musicais, que são, na verdade, apenas duas: a primeira independe do produto elogiado ("acarajé" ou "abará"); a segunda é a frase final de cada estrofe, uma variação rítmica da primeira. Em qualquer um dos casos, o que seu canto faz é deslocar seis das dez sílabas, sempre em semicolcheia (feita a comparação com o modelo virtual, não custa repetir), à exceção de uma das sílabas que é deslocada em uma colcheia. Na primeira frase musical, tem-se apenas antecipações como deslocamentos:

Figura 39

Perceba-se que as sílabas que coincidem com o modelo virtual mantêm os acentos secundários da 3ª e da 8ª sílaba na tésis do segundo tempo, acompanhados pelas sílabas átonas anteriores ("-do/ *mun*-"; "de a/*ca*-"). Trata-se de algo semelhante ao acento final daquele verso "Santo de boa viagem, Calunga", no ponto de terreiro anotado por Rossini Tavares de Lima. A diferença é que agora a acentuação do canto parece realçar mesmo esse tempo, teoricamente o mais fraco do compasso binário. O ritmo melódico, assim, faz pensar no surdo de marcação, instrumento criado pelo compositor e ritmista Bide (Alcebíades Maia Barcellos), que desfilava no Deixa Falar (bloco e, depois, rancho carnavalesco que saiu de 1927 a 1932), do bairro carioca do Estácio de Sá: "Peguei uma lata de manteiga, [...] daquelas grandes, redondas. Compramos os aros, botei um por fora, outro por dentro, pregamos tachas e assim entramos na Praça Onze"[92].

Um rápido parêntese. Muita tinta e muita saliva já foram empregadas na discussão sobre o samba, a partir do Estácio, haver se tornado marcha ou não, por conta justamente desse peso do surdo no segundo tempo[93]. Se dependesse apenas disso, o samba seria o oposto da marcha, o que é fácil de se perce-

92. Depoimento de Bide a Sérgio Cabral, reproduzido por este em *As Escolas de Samba do Rio de Janeiro*, p. 248. Também é nesse livro de Cabral que me baseio quando chamo de bloco e rancho carnavalesco o Deixa Falar – "que, por ter sido fundado pelos sambistas considerados professores do novo tipo de samba, ganhou o título de escola de samba" (pp. 41-56).

93. Ver, por exemplo, José Ramos Tinhorão, *História Social da Música Popular Brasileira*, São Paulo, Editora 34, 1998, pp. 293-294. O autor ali se equivoca, acreditando que o surdo de marcação faz "prevalecer o tempo forte do 2/4"; por outro lado, creio que ele acerta ao dizer que a acelera-

ber (a tésis do compasso, já se disse, é a cabeça do primeiro tempo, não do segundo). Ocorre que o surdo criado por Bide passou, depois, a ser chamado de "surdo de primeira" nas escolas de samba, quando o "surdo de segunda" passou a acentuar o primeiro tempo, com menor intensidade. Juntou-se então o "surdo de terceira", e já houve até mesmo o "surdo de quarta", atualmente em desuso[94]. Mas, não fosse a progressiva aceleração dos sambas-enredos imposta pelo espetáculo do desfile, a síncope no segundo tempo do compasso binário, com todos os surdos a que se tem direito, prevaleceria. A aceleração é que ameaça fundir dois opostos, o samba e a marcha.

Retomando a análise, não importa que o surdo não esteja presente no arranjo de *A Preta do Acarajé*. Ainda assim, a sua marcação poderia estar latente na voz. Mas se houve, de fato, uma influência direta, é coisa difícil de saber – o instrumento criado por Bide passou a conduzir a melodia do samba ou, ao contrário, apenas sublinhou um balanço de voz que já existia? Seja como for, no plano da voz do narrador/freguês, a síncope no segundo tempo também se dá pelo modo como se comportam as acentuações que, na teoria, deveriam assinalar as tésis principais: os acentos na 5ª ("*gos-*") e na 10ª sílaba ("*-jé*") são antecipados, não caindo, portanto, no início do compasso. Em si mesmas, tais antecipações também deixam, mais uma vez e por razão diversa, o canto sincopado.

Na frase conclusiva de cada estrofe, há quatro antecipações e dois retardos, a partir dos quais se estabelecem as diferenças em relação à primeira frase musical do narrador:

Figura 40

ção poderia levar o samba "ao risco de simplificação ao nível da marcha". Para uma discussão em profundidade do tema, cf. Carlos Sandroni, *Feitiço Decente*.

94. As informações foram dadas por Mestre Zuca (José Manoel Paulino), diretor de bateria da Escola de Samba Rosas de Ouro, de São Paulo, em apresentação no Espaço Cachuera! (19.3.2005).

A última sílaba do verso, na qual incide o acento principal, cai agora na tésis do compasso, bem de acordo com a finalização que se entoa. Mas, para que isso fosse possível sem que o canto abrisse mão de sua característica sincopada, atrasaram-se novamente em uma semicolcheia as duas sílabas anteriores ("*-ca-*"; "-ra-"), perdendo-se, em decorrência, a síncope da voz parecida com a do surdo.

Vejamos agora a primeira frase da vendedora. Ela volta a reafirmar, no canto, a tésis do segundo tempo, fazendo cair aí os acentos da 4ª ("*-ba*") e da 10ª sílaba ("*-zer*") Os acentos mais importantes, todavia, foram antecipados em semicolcheia: o acento da 7ª sílaba, que marca a cesura do verso ("*dá*"); e o acento da última tônica ("*é*"). Aliás, conforme se observa, tais síncopes provocaram a antecipação como um todo das duas células métricas desses acentos. Há ainda mais uma sílaba átona antecipada ("pra"), à semelhança daquela figura cantada em "Olhe o que vai fazer", no ponto anotado por Rossini Tavares de Lima.

Figura 41

Por fim, as duas últimas frases da vendedora são diversas entre si, por um detalhe já apontado, a supressão da conjunção "Mas" na repetição do verso. De modo geral, ambas se apresentam divididas em dois fragmentos bem distintos, cada qual ocupando um compasso. No primeiro fragmento, em relação ao modelo virtual, antecipam-se em uma semicolcheia o primeiro acento secundário ("*-guém*") e, com ele, toda a sua célula métrica, fugindo-se assim ao que seria a marcação do surdo. Também se antecipa a primeira sílaba átona da célula métrica seguinte ("quer"). Esta sílaba, por sinal, cantada assim com a duração de colcheia, acaba recebendo também uma espécie de acentuação secundária, contrariando o que se disse na análise isolada do ritmo do verso. Como a sílaba tônica seguinte ("*-ber*") cai na tésis do compasso e tem a mesma duração de colcheia, porém, o equilíbrio entre canto e fala se restabelece. Com tal sílaba se inicia, no compasso seguinte, o segundo fragmento, que seguirá o modelo virtual até a última célula métrica ("-lho/ que/ *dá*"), toda antecipada em semicolcheia. Na tésis do segundo tempo, portanto, também incide uma tônica, mas isso agora não tem valor de sincopação, dado o acento na tésis do compasso. A sincopação se restringe, fundamentalmente, ao acento terminal.

Figura 42

Concluindo essa etapa da análise, espero haver demonstrado que o ritmo com que se trava o diálogo entre o narrador/freguês e a vendedora configura, a despeito das particularidades das frases, um tipo de samba cujas características básicas são o deslocamento das sílabas em semicolcheia (alterando-se desse modo a declamação batida) e a referência, na voz, ao segundo tempo do compasso binário, também marcado pelo surdo no samba do Estácio. Juntam-se dessa forma, no meu modo de entender, tanto a fala de que se originam os versos quanto a dança por que a segunda parte da canção se rege. A matriz dos versos é a fala coloquial, mas a dança indica como eles são tratados ritmicamente. A liberdade rítmica com que os versos são cantados fica limitada pela presença virtual ou (em número menor, porém significativo) real dos lugares quadrados das sílabas. Não se escuta o mesmo ritmo que se ouviria em uma fala recitada, regida pelo compasso. As antecipações e os retardos, contudo, apontam para essa fala.

Se a letra, com sua linguagem direta e simples, se origina da fala coloquial, deve-se levar em conta a análise prévia do ritmo poético, realizada antes da descrição do ritmo poético? De fato, a métrica dos versos livres claramente resulta do que é dito, e por isso não creio ser pertinente a sua valorização em si – decassílabo, alexandrino, verso de arte maior (onze sílabas) ou metro bárbaro (união de um heptassílabo e um hexassílabo) –, coisa que, aliás, não foi feita naquela análise. Para além disso, o tratamento que os versos recebem quando cantados não elimina o que se afirmou a respeito da segmentação rítmica, da sonoridade e, principalmente, da reiteração, principal figura estilística no diálogo. Ao contrário, o entendimento racional da forma de entoar as palavras, nessa segunda parte da canção, torna mais compreensível por que a vendedora se harmoniza com o narrador/freguês, apesar do descontentamento que ela expõe. Essa forma de entoar assinala o encontro da fala com a dança e, por conseguinte, coloca em relevo a presença física das personagens. É certo que toda fala também indica uma presença física, mas de outra espécie. Por meio da fala, como se sabe, o pensamento ganha ordenação. A dança requer uma forma de entendimento diversa, sensual (salvo exceções, é lógico) e que pode até mesmo prescindir do raciocínio, sobrepondo-se à fala. Na letra de uma canção qualquer, isso ocorre quando "a melodia é preenchida com palavras" cuja função é musical, não poética, como observou Mário de Andrade[95]. A própria repetição de versos, em *A Preta do Acarajé*, deve-se a esse recurso, o qual, se acaso dá prosseguimento à tradição portuguesa, também é "muito africano"[96].

Não se pode afirmar, todavia, que por causa disso a dança se sobreponha totalmente à fala, anulando-a, na segunda parte da canção. Na soma de fala e dança, é evidente que o resultado pende para o lado da festa, em contraposição à primeira parte melancólica. Mas, enquanto a base (melódico-harmônica) do pregão guardava uma pitada de alegria, a festa, por sua vez, se mistura com a queixa da vendedora. O sentido da canção não se constrói apenas numa alternância do tipo *ambivalente*, Parte A melancólica, Parte B alegre; esse movimento existe, mas há outro mais profundo, que é a *ambiguidade*: melancolia e alegria também se misturam nas duas partes. Existem, portanto, dois movimentos: um mais aparente, a *ambivalência* (entendida como alternância dos contrários); outro mais interno, a *ambiguidade* (entendida como fusão dos contrários).

A vendedora entoa a sua reclamação sincopando várias sílabas, como faz o narrador/freguês, e nisso ambos estão juntos, conciliados. Há um aspecto do canto de Dorival Caymmi e Carmen Miranda que sintetiza essa relação e faz uma ressalva, em certa medida, ao que se viu até o momento no exame do ritmo melódico. Quando se analisou a alternância de sílabas tônicas e átonas, tratou-se como acentuação o que nas vozes dos intérpretes é, na realidade, menos a força de um som que se afirma por sua intensidade do que uma proeminência suave, já atenuada na origem pela "entoação 'macia e cantada' da pronúncia falada no Brasil"[97]. Como, porém, os brasileiros não deixam de

95. Cf. Mário de Andrade, "O Samba Rural Paulista", *Aspectos da Música Brasileira*, p. 163. Sobre o assunto, ver também o seu "Terapêutica Musical", *Namoros com a Medicina*, 4ª ed., São Paulo, Martins; Belo Horizonte, Itatiaia, 1980, pp. 21-24, trecho em que Mário debate "a independência do ritmo musical que jamais pôde nem poderá nunca sujeitar-se ao ritmo da palavra" (p. 22). Luiz Tatit estudou o recurso (quando "a narrativização é substituída pela sonorização do texto", pois "a inteligibilidade melódica antecede a inteligibilidade linguística") no âmbito da *tematização*; cf. *A Canção: Eficácia e Encanto* (as citações foram retiradas das pp. 59 e 12, respectivamente).

96. Cf. Mário de Andrade, "O Samba Rural Paulista", *Aspectos da Música Brasileira*, p. 160; na página seguinte, o autor dá como exemplo o conhecido *spiritual Sometimes I Feel Like a Motherless Child*.

97. Cf. Martha Tupinambá de Ulhôa, "Métrica Derramada: Prosódia Musical na Canção Brasileira Popular", *Revista da Academia Brasileira de Música*, nº 2, Rio de Janeiro, mai. 1999, p. 54. Bruno Kiefer apontou como causas da "insuficiência rítmica da maioria dos cantores" eruditos brasilei-

acentuar as palavras, a ressalva não invalida, apenas coloca em termos mais justos o que se viu. Assim, ao manter na naturalidade de suas dicções a característica de uma fala redonda, o canto de Dorival e o de Carmen assumem uma qualidade que já aponta para a dança[98]. A bronca da vendedora, dessa forma, é expressa com denguice, se quisermos, respeitando o modo como as palavras são pronunciadas na fluidez da língua oral[99]. Pensar que isso, por outro lado, descaracteriza até o limite a queixa, suprimindo o que ela guarda de doloroso, seria perder de vista a complexidade da canção (a qual, no entanto, se apresenta a nós, a princípio, tão simples!). Se assim fosse, como entender todo o lamento da Parte A – mero jogo de cena?

A gravação não alcançaria tanto êxito se não realizasse o que, na composição, já estava em potência, seja pelos versos coloquiais, seja por sua estrutura rítmica e também por seu contorno melódico. Com a análise desse último elemento, feita a seguir, espero provar que a ambiguidade existente na Parte B não se sustenta somente pelas palavras textualmente lamentosas, mas se apoia também em tensões da melodia atenuadas pelo ritmo.

No *Cancioneiro da Bahia*, lê-se que os versos do diálogo foram inspirados ainda pela negra que entoava o pregão, "ao descansar o tabuleiro para vender": "Era quase um resmungo: 'Todo mundo gosta de acarajé mas o traba-

ros tanto os estudos de canto, para os quais a rítmica e o português não são prioritários, quanto "o tradicional racionalismo da música europeia [que] empobreceu tremendamente o elemento mais vital da música: o ritmo"; à crítica, seguiu-se um reconhecimento elogioso: "A supremacia dos cantores populares no que se refere à dicção e à expressividade do ritmo provém do fato de sentirem melhor a nossa língua" (cf. *Elementos da Linguagem Musical*, 2ª ed., Porto Alegre, Movimento; Brasília, INL, MEC, 1973, p. 42).

98. Inspiro-me em Lorenzo Mammì: "É uma língua, para usar um termo da música antiga, cheia de 'liquescências', isto é, sonoridades fluidas, cujos início e fim não podem ser definidos com clareza. Uma língua, portanto, que resiste às marcações rígidas, tentando arredondá-las. Esse aspecto, unido à tendência contrária e complementar a reforçar os acentos (sobretudo onde há uma sequência de monossílabos), cria já na prosódia cotidiana um movimento sincopado" (cf. "João Gilberto e o Projeto Utópico da Bossa Nova", *Novos Estudos Cebrap*, nº 34, São Paulo, Cebrap, nov. 1992, p. 66).

99. Acompanhei uma discussão à mesa do jantar, numa casa de Salvador, entre mãe e filha. O assunto era trágico, discutia-se a perda de uma pessoa da família. Quem não prestasse atenção ao significado das palavras, no entanto, pouco perceberia do luto que então se realizava, com muito sofrimento. A melodia das frases, as interrupções de uma parte e outra, até mesmo os semblantes eram, de alguma maneira, doces. Bem sei que a experiência está longe de poder ser generalizada, e tampouco pretendo reforçar qualquer estereótipo. Mas convém não esquecer um traço da oralidade de Salvador, a doçura, que às vezes é bem perceptível ainda que a situação seja bastante adversa.

lho que dá pra fazê é que é' "[100]. Fixado no contorno melódico, esse resmungo percorre a escala diatônica, basicamente, em arpejos de acorde ou graus conjuntos. Os poucos saltos intervalares, assim, acabam sendo pontos de tensão bastante significativos. A eles se deve prestar atenção, bem como à direção predominante no movimento das frases – ascendência ou descendência.

Nas frases do narrador, todas de idêntico perfil (note-se, mais uma vez, a extrema reiteração), a primeira nota e a última são iguais, e o desenho todo lembra muito exercícios de voz. O fato de Caymmi ter tido algumas aulas de canto, ainda em Salvador[101], talvez justifique a semelhança, que entra aqui como curiosidade. Mais importante é perceber que o canto do narrador é construído utilizando toda a escala (os sete tons são entoados), havendo apenas um salto de 4ª justa na passagem de compasso, salto que também corresponde à mudança de acorde arpejado na melodia. Sua frase, desse modo, pode ser dividida em dois fragmentos: "Todo mundo" – um arpejo de Eb; "gosta de acarajé" (ou "abará") – de perfil descendente, formado por um movimento de graus conjuntos fundido a um arpejo de Bb7/9, concluindo na tônica (fundamental do acorde de Eb). É como se o autor utilizasse recursos musicais básicos para reproduzir uma declaração naturalmente melodiosa, fixando-a em notas que o ritmo sincopado cuida de balançar. Juntam-se aí, nos termos da análise desenvolvida por Luiz Tatit, traços de *figurativização* (a frase se acomoda ao texto) e de *tematização* (a reiteração do motivo, em andamento acelerado, enfatiza o ritmo).

Estrutura do Perfil Melódico das Frases do Narrador

(Os números indicam, na primeira linha, o grau na escala da melodia – Mi bemol Maior; na última linha, entre colchetes, o grau na escala do acorde arpejado – Si bemol mixolídio. Os movimentos vão assinalados na terceira linha: arpejo, salto ou graus conjuntos.)

100. Cf. Dorival Caymmi, *Cancioneiro da Bahia*, p. 160.

101. Cf. Stella Caymmi, *Dorival Caymmi: O Mar e o Tempo*, p. 88: "Dorival chegou a ter dois meses de aula com Amanda Costa Pinto, fazia escalas acompanhando o piano e leituras para emissão de voz e dicção. Sobre esses estudos, ele comenta: 'Aprendi a usar a voz, a respirar, inspirar, valorizar as palavras, noções que depois eu tentei aperfeiçoar sozinho'".

To/do/mun/do/		gos/ta/ de a/ ca/ ra/		jé/
1 - 3 - 5 - 3	→	6 - 5 - 4 - 2 - 7	-	1
arpejo	salto (4ª J↑)	conj.↓ arpejo↓	conj.↑ (sensível)	(tônica)
Eb		Bb7/9 [9 - 1 - 7 - 5 - 3]		Eb

Veja-se que a harmonia, contudo, não segue exatamente os arpejos. Se o fizesse, incorporaria, pelo canto, uma nota dissonante ao acorde de dominante (nota *dó*, 9ª de Bb7). O que se executa não chega a sugerir dissonância entre a voz e o acorde de Fm, pois há somente uma nota de passagem com essa característica (*si bemol*, 11ª). Ao final, na última nota, a melodia antecipa o acorde, mas a harmonia tampouco acompanha essa antecipação. Não há erro em nenhum dos casos, trata-se do estilo da época. No violão para *A Preta do Acarajé* gravada ao vivo em 1979, Caymmi não modificaria esse estilo na Parte B. Mas, na Parte A, iria colorir o acorde menor com tensões (6ª menor ou 6ª Maior e 9ª Maior). Antes disso, a gravação de *Dora* (Dorival Caymmi), em 1961, com orquestração do maestro Gaya, valorizaria as chamadas notas dissonantes da construção melódica passando-as para os acordes[102].

Figura 43

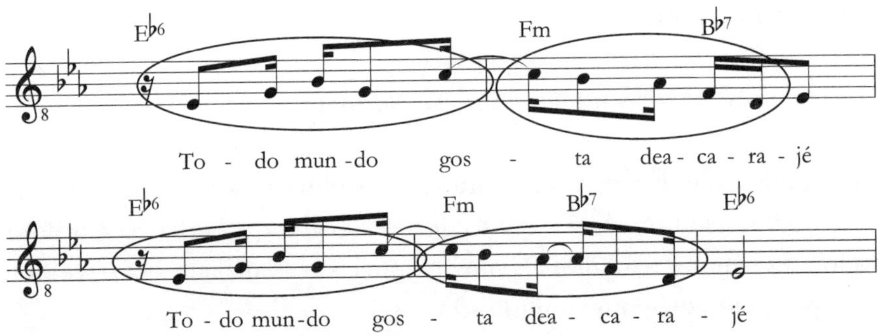

Em relação às frases da vendedora, uma primeira observação importante é que, tal qual para o narrador, existe uma só frase do ponto de vista do con-

102. Cf. Dorival Caymmi, *Caymmi in Bahia*; *2 em 1: Caymmi e seu Violão* (1959) / *Eu Não Tenho Onde Morar* (1961).

torno melódico. Variações rítmicas, explicadas pela acomodação necessária a versos diferentes, é que fazem uma resposta ("Mas o trabalho que dá pra fazer é que é") diferir da outra ("Mas ninguém quer saber o trabalho que dá").

Estrutura do Perfil Melódico das Frases da Vendedora

Mas/o/tra/ba/lho/ que/		dá/		pra/fa/zer/		é/ que/		é/
5 - 1 - 3 - 5 - 5 - 3	→	6	→	2 - 3 - 4	→	7 - 2	-	1
Mas/nin/guém/ quer/ sa		ber/		o/ tra/ba/		lho/que/		dá
5 - 1 - 3 - 5 - 3	→	6	→	2 - 3 - 4	→	7 - 2	-	1
arpejo	salto↑	salto↓		graus↑	salto↓	arpejo↑	graus↓	(tônica)
	(4ª J↑)	(4ª J↓)			(5ª J↓)			
Eb		Bb7/9/13						Eb
		[9	→	5 - 13 - 7	→	3 - 5]		

Um segundo aspecto é que novamente toda a escala é percorrida, mas o movimento agora muda de caráter. O narrador descrevia uma curva sinuosa com a sua voz – como se disse, a fixação de uma fala melodiosa –, mas o perfil descendente se impunha. O salto intervalar, dividindo a frase ao meio, parecia contribuir para a efusão das palavras, enquanto a descendência dava um caráter conclusivo ao todo. Em suma: à expressão rítmica alegre somava-se ali a aparência de uma declaração igualmente alegre. Já a vendedora inverte o sentido do movimento: na curva também sinuosa da sua voz – uma outra fala melodiosa –, é o perfil ascendente que predomina, o que mistura à alegria alguma indignação.

Isso fica mais claro se atentarmos para os fragmentos que compõem cada uma de suas respostas: *1.* "Mas o trabalho que dá / pra fazer é que é": o salto ascendente termina o fragmento inicial; no segundo fragmento, o caminho até a tônica é feito de duas porções ascendentes ("pra fazer"; "é que"); *2.* "(Mas) ninguém / quer saber / o trabalho que dá": a maior duração, uma colcheia, de "-guém" e de "quer" sugere uma partição em três, escamoteando, de certo modo, o inicial arpejo de acorde; assim, após um primeiro fragmento ascendente, no segundo o que sobressai são as ênfases das notas mais agudas (*si bemol* e *dó*; núcleos concentrados de *passionalização*) e a direção, sempre ascendente; no terceiro fragmento, o mesmo caminho anterior para a tônica se repete.

Figura 44

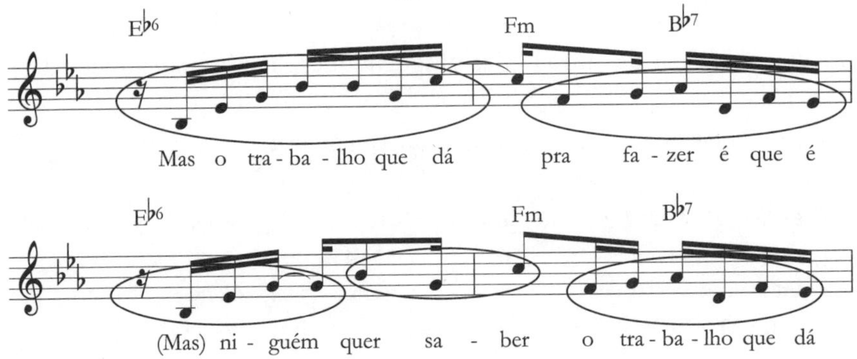

O tom ascendente que se distingue no contorno das frases, portanto, sugere uma fala queixosa e se ajusta ao diálogo. É certo que todos os pontos de ascendência ocorrem em uma curva melódica de perfil sinuoso e ritmo sacudido, em andamento acelerado e tonalidade Maior, e as frases, afinal de contas, se encaminham para o esperado repouso (repare-se que, comparadas entre si, as porções finais ascendentes vão caindo em direção à tônica). Mas esse tempero, por assim dizer, de queixa, interno à estrutura melódica, se torna nítido com Carmen Miranda. Tudo somado, a vendedora não deixa de acompanhar a alegria do narrador. Mas a voz de Carmen/vendedora requebra e reclama ao mesmo tempo – com uma presença física que se impõe ao ouvinte[103].

Na Parte B, assim, o quadro de correspondências entre a forma musical e a narrativa acusaria a seguinte configuração:

103. A observação não vale somente para a interpretação de Carmen Miranda em *A Preta do Acarajé*. Na verdade, há um depoimento de Joubert de Carvalho que já se tornou uma anedota exemplar sobre a presença física da voz de Carmen. Afirmou o compositor que, convidado pelo Sr. Abreu, gerente da Casa Melodia, a ouvir a gravação de *Triste Jandaia* (Josué de Barros) por uma jovem cantora, sentiu "uma emoção estranha: era como se eu além de ouvir a intérprete, a estivesse vendo também, tal era a personalidade marcante que jorrava da gravação" (cf. José de Queiroz Junior, *Carmem Miranda: Vida, Glória, Amor e Morte*, Rio de Janeiro, Companhia Brasileira de Artes Gráficas, 1956, p. 193). Como se trata de anedota, acréscimos posteriores ao depoimento são sugestivos. Recontada por David Nasser, a história ganhou os comentários: "Parece que a cantora está dentro da vitrola. [...] A gente tem a impressão de que não é um disco. Tem vida a interpretação da cantora" (cf. *A Vida Trepidante de Carmen Miranda*, Rio de Janeiro, Edições O Cruzeiro, 1966, p. 66; texto também incluído no seu *Parceiro da Glória*, Rio de Janeiro, José Olympio; Brasília, INL, 1983, p. 174); tais comentários, em parte, foram retomados por Luiz Henrique Saia: "Que interessante! A gente não está ouvindo, está vendo. Parece que a cantora está dentro da vitrola" (cf. *Carmen Miranda*, São Paulo, Brasiliense, 1984, p. 22).

Reiteração; aceleração; tonalidade Maior; graus conjuntos/arpejos; perfil sinuoso com descendência marcante; deslocamento das sílabas (ritmo sincopado)	→	diálogo (linguagem coloquial)	→	harmonia na troca mercantil, contentamento pleno (narrador/freguês) ou parcial (vendedora)
Perfil sinuoso com ascendências marcantes; ênfase nas notas mais agudas	→		→	queixa (descontentamento) da vendedora

O samba de roda transborda do diálogo da Parte B para o solo de trompete, sobre a Parte A, finalizada, por sua vez pelo pregão *Iê Abará!* (com Dalva de Oliveira, secundada pelo coro). Se parasse por aí, a canção terminaria em clima eufórico. Mas o narrador reassume o papel de nos mostrar a cena, dela se afastando, e então retornam a melancolia, a monótona lamentação em redondilha menor e o mesmo arranjo musical do início. Ou, mais precisamente, é a vendedora quem vai saindo de cena. Ao seguir caminho, ela encerra melancolicamente a narrativa. A tristeza da estrofe final, porém, não se dá somente pelo término de sua passagem rotineira. A tristeza se intensifica pela distância espacial que o pregão vai ganhando, mas também pela beleza que o canto adquire ao se recolher à memória; em outras palavras, pela distância temporal que agora se coloca entre a vendedora, personagem que vem dos velhos tempos coloniais, e o narrador, voz instalada no interior de uma canção produzida para o moderno mercado de discos e rádio.

Dez horas da noite	Dez/ *ho*/ras/ da/ *noi*/te
Na rua deserta	Na/ *ru*/a/ de/*ser*/ta
Quanto mais distante	Quan/*to* /mais/ dis/*tan*/te
Mais triste o lamento	Mais/ *tris*/te o/ la/*men*/to

Figura 45

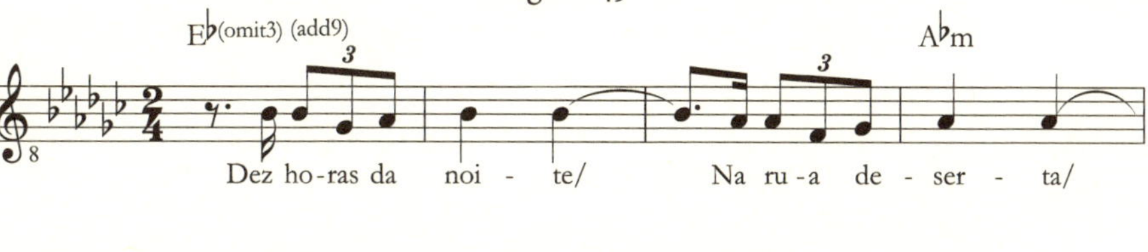

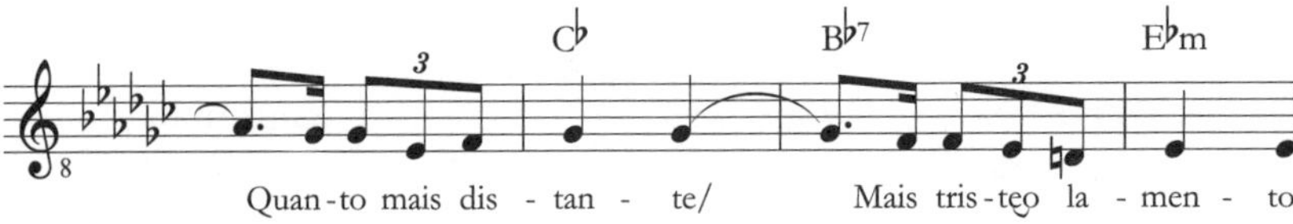

Na voz de Caymmi, outro verso é cantado seguindo a reiteração do ritmo melódico e contrariando a prosódia ("*Quan*to mais dis*tan*te" é a acentuação prosódica). De um lado, mais uma vez, o ritmo de declamação, ao ser fixado e reiterado musicalmente, contraria o ritmo de um verso isolado, reafirmando a monotonia. De outro lado, resta a pergunta: dessa forma, a dor do lamento se superpõe, na obra, à alegria? Não, se pensarmos que a última palavra fica com "Todo mundo gosta de acarajé", frase cantada pelo coro depois que Carmen Miranda entoa mais uma vez a segunda parte do pregão. Creio, no entanto, que privilegiar a conclusão, nesse caso, seria como olhar um mapa sem tomar a devida distância. Na verdade, como vimos, contentamento e melancolia convivem o tempo todo na forma e no conteúdo da canção, e a riqueza do sentido se constrói na justaposição (*ambivalência*) e na mistura (*ambiguidade*) desses sentimentos contrários.

3. Um Vulto Perante a Sociedade

O valor da gravação de *A Preta do Acarajé*, feita em 1939, se deve primordialmente à representação artística bem realizada de uma experiência histórica anterior ao crescimento urbano, à indústria, ao disco e à rádio, mas cujos vestígios ainda se manteriam atuais na vida brasileira. A fala coloquial, o anúncio cantado, o canto e a dança de rua, o comércio popular, tudo isso se junta na forma e no conteúdo da canção industrializada, trazendo para a novidade tecnológica, cujo encanto vem do desenvolvimento das forças produtivas e da modernidade social de que faz parte, o encantamento arcaico da vitória possível sobre a penúria. "É cantando que se deslocam pedras pesadas", disse Aires da Mata Machado Filho em sentido literal, referindo-se aos "capinadores de roça" em Minas Gerais[104]. Pois a frase tem jeito de

104. Cf. Aires da Mata Machado Filho, *O Negro e o Garimpo em Minas Gerais*, p. 66; na passagem, o autor lembra que a necessidade de trabalhar cantando é universal, mas cita exemplos apenas de

aforismo: ainda não terminou o tempo em que, no Brasil, grande parcela da população sabe que *cantando é que se deslocam pedras pesadas*. E embora o sentido do comércio ambulante, caso que nos interessa, tenha se modificado bastante desde *A Preta do Acarajé* – assim como se modificaram a fala cotidiana, a publicidade e a canção industrializada –, persite o que talvez seja o mais fundamental em sua experiência: *necessidade faz sapo pular*, diz aquele provérbio nortista.

Na Parte A, o narrador descreve melancolicamente o lamento de que é testemunha. Sua narração se compadece da dor ouvida no pregão – um anúncio e talvez um canto de trabalho da vendedora ambulante. Na Parte B, o narrador está alegre. Ele assume o contentamento do freguês, satisfeito com a oportunidade de se servir.

A vendedora, depois de atrair o freguês com o pregão – "Se não chora, ninguém compra" –, dialoga ainda se lamentando. Mas a sua reclamação é cantada alegremente. Uma certa alegria que se misturava à dor do pregão agora assume o modo como as palavras são cantadas. A oposição entre o que é dito e o modo como se diz, apesar dos traços de queixa, configura o papel da vendedora: a ela cabe agradar a freguesia, não importam as dores que o seu canto carregue, mesmo porque mais penoso que o trabalho em si, sem dúvida alguma, seria não vender a mercadoria. Ou, de outro lado, pode fazer parte da sedução da vendedora o lamento que o seu canto carrega; um papel análogo, aliás, ao desempenhado pelos artistas no mercado fonográfico, embora a semelhança realmente não apague as diferenças entre uma e outra atividade[105].

Antonio Risério e Mirella Márcia Longo sublinharam a ausência de conflitos sociais como uma marca das canções praieiras de Dorival Caymmi, conforme referi anteriormente. Já no caso da canção *A Preta do Acarajé*, por tudo o que se viu, não se pode afirmar que o sofrimento impresso em uma expe-

trabalho manual: "as vindimas de Portugal e o trabalho das fiandeiras"; em Minas, "os capinadores de roça"; o mutirão.

105. Em uma conversa informal, Vinícius Dantas falou-me da possível afinidade entre a gravação de *A Preta do Acarajé* por Carmen Miranda e Dorival Caymmi e o *vaudevile*. Como a relação me parece interessante e não a abordo, não discutirei suas implicações para a interpretação que apresento. Mas fica o registro, uma vez que tal afinidade poderia, no mínimo, encaminhar a análise por caminho diverso do que tomo.

riência econômica e social esteja ali simplesmente abafado. Ao contrário, de início a dor é explicitada (pelo narrador) e explícita (no pregão), interferindo mesmo durante o seu ofuscamento, na parte festiva.

Daí ser tão relevante a construção artística que se faz dos corpos do narrador/freguês e, principalmente, da vendedora. As personagens que nos aparecem aí são íntegras: existe dignidade nos sentimentos contrários que a canção exprime, e o retrato todo alcança uma nitidez difícil de encontrar em outras artes. Penso na análise que Rodrigo Naves fez de dois pequenos estudos de Jean-Baptiste Debret, *Negra* e *Negro Escravo*. Para o crítico, o corpo da negra nos dá a impressão de pressionar "o próprio branco do papel, a fim de encontrar lugar", e a "sua própria configuração parece precária, como se a ausência de espaço também dificultasse que a pessoa adquirisse fisionomia determinada". Já o corpo do negro revelaria uma definição "morosa e difícil", uma vez que o seu volume "ora se desenha, ora se turva"[106].

Também penso na análise que Luiz Felipe de Alencastro empreendeu da fotografia, tirada "no Recife por volta de 1860", de um menino branco com a sua mucama. O corpo da negra aparece aí com os "gestos codificados de seu estatuto": "Sua mão direita, ao lado do menino, está fechada no centro da foto, na altura do ventre, de onde nascera outra criança, da idade daquela. Manteve o corpo ereto, e do lado esquerdo, onde não se fazia sentir o peso do menino, seu colo, seu pescoço, seu braço escaparam da roupa que não era dela, impuseram à composição da foto a presença incontida de seu corpo, de sua nudez, de seu ser sozinho, da sua liberdade"[107]. Ora, o que a presença festiva do corpo da vendedora impõe aos nossos ouvidos, na segunda parte de *A Preta do Acarajé*, é a afirmação da sensualidade e da liberdade pela qual, na foto, se ansiava. Sensualidade que inclusive constitui o samba de roda do Recôncavo Baiano antes de chegar à canção de Caymmi.

106. Cf. Rodrigo Naves, "Três Vezes Debret", *Nossa História*, ano 1, nº 6, Rio de Janeiro, Biblioteca Nacional; São Paulo, Editora Vera Cruz, abr. 2004, p. 25; o autor ali adverte: "Talvez sejam alguns pequenos estudos – não aproveitados nas litografias do livro – que revelam em toda extensão o esforço do artista francês para se aproximar de uma realidade que punha em xeque seus esquemas artísticos"; para uma interpretação mais extensa da obra de Debret, cf. R. Naves, *A Forma Difícil*, São Paulo, Ática, 1996, pp. 41-129.

107. Cf. Luiz Felipe de Alencastro, "Epílogo", *História da Vida Privada no Brasil*, volume 2 (*Império: A Corte e a Modernidade Nacional*), coordenador-geral da coleção: Fernando A. Novais, organizador do volume: Luiz Felipe de Alencastro, São Paulo, Companhia das Letras, 1997, p. 439.

(Literalmente entre parênteses: sensualidade, aliás, que já em princípios do século XVIII fazia mestiças e mestiços do Recôncavo governar seus senhores e suas senhoras, segundo advertência de Antonil. Daí o célebre provérbio por ele citado: "Que o Brasil é o Inferno dos Negros, Purgatório dos Brancos e Paraíso dos Mulatos, e das Mulatas". Provérbio ao qual se segue, contudo, uma observação de Antonil nem sempre lembrada: "salvo quando por alguma desconfiança, ou ciúme, o amor se muda em ódio, sai armado de todo gênero de crueldade, e rigor"[108].)

Não existe engodo em *A Preta do Acarajé*, portanto, desde que se entenda que há na cena cantada um resgate, ou uma revanche pela recriação da alegria e, com ela, da vida[109]. E desde que se lembre que a melancolia não foi esquecida. Ao justapor e ao misturar satisfação e sofrimento, Dorival Caymmi representou os tipos comuns da Cidade da Bahia vinda dos tempos coloniais, "uma postura de gente boa", a "aparência limpa", "o jeito expansivo", "a gargalhada, a fala alta, gritada de um lado para o outro da rua"[110]. Mas o quadro, embora pitoresco, não deixou de incluir a contraparte, a dor, e por isso ganhou profundidade[111].

De resto, acredito que a representação feita por Caymmi alcance um resultado de nível próximo ao da tela *A Negra*, de Tarsila do Amaral, ou talvez superior, num determinado ponto de vista. Não pretendo dar a última palavra

108. Cf. André João Antonil, *Cultura e Opulência do Brasil*, Salvador, Livraria Progresso Editora, 1955, pp. 48-49. John Manuel Monteiro afirma que o provérbio figurou como subtítulo de *Descrição do Brasil*, uma das obras perdidas de "D. Francisco Manuel de Melo, autor brasileiro bastante conhecido nos círculos intelectuais ibéricos do século XVII", tornando-se "ditado popular na segunda metade [daquele] século" antes que Antonil lhe desse "registro permanente" em seu texto, de 1711 (cf. John Manuel Monteiro, *Negros da Terra: Índios e Bandeirantes nas Origens de São Paulo*, p. 250, nota 10).

109. Inspiro-me em Antonio Risério, que discutiu o tema citando "as belas palavras de Rawick: 'They created for others from sunup to sundown, but from sundown to sunup... they created and recreated themselves'" (cf. *Caymmi: Uma Utopia de Lugar*, p. 179. Risério também alude à sensualidade do samba de roda, nas pp. 92 e 104).

110. Aproveito comentários de Dorival Caymmi, na década de 1990, sobre "a sua gente": vendedoras ambulantes, "as mulheres de saia, essas baianas que usavam ainda os trajes africanos", e "o baiano urbano" (cf. Stella Caymmi, *Dorival Caymmi: O Mar e o Tempo*, p. 44).

111. Uma outra composição de Dorival Caymmi, *Acaçá*, exalta a sensualidade da mercadora ambulante: "Acaçá de milho benfeito / E o jeito / E o modo dela mercar? / Sorrindo com dentes alvos / A bata caindo do ombro / Caindo pro peito". Dori Caymmi, em 1986, gravou-a melancolicamente, enfatizando a beleza das coisas que vão desaparecendo; no meu entendimento, contudo, fez falta o intérprete não nos dar a contraparte da alegria. A gravação pode ser ouvida na coletânea *Cantando Caymmi*.

em tema que, por sua complexidade, mereceria um trabalho específico, sobretudo porque agora me remeto a uma pintura de alta elaboração artística. Lembro apenas que a canção popular-comercial de Caymmi não possui qualquer traço de elitismo, como se nota em *A Negra*. As personagens de *A Preta do Acarajé* habitam o mesmo lugar social, historicamente rebaixado, e a representação confere dignidade à relação de rua. Como se sabe, a diferença, isoladamente, nada diz a respeito do valor estético das obras, até porque o elitismo é uma das linhas de força que confere tal valor à tela[112]. Ainda assim, se assumirmos o ângulo de uma certa tradição popular no Brasil, creio que talvez vejamos um acerto maior por parte da canção.

Vimos que a principal figura estilística, em *A Preta do Acarajé*, é a reiteração: trata-se de uma forma estética que prima pela repetição constante de seus elementos internos. Na obra de Caymmi, não é um privilégio dessa composição. Antonio Risério comenta, em relação às canções praieiras, que o recurso é a "melhor estratégia verbal para captar o circuito reversível daquela vida comunitária"[113]. Pode-se supor uma correspondência de outra ordem para *A Preta*. A reiteração estilística dá forma a uma estabilidade social e histórica que possui duas faces. Uma é a perpetuação em si dos tempos coloniais, a sua continuidade que parece não ter fim em meio às modernizações da vida brasileira; por isso, essa seria a face terrível, sintetizada na Parte A da canção. Outra é a esperança de estabilidade das várias pretas do acarajé, necessária esperança frente à sobrevivência incerta; essa seria a face agradável, condensada sobretudo na Parte B, mas formalizada também na ambiguidade interna à canção toda.

A face agradável se constrói, portanto, na transfiguração da dor em alegria. Transfigurar a dor não é vencê-la, à medida que isso implique alteração das estruturas históricas que provoca(ra)m o sentimento. Transfigurar é mudar a aparência dessa dor, o que tanto pode ser uma tapeação quanto uma afirmação de dignidade. A gravação de 1939 de *A Preta do Acarajé* afirma a dignidade desse gesto, inserindo-se assim em uma tradição cultural brasileira que

112. Cf. Vinícius Dantas, "Entre *A Negra* e a Mata Virgem", *Novos Estudos Cebrap*, nº 45, São Paulo, Cebrap, jul. 1996, pp. 100-116; baseio-me ainda em Roberto Schwarz, "A Carroça, o Bonde e o Poeta Modernista", *Que Horas São?*, pp. 11-28.

113. Cf. Antonio Risério, *Caymmi: Uma Utopia de Lugar*, p. 75.

se pode considerar sólida, e que veio se estabelecendo desde que a canção e a dança se apresentaram "como uma inequívoca demonstração de resistência ao imperativo social (escravagista) de redução do corpo negro a uma máquina produtiva", nas palavras de Muniz Sodré[114]. Daí o tom superior em relação à tela *A Negra*, em que pese a simpatia desta para com a vida popular[115].

Cantando, tocando ou dançando, transfigurar o sofrimento em alegria – e reconquistar o próprio corpo, perdido no trabalho. O acúmulo que se percebe de obras variadas, diversas quanto a gênero e a período histórico – batuques, quadras, pontos, vários estilos de samba, desafios –, não deve esconder o que dá sentido à tradição cultural brasileira a que me remeto, sendo igualmente comum ao sistema da canção popular-comercial que aqui estudo. Gilberto Freyre não deixou de notar a experiência, ainda que o seu texto revele um nítido pendor aristocrático:

> Nos engenhos, tanto nas plantações como dentro de casa, nos tanques de bater roupa, nas cozinhas, lavando roupa, enxugando prato, fazendo doce, pilando café; nas cidades, carregando sacos de açúcar, pianos, sofás de jacarandá de ioiôs brancos – os negros trabalhavam cantando: seus cantos de trabalho, tanto quanto os de xangô, os de festa, os de ninar menino pequeno, encheram de alegria africana a vida brasileira. Às vezes com um pouco de banzo: mas principalmente de alegria[116].

114. Cf. Muniz Sodré, *Samba, o Dono do Corpo*, 2ª ed., Rio de Janeiro, Mauad, 1998, p. 12.
115. "*A Negra* atendia como vimos a dois requisitos: *a)* dialogava com as tendências atuais da vanguarda europeia e definia um ponto de vista brasileiro a partir desse diálogo; *b)* aventava uma inversão positivadora ou um desrecalque localista, pelo qual as dissonâncias nacionais e as tradições populares passaram a ter chance ou visibilidade, integradas à modernidade que não só as promovia como as reconhecia artisticamente" (cf. Vinicius Dantas, "Entre *A Negra* e a Mata Virgem", *Novos Estudos Cebrap*, nº 45, p. 113).
116. Cf. Gilberto Freyre, *Casa-grande & Senzala*, p. 463. Após alguns exemplos de cantos, na página seguinte o autor prossegue: "Mas não foi toda de alegria a vida dos negros, escravos dos ioiôs e iaiás brancas. Houve os que se suicidaram comendo terra, enforcando-se, envenenando-se com ervas e potagens dos mandingueiros. O banzo deu cabo de muitos. O banzo – a saudade da África. Houve os que de tão banzeiros ficaram lesos, idiotas. Não morreram: mas ficaram penando. E sem achar gosto na vida normal – entregando-se a excessos, abusando da aguardente, da maconha, masturbando-se"; arrematando, então, seu ensaio, o autor relata que as doenças, a má higiene, o trabalho forçado e a desnutrição faziam parte daquela "vida *normal*"

Antes de Freyre, Capistrano de Abreu – no encontro de um viés de classe com tendências historiográficas da época – também já assinalara: "o negro trouxe uma nota alegre ao lado do português taciturno e do índio sorumbático. As suas danças lascivas, toleradas a princípio, tornaram-se instituições nacionais [...]"[117]. Mais explícito ainda em seu lugar social é o depoimento deixado por James Wetherell, então cônsul britânico, sobre Salvador na metade do século XIX:

> Vi trinta e mais negros carregando blocos de madeira enormes e o conjunto dava a impressão de uma centopeia muito comprida. Enquanto transportam essas cargas pesadas pelas ruas, eles cantam numa espécie de coro, muito útil a prevenir os transeuntes para que se afastem do caminho, pois o ruído dos passos não é audível no tumulto circundante[118].

Vejamos agora algumas obras que integram essa tradição popular, configurando um lugar social oposto ao de Freyre, Capistrano de Abreu e Wetherell. Em 1874, os cantadores paraibanos Inácio da Catingueira (1845-1881), escravo, e Francisco Romano Caluête (1840-1891), lavrador e dono de uma pequena propriedade, bateram-se em peleja que se tornaria célebre. Transcrevo algumas sextilhas, guardadas de memória por contemporâneos e reunidas, já em 1948, pelo padre Manoel Otaviano:

ROMANO
Negro, que andas fazendo
Dentro desta freguesia
Cadê o teu passaporte
A tua carta de guia
Se vens fugido eu amarro
Negro comigo não chia.

do escravo. Para uma crítica mais completa da visão de Freyre (cf. Jacob Gorender, *O Escravismo Colonial*, pp. 458-467).

117. Cf. João Capistrano de Abreu, *Capítulos de História Colonial (1500-1800)*, 4ª ed., revista, anotada e prefaciada por José Honório Rodrigues, Rio de Janeiro, Sociedade Capistrano de Abreu / Livraria Briguiet, 1954, p. 66; a primeira edição é de 1907.

118. Trecho de *Brasil. Apontamentos sobre a Bahia, 1842-1857*; citado por Kátia M. de Queirós Mattoso, *Ser Escravo no Brasil*, pp. 140-141. Sobre o assunto, ainda cf. Mary C. Karasch, *A Vida dos Escravos no Rio de Janeiro (1808-1850)*, especialmente o capítulo 8, "Samba e Canção: A Cultura Escrava Afro-carioca", pp. 292-340; e José Ramos Tinhorão, *História Social da Música Popular Brasileira*, especialmente p. 158: "Os escravos negros das cidades, de uma forma geral, sempre trabalharam cantando".

INÁCIO
Seu Romano, eu sou cativo
Trabalho pra meu sinhô
Ele sabe quando eu saio
E sabe pra onde eu vou
Quando me vê num pagode
Foi ele quem me mandou.

ROMANO
Estou ouvindo a tua loa
Mas não posso acreditar
Que eu também tenho negro
Mas não mando vadiar
Quando eu saio a divertir
Negro sai pra trabalhar.

INÁCIO
Seu Romano, eu sou cativo
Trabalho para o comum
Dar descanso a seus escravos
É gosto de cada um
Meu sinhô tem muito negro
E seu Romano só tem um.

ROMANO
Negro, cante com mais jeito
Vê a tua qualidade
Eu sou branco, tu um vulto
Perante a sociedade
Eu em vir cantar contigo
Baixo de dignidade.

INÁCIO
Esta sua frase agora
Me deixou admirado
Para o sinhô ser branco
Seu couro é muito queimado
Sua cor imita a minha
Seu cabelo é agastado.

ROMANO
Com negro não canto mais
Perante a sociedade
Estou dando cabimento
E ele está com liberdade
Por isso vou me calar
Mesmo por minha vontade.

INÁCIO
O sinhô me chama negro
Pensando que me acabrunha
O sinhô de homem branco
Só tem os dente e as unha
Sua pele é muito queimada
E seu cabelo é testemunha.

ROMANO
Inácio, eu estou ciente
Que tu és um negro ativo
Mas não estou satisfeito
Devo te ser positivo
Me abate hoje em cantar
Com um negro que é cativo.

INÁCIO
Na verdade, seu Romano
Eu sou negro confiado
Eu, negro, e o sinhô, branco
Da cor de café torrado
Seu avô veio ao Brasil
Para ser negociado.

ROMANO
Inácio, eu vou te pedir
Vamos deixar o passado
Esquecer quem foi cativo
Que nos dá mais resultado
Acabar a discussão
Esquecer todo o atrasado.

INÁCIO
Isso, aí, é outra coisa
Eu não luto sem motivo
O sinhô também esqueça
O povo que foi cativo
Quem tem defunto ladrão
Não fala em roubo de vivo.

ROMANO
A desgraça do homem rico
É dar importância a pobre
Sendo eu a prata fina
Vim me misturar com cobre
Grande castigo merece
Quem se abate sendo nobre.

INÁCIO
Esta, agora, é engraçada
Eu digo com toda fé
De prata se faz arreio
Faca, garfo e cuié
De prata se faz espora
Pra negro botar no pé[119].

Exemplo atual desse fio que une produções variadas é um ponto de louvação de jongo, batido no bairro do Tamandaré em Guaratinguetá (SP):

Meu cativeiro, meu cativerá
Trabalha nego, não quer trabalhá

No meu tempo de cativeiro
Nego apanhava de sinhô

119. Citado por F. Coutinho Filho, *Violas e Repentes*, Recife, [s. n.], 1953, pp. 97-98; 106-109. No âmbito de nosso passado rural e escravagista, vale registrar uma observação de Luís da Câmara Cascudo sobre a vida do "negro de fazenda", diversa do "negro de engenho": "O negro da fazenda tinha mais independência, liberdade, amplitude de ação pessoal, afeito a *dar campo* aos touros, novilhos, barbatões afamados, numa igualdade de esforço com os patrões. Em boa percentagem nasceria dele a dinastia dos vaqueiros, cantadores, cangaceiros" (cf. *História da Alimentação no Brasil*, vol. 1, pp. 227-228).

E rezava a Santa Maria
Me liberta, meu Pai Xangô[120].

O ritual do jongo se realiza três vezes por ano, nas festas dedicadas a Santo Antônio, São João e São Pedro. Nessas ocasiões, dança-se em par, no centro da roda, e canta-se animada e pesarosamente esse ponto, entre vários outros. Embora tornado coletivo pelo uso comunitário que dele se faz, o que é próprio da cultura tradicional-popular, é possível identificar-lhe a autoria: a letra é do jongueiro José Antônio Marcondes Filho (Totonho), sobre melodia que serve a pontos diversos[121]. Mas há quadras populares, tornadas anônimas, que também exploram o tema. Transcrevo três exemplos:

Eu comparo a minha sorte
Co'a sorte do pássaro preto
Todo vestidim de luto
Mas 'tá cantando tão satisfeito![122]

Quem me vê andar cantando,
Cuida que eu ando contente!
Eu canto é pra disfarçar!
Não dar gosto a muita gente![123]

Minha viola de pinho
Tem boca para falar;

120. Uma gravação desse ponto executado por jongueiros do Tamandaré – Araci dos Santos, Antônia Rita Jeremias (Dona Tó) e outros – foi incluída por Paulo A. F. Dias em *São Paulo Corpo e Alma* (São Paulo, Associação Cultural Cachuera!, 2003).

121. Mário de Andrade já notara a existência do que chamou "melodias-tipo" no samba rural paulista: "Quando a gente pede que cantem música nova, tiram frequentemente um texto novo sobre a mesma melodia utilizada pouco antes" (cf. "O Samba Rural Paulista", *Aspectos da Música Brasileira*, p. 138).

122. A quadra, que cito de memória, foi incluída no documentário *Urucuia: Um Nosso Vão de Riquezas* (1998), de Angélica Del Nery.

123. Transcrita, sem indicação de autoria, por Leonardo Mota, *Cantadores: Poesia e Linguagem do Sertão Cearense*, 3ª ed., Fortaleza, Imprensa Universitária do Ceará, 1961, p. 224. Note-se a semelhança entre a quadra e os versos do samba "Quem me vê sorrindo", de Cartola e Carlos Cachaça: "Quem me vê sorrindo / Pensa que estou alegre / O meu sorriso é por consolação / Porque sei conter / Para ninguém ver / O pranto do meu coração" (cf. Cartola, *Cartola*, Discos Marcus Pereira, CD 10029, s.d).

Se ela tivesse olhos
Me ajudaria a chorar[124].

Restringindo-se apenas ao universo do samba, no qual *A Preta do Acarajé* se situa de modo mais restrito, é possível começar lembrando o que João do Rio escreveu sobre as letras das músicas dos cordões em 1906: "Só a alma da turba consegue o prodígio de ligar o sofrimento e o gozo na mesma lei de fatalidade, só o povo diverte-se não esquecendo as suas chagas, só a populaça desta terra de sol encara sem pavor a morte nos sambas macabros do Carnaval"[125]. O termo "samba", todavia, deve ser entendido aí como músi-

124. Anotada por Rodrigues de Carvalho e publicada por Luís da Câmara Cascudo, *Vaqueiros e Cantadores*, Belo Horizonte, Itatiaia; São Paulo, Edusp, 1984, p. 187. (Também foi publicada, sem indicação de autoria ou de anotação, por Leonardo Mota, *Cantadores*, p. 231.) Uma outra pesquisa talvez pudesse verificar a existência de dois sentimentos nas quadras e canções populares, os quais se ligam (é uma hipótese) a duas éticas distintas. O primeiro deles é marcadamente lastimoso, parecendo de algum modo vincular-se à herança cultural portuguesa, como nos mostram esses versos anotados na Paraíba – "Tudo que é triste no mundo / Queria que fosse meu / Só pra ver se tudo junto / Era mais triste do que eu", dos quais Leonardo Mota indicou a variante portuguesa – "Tudo que é triste no mundo / Tomara que fosse meu, / Para ver se tudo junto / Era mais triste do que eu!" (cf. Leonardo Mota, *Violeiros do Norte*, 4ª ed., Rio de Janeiro, Cátedra; Brasília, INL, 1976, p. 30). O segundo sentimento forma a tradição à qual me refiro, a ostentação da alegria pela transfiguração da dor. O samba *Filosofia*, de Noel Rosa, talvez seja o melhor exemplo de consciência dessa outra ética ("Nessa prontidão sem fim / Vou fingindo que sou rico / Pra ninguém zombar de mim"). Caso exista, de fato, essa diferença entre um sentimento e outro, entre uma ética e outra, a quadra "Minha viola de pinho..." mais provavelmente estaria no âmbito lastimoso, não no de transfiguração da dor. Cumpre observar que Leonardo Mota, em *Cantadores*, confronta quadras portuguesas e brasileiras. O material ali apresentado poderia iniciar tal pesquisa, ainda que o objetivo de Mota fosse comparar "o enlevado lirismo" dos versos portugueses, "saturados de suave melancolia", à "impudica inocência das almas primitivas" brasileiras, a qual se manifestaria em versos "transbordantes de volúpia", com "fortes sopros lúbricos" (cf. edição citada, capítulo "Quadrinhas"; as citações que faço podem ser lidas às pp. 224, 225, 228 e 233). Alguns exemplos trazidos por Mota: *a.* quadras portuguesas: "As tristezas que se cantam / São as mais tristes de ouvir / Porque se cantam chorando / Mas sem o pranto cair" (p. 214); "Nem só de alegre se canta, / Nem só de triste se chora: / De alegre tenho eu chorado / E de triste eu canto agora" (p. 224); *b.* quadras brasileiras: "Mente, violão, como eu minto, / Não gemas, guarda o sentir... / Eu como tu também sinto / E vivo sempre a sorrir!" (p. 218); "Minha viola mais canta / Quanto mais sofro na vida! / Sou como cana de engenho: / Mais doce, mais espremida..." (p. 231). Por fim, é evidente que, caso de fato possa ser estabelecida, a diferença que intuo ocorre para além do fundo comum de certa experiência do cantar expressa no conhecidíssimo provérbio, já utilizado numa quadra portuguesa também trazida por Mota: "Quem canta seu mal espanta, / Quem chora seu mal aumenta: / Eu canto pra aliviar / Esta dor que me atormenta!" (p. 224).

125. Cf. João do Rio, "Cordões", *A Alma Encantadora das Ruas*, org. Raúl Antelo, São Paulo, Companhia das Letras, 1997, p. 241.

ca carnavalesca, conforme observou Sérgio Cabral[126]. Mais acertado, então, é lembrar o último depoimento que o sambista Bucy Moreira, neto de Tia Ciata, deu a Roberto Moura:

> O negro tinha o espírito artístico, isso sim, assim pra festas, eles são festeiros, que o negro é um elemento triste, ele sente uma necessidade, compreende, é tristeza sim, porque o negro no fundo é muito triste todo ele. Tá brincando mas é pra despistar a tristeza do cara. Eu tiro por mim, eu às vezes cismo de ficar aqui no apartamento, em todo lugar, sumir. Se ninguém me visse... "Será que está morto? Ele bebeu muito, ô Bucy". Aí batiam, "Ô Bucy, Ô Bucy", eu digo: "que é?"; "Ô rapaz, você não aparece, ninguém te vê, nem o porteiro nem nada". Essa tristeza já é do preto mesmo[127].

Sobre o gênero que se consolidou como samba a partir da década de 1930, seguindo o "paradigma do Estácio", Mário de Andrade deixou a observação de que "é trágico, e principalmente lancinante. Se já a percussão muito áspera, glosada pelo ronco soturno da cuíca, não tem disfarce que a alivie da sua violência feridora, não é dela que deriva a especial tristeza do samba, mas da sua melodia" – um valor "dramático, essencialmente musical, e que não deriva do texto, nem por ele se condiciona"[128]. Creio que a ideia, em geral, é acertada, o que não impede logicamente que a letra também fale a respeito da tristeza que, por meio da canção, se modifica; exemplo já mais do que notório é *Alegria* (Assis Valente/Durval Maia), de 1937:

> Minha gente era triste, amargurada
> Inventou a batucada
> Pra deixar de padecer
> Salve o prazer, salve o prazer![129]

126. O pesquisador, portanto, antes de mim chamou a atenção para essa passagem de João do Rio (cf. Sérgio Cabral, *As Escolas de Samba do Rio de Janeiro*, pp. 21-22).
127. Cf. Roberto Moura, *Tia Ciata e a Pequena África no Rio de Janeiro*, p. 100.
128. Cf. Mário de Andrade, "Música Popular", *Música, Doce Música*, pp. 281-282; o texto é de 1939.
129. Gravado por Orlando Silva, o samba pode ser escutado em *O Cantor das Multidões: Orlando Silva (Gravações Originais, 1935-1942)*, disco 2. Seu refrão serviu de música incidental a *Festa Imodesta* (Caetano Veloso) na gravação de Chico Buarque, feita em 1974 (cf. *Sinal Fechado*, Philips/Phonogram, CD 518 217-2, 1993). Caetano Veloso glosou o tema da alegria/tristeza em *Desde que o Samba É Samba* (cf. Caetano Veloso e Gilberto Gil, *Tropicália 2*, Philips/Phono-

Não avançarei para além do tempo em que *A Preta do Acarajé* foi lançada. Assim, para concluir, veja-se que a questão se adensa quando inserida no processo de formação histórica do Brasil, como se ouve em uma estrofe de *O Orvalho Vem Caindo*, samba de Noel Rosa (em parceria com Kid Pepe) gravado por Almirante para o carnaval de 1934:

A minha terra dá banana e aipim,
Meu trabalho é achar quem descasque por mim...
Vivo triste mesmo assim! E...

De forma extremamente sintética e com bastante humor, no âmbito mesmo da nossa melhor poesia modernista, na estrofe se reúnem: *1.* a *Canção do Exílio*, de Gonçalves Dias, parafraseada até na letra do Hino Nacional; assim se evocam o ufanismo e o saudosismo românticos; *2.* a vocação econômica brasileira extrativista e agrícola; *3.* a herança vocabular e alimentar dos índios tupis; *4.* a relação entre o dominador (branco) e o dominado (negro), a partir da qual se desenvolvem as atividades produtivas *graciosamente* proporcionadas pela terra, graciosidade já apontada na carta de Pero Vaz de Caminha; *5.* o ponto de vista de um *malandro*: com muita ironia e uma boa dose de safadeza, a voz da canção enxerga as coisas de cima, como quem manda; *6.* o mito de que o Brasil foi formado por *três raças muito tristes*; e que, portanto, a nós brasileiros só restaria sambar no carnaval, como o próprio ritmo da canção induz – "Numa terra radiosa vive um povo triste"[130]; a música brasileira é "flor amorosa de três raças tristes"[131]; sambar no carnaval, não *tocar um tango argentino*: solução que conciliava interesse comercial e inteligência artística nessa etapa preliminar de organização da indústria cultural e do mercado fonográfico, quando as regras da racionalidade capitalista não estavam plenamente definidas como se tornariam a partir da década de 1970.

gram, CD 518 178-2, 1993; João Gilberto gravou-a em *João Voz e Violão*, Universal Music, CD 73145467132, 1999).

130. Cf. Paulo Prado, *Retrato do Brasil*, São Paulo, Companhia das Letras, 1999, p. 53.

131. Cf. Olavo Bilac, "Música Brasileira" (1919), em Manuel Bandeira, *Apresentação da Poesia Brasileira – Seguida de uma Antologia de Poetas Brasileiros*, prefácio de Otto Maria Carpeaux, Rio de Janeiro, Ediouro, s.d., p. 238.

"Um vulto perante a sociedade" – assim Romano, mestiço e livre, se referiu a Inácio, negro e escravo, em 1874. O registro que temos daquele desafio resulta da tradição oral, depois fixada em livro. Seis décadas mais tarde, o mestiço Dorival Caymmi vivenciaria uma dialética que já foi definida como a passagem do malandro a artista profissional, "situação de relativo prestígio" que, por vezes, passa a se sobrepor, no dia a dia, até mesmo ao apadrinhamento – o regime do favor, nascido do convívio humano *cordial* como herança do "meio rural e patriarcal" (para retomar, uma vez mais, a célebre formulação de Sérgio Buarque de Holanda)[132].

De um lado, o novo quadro apontará para "o exercício sistemático e radical da negação dos valores positivamente elevados pelo trabalho"[133]. Não só porque o samba tem na sua forma a síncope como principal elemento, convidando o corpo à dança ou, ao menos, ao balanço. E nem só porque algumas letras célebres fazem o elogio da malandragem. Mas porque o samba se afirma em tudo como atividade prazerosa, contrária àquela condenação bíblica[134] lembrada, com seriedade ou em gracejos, como justificativa para a escravidão, e que ainda permaneceria, no século XX, como um consolo para a "superexploração do trabalho, que a forma de acumulação capitalista determinou entre nós"[135].

De outro lado, começava a se estruturar então o mercado das canções industrializadas – discos e rádio, mas também teatro e cinema, e ainda partituras. Uma vez que o produto de maior sucesso, nesse mercado, é a música de

132. Cf. Carlos Sandroni, *Feitiço Decente*, p. 184; é de minha responsabilidade a junção desse texto, que se ampara em Roberto DaMatta, e a formulação de Sérgio Buarque de Holanda (cf. *Raízes do Brasil*, pp. 209-210).

133. Cf. Gilberto Vasconcellos e Matinas Suzuki Jr., "A Malandragem e a Formação da Música Popular Brasileira", *História Geral da Civilização Brasileira*, tomo III (*O Brasil Republicano*), 4º volume (*Economia e Cultura*, 1930-1964), direção Boris Fausto, São Paulo, Difel, 1984, p. 505.

134. "Porque escutaste a voz de tua mulher / e comeste da árvore que eu te proibira de comer, / maldito é o solo por causa de ti! / Com sofrimentos dele te nutrirás / todos os dias de tuas vida. / Ele produzirá para ti espinhos e cardos, / e comerás a erva dos campos. / Com o suor de teu rosto / comerás teu pão / até que retornes ao solo, / pois dele foste tirado" (Gênesis, 3, 17-19).

135. Cf. Gilberto Vasconcellos e Matinas Suzuki Jr., "A Malandragem e a Formação da Música Popular Brasileira", p. 511.

carnaval, e como o samba fosse a música carnavalesca por excelência, é compreensível que se dedicasse ao gênero aquele compositor interessado em, palavras de Noel Rosa, "conquistar, de golpe, com uma única melodia, o coração das ruas, a alma das cidades", esperando ver a sua música "propagada pelas diferentes vozes, florescendo dos assovios anônimos, dos pianos dos bairros, das vitrolas", almejando que os seus "ritmos dominassem, que eletrizassem os músculos, que influíssem decisivamente no movimento das multidões", a fim de que ele, sambista profissional, alcançasse a popularidade, a fama, a glória[136]. Enfim, com a sua profissionalização o cancionista, sobretudo aquele ligado ao samba, tornava-se *uma pessoa de vulto perante a sociedade*. Uma chance histórica que a modificação das forças produtivas faria depois retornar à falta de nitidez, não porque a figura de novo fosse mantida à sombra, longe do foco, mas sim pelo excesso de exposição que provoca ofuscamento.

Quando Carmen Miranda aparece cantando *O que É que a Baiana Tem?*, no filme carnavalesco *Banana da Terra*, o samba já havia se tornado o maior emblema musical da nacionalidade brasileira, e ela já era, desde 1930, "a cantora com o *it* na voz"[137]. Nesse sentido, num primeiro momento, a composição de Dorival Caymmi recupera para o gênero a noção de um feitio antes regional (no selo do disco, "samba típico baiano") que brasileiro, enquanto Carmen ganha novo fôlego para a sua carreira. Num segundo momento, em meio à *Política da Boa Vizinhança* (adotada, a partir de 1933, no discurso do presidente estado-unidense Franklin Delano Roosevelt), a apresentação de *O que É que a Baiana Tem?* por Carmen, devidamente fantasiada de baiana e acompanhada pelo Bando da Lua no Cassino da Urca, praticamente definirá o convite do empresário Lee Schubert para que a futura *Brazilian Bombshell* inicie carrei-

136. Trata-se de declarações de Noel Rosa à imprensa citadas por Lúcio Rangel (cf. L. Rangel, *Sambistas e Chorões*, São Paulo, Francisco Alves, 1962, pp. 81-85). Note-se a semelhança de fundo entre as ideias de Noel Rosa e o comentário de José de Alencar – quando este recorda o sentimento que lhe despertou, aos treze anos, ouvir um companheiro de república de estudantes, em São Paulo, falar "com abundâncias de coração" a respeito de Joaquim Manuel de Macedo: "Qual régio diadema valia essa auréola de entusiasmo a cingir o nome de um escritor?" (cf. *Como e Porque Sou Romancista*, Campinas, Pontes, 1990, pp. 37-38) (devo a indicação a José Antônio Pasta Júnior).

137. Como a gíria *it* caiu em desuso há bastante tempo, não custa esclarecer, citando o jornalista Luís Antônio Giron: "A mensagem de Carmen se formou para além da mensagem musical. Teve fundamento erótico" (cf. "Cantora Apelava para o Erotismo", *Folha de S. Paulo (Ilustrada)*, 10.1.1990, p. E 5).

ra nos EUA. Lá, a canção abriria a primeira participação em rádio de Carmen Miranda e o Bando da Lua, num programa de variedades[138]. O que veio a seguir é bastante conhecido. "Uma das mais importantes lojas de Nova Iorque, o Sacks Fifth Avenue, dedicou todas as suas vitrines aos lançamentos da moda baseada na baiana de Carmen. Os manequins das vitrines tinham o seu rosto e os seus gestos"[139]. Carmen também se tornaria "uma boneca de papel para as crianças vestirem com roupas de 'todas as Américas'"[140], sem mencionar musicais na Broadway e em Hollywood[141]. Vindo para o presente, em 2001, na primeira São Paulo Fashion Week, a empresa austríaca Swarovski Crystal Components programou uma exposição com "cerca de cem peças entre acessórios, turbantes e sapatos originais" da artista, além de reinterpretações do "seu estilo peculiar"[142].

O fetichismo da forma-mercadoria desenfreado com que nos habituamos, nas últimas décadas, a princípio talvez dificulte uma avaliação mais precisa de uma canção como *A Preta do Acarajé*, gravada pela cantora em 1939. Assim, não custa repetir o clichê, porque nesse caso ele é verdadeiro: *os tempos eram outros...* Não havia nem mesmo jabá (jabaculê), mas caitituagem. A diferença entre as práticas não é apenas de grau, mas revela éticas diversas no negócio da música.

A caitituagem consistia no convencimento pessoal dos radialistas sobre o potencial de uma canção. Às vezes, compositores ou cantores levavam horas conversando, pedindo, chorando. O gesto mais baixo a que se chegava era riscar o disco dos concorrentes: na época, os discos eram comprados pelas emis-

138. Cf. Stella Caymmi, *Dorival Caymmi: O Mar e o Tempo*, pp. 130; 143-147; Luiz Henrique Saia, *Carmen Miranda*, pp. 34-36; José de Queiroz Junior, *Carmem Miranda: Vida, Glória, Amor e Morte*, pp. 80 e 93; Antônio Pedro Tota, *O Imperialismo Sedutor: A Americanização do Brasil na Época da Segunda Guerra*, São Paulo, Companhia das Letras, 2000, pp. 114-115.

139. Cf. Aloysio de Oliveira, *De Banda pra Lua*, Rio de Janeiro, Record, 1982, p. 73.

140. Cf. Antônio Pedro Tota, *O Imperialismo Sedutor: A Americanização do Brasil na Época da Segunda Guerra*, encarte com ilustrações.

141. Sobre o assunto, ver Bibliografia consultada; em especial, Stella Caymmi, *Dorival Caymmi: O Mar e o Tempo*, pp. 145; 222-223; Renato Ortiz, *A Moderna Tradição Brasileira*, pp. 203-206; José Ramos Tinhorão, *O Samba Agora Vai... A Farsa da Música Popular no Exterior*, Rio de Janeiro, JCM Editores, 1969, pp. 45-76.

142. Cf. Lucineia Nunes, "A Exuberância e Ousadia de Carmem Miranda", *O Estado de S. Paulo (Caderno 2)*, 30.1.2001, p. D 7.

soras ou, eventualmente, emprestados de lojas[143]. Note-se como tudo isso se insere no quadro da *cordialidade*. O jabá é, na sua forma atual, o "projeto de implantação de um produto no mercado"[144]. Dito de modo simples, trata-se de cobrança/pagamento para execução nas rádios. Há quem diga que a prática se implantou no Brasil desde o início dos anos 1970. Com o jabá, tudo se reduz a mero valor de troca. E não é raro que esse projeto de difusão consuma mais verba que aquela destinada à produção do disco, numa mudança inacreditável do foco de interesse do mercado[145].

Além do valor comercial, no passado ou no presente, o interesse estético que algumas canções despertam decorre de um valor intrínseco: elas souberam condensar, de forma potencializada, uma certa experiência histórica. Foi o que eu procurei demonstrar na análise do primeiro registro de *A Preta do Acarajé*.

143. Sobre promoção, publicidade e caitituagem nas primeiras décadas do século XX no Rio de Janeiro, ver as informações dadas por José Ramos Tinhorão acerca dos compositores José Francisco de Freitas e Sinhô, em *Música Popular: Teatro & Cinema* (Petrópolis, Vozes, 1972, pp. 97-144); sobre Sinhô, ver também o relato de Edigar de Alencar, em *Nosso Sinhô do Samba* (Rio de Janeiro, Civilização Brasileira, 1968, pp. 35-38); depoimentos importantes foram deixados por Mário Lago, nas suas duas primeiras autobiografias (*Na Rolança do Tempo,* 4ª ed., Rio de Janeiro, Civilização Brasileira, 1979, pp. 137-147; *Bagaço de Beira-estrada,* Rio de Janeiro, Civilização Brasileira, 1977, pp. 43 e 167-170), e por Dorival Caymmi (cf. Stella Caymmi, *Dorival Caymmi: O Mar e o Tempo*, pp. 112 e 139). Ainda cf. Sérgio Cabral, *No Tempo de Almirante,* 3ª ed., Rio de Janeiro, Lumiar / Chediak Arte e Comunicação, 2005, p. 60 – na qual se transcreve a declaração de "Antônio Pinheiro da Silva, o velho Silva da loja O Pinguim", à revista *Manchete*: "O Rádio se limitava a reproduzir as músicas que nós [os balconistas de lojas] emprestávamos aos programadores".

144. A definição é de "Antônio Augusto Amaral de Carvalho Pinto, o Tutinha, dono da Rádio Jovem Pan" (cf. *Folha de S. Paulo (Ilustrada)*, "Ou faz promoção, ou não toco produto novo", 7.8.1995, pp. 5-1).

145. Sobre o assunto, cf. Márcia Tosta Dias, *Os Donos da Voz*; cf. José Roberto Zan, "Música Popular: Produção e *Marketing*", em Sílvia H. S. Borelli (org.), *Gêneros Ficcionais, Produção e Cotidiano na Cultura Popular de Massa,* [São Paulo], Intercom/CNPq/Finep, [1994], pp. 75-94; cf. Pedro Alexandre Sanches e Laura Mattos, "Leia a íntegra da entrevista de André Midani à *Folha* (21.5.2003)"; disponível em http://tools.folha.com.br; acesso em 23 mai. 2003.

III
Carioca, de Chico Buarque

Procura a ordem
que vês na pedra:
nada se gasta
mas permanece.

João Cabral de Melo Neto

O senhor sabe o que o silêncio é? É a gente mesmo, demais.

João Guimarães Rosa

1. A Canção e a Crônica

O narrador de *Carioca* principia o seu relato com uma fala pública, um anúncio de certo modo anônimo entoado nas ruas. Ele não diz que escuta o pregão, ele o reproduz nos três primeiros versos (quarto, na repetição). O resultado é que, desde o início, uma determinada experiência econômica e social integra a voz lírica da canção. Não se trata assim de um lirismo exacerbado, prototípico, que só enxerga o mundo exterior como reflexo de suas próprias disposições internas. Daí eu chamar *narrador* ao *eu-lírico*, sublinhando o traço épico de seu lirismo. Somos chamados a escutar comentários de alguém que flana pela zona sul do Rio de Janeiro. Ele canta o que ouve, o que pensa, o que vê e o que sente, no momento em que fatos corriqueiros se dão – quando o dia começa, quando vai terminando e durante a noite. Desse modo, esse sujeito se dará a conhecer pela seleção daquilo que considerou digno de ser cantado e pela maneira como canta as coisas selecionadas.

Tudo é visto rapidamente, a confiar na fragmentação do discurso, e não se aprofunda muito assunto algum. É como se o narrador estivesse em uma conversa casual, despreocupado, com o desejo e o interesse de dizer, sucintamente e sem maiores consequências, o que lhe vem à cabeça. Não discute, nem critica, nem analisa: apenas vai cantando com liberdade as impressões nele provocadas pelo mundo à sua volta – enquanto perambula –, mundo em si mesmo bastante fugaz.

Mas não se pense que o seu canto, por conta disso, não revele emoção. Essa forma imediata e fragmentada do relato comporta afinidades com um tipo de texto jornalístico, mais especificamente o gênero da crônica, com sua opinião descomprometida, oposta ao ideal de objetividade da notícia. Em *Carioca*, não há um fato importante a ser descrito, há a descrição de um passeio pela cidade feita por um narrador. É certo que ele não participa efetivamente da *vida mundana* que, apresentando-a a nós, repete ou espelha, como talvez um cronista exemplar fizesse[1]. A sua postura, entretanto, ainda que distanciada, permite-lhe exclamar "Cidade Maravilhosa / És minha", e, afora o que é dito, a emoção reside principalmente no jeito como se entoam as palavras.

Em sua relação com o pregão de rua, o narrador de *A Preta do Acarajé* se ancorava na tradição oral. Não por acaso, Dorival Caymmi afirmou sobre o seu trabalho em geral: "Descobri também aos poucos a função exata da canção, pela qual tenho um amor devotado, por ser a crônica de uma época, a linguagem de uma gente"[2]. A "cena típica baiana"[3] representada em *A Preta* ficava assim mais próxima da crônica em sua acepção de narrativa histórica que do significado moderno e (ao que parece) brasileiro do termo[4], surgido na imprensa da segunda metade do século XIX, a partir do modelo do folhetim francês. Nessa sua nova configuração, a crônica típica desde

1. Baseio-me em observações de Afrânio Coutinho acerca de Machado de Assis – "A crônica exigia naturalmente participação direta e movimentada na vida mundana, de que era um eco ou o espelho na imprensa" – e acerca de João do Rio (cf. "Ensaio e Crônica", *A Literatura no Brasil*, vol. VI, parte III: "Relações e Perspectivas"; "Conclusão", direção Afrânio Coutinho, co-direção Eduardo de Faria Coutinho, 6ª ed., São Paulo, Global, 2003, pp. 126 e 128-129).
2. Cf. Paulo Mendes Campos, "Dorival Caymmi Fala sobre Pintura, Literatura e Música", *Coleção Revista da Música Popular*, p. 182.
3. Desse modo foi designado o gênero da canção, em 1939, no selo do disco (cf. José Ramos Tinhorão, *Os Sons que Vêm da Rua*, p. 76).
4. O caráter peculiar da crônica na nossa imprensa – "um gênero tipicamente brasileiro, não encontrando equivalente na produção jornalística de outros países" – foi defendido por José Marques de Melo (cf. *A Opinião no Jornalismo Brasileiro,* Petrópolis, Vozes, 1985, p. 111). Sobre a diferença entre a crônica enquanto narrativa histórica e a crônica jornalístico-literária, bem como sobre a relação entre a crônica histórica e a narrativa tradicional, cf. Davi Arrigucci Jr., "Fragmentos sobre a Crônica", *Enigma e Comentário,* São Paulo, Companhia das Letras, 1987, pp. 51-56.

sempre se caracterizará – faço uso de ideias do jovem Machado de Assis, escritas em 1859 – como "a fusão admirável do útil e do fútil, o parto curioso e singular do sério, consorciado com o frívolo", e o cronista, como alguém que "salta, esvoaça, brinca, tremula, paira e espaneja-se" sobre qualquer assunto, pois "todo o mundo lhe pertence"[5]. É desta produção que a letra de *Carioca* se aproxima. O pregão reproduzido aí se soma a vários outros fatos rotineiros enquanto matéria viva do Rio de Janeiro. O discurso fragmentado, expressando a irriquietação do narrador, acompanha o ritmo atual de uma grande metrópole, ritmo plasmado já, de modo semelhante, pelo cronista de imprensa.

Outros três aspectos da crônica reforçam ainda a ligação. Um é o aproveitamento da fala coloquial, que se firmou no gênero desde o Modernismo, sinalizando o empenho "de mapear e descobrir um país heterogêneo e complexo"[6]. Outro, a supremacia da construção estética, ideal da arte, sobre o assunto cotidiano, material jornalístico. A "conversa aparentemente fiada" do cronista com o leitor, conforme discorreu Antonio Candido, por meio de textos que "mantêm o ar despreocupado, de quem está falando coisas sem maior consequência e [que], no entanto, não apenas entram fundo no significado dos atos e sentimentos do homem, mas podem levar longe a crítica social", essa conversa que nos "ensina a conviver intimamente com a palavra, fazendo que ela não se dissolva de todo ou depressa demais no contexto, mas ganhe relevo, permitindo que o leitor a sinta na força de seus valores próprios"[7], pode ser comparada a alguns bons resultados estéticos da canção popular-comercial, como é *Carioca*. O terceiro ponto é a "discreta independência" do cronista, premido, no seu ganha-pão, entre a independência moral que (consciência artística à parte) o público espera de um texto opinativo e a discrição

5. Cf. Machado De Assis, "Aquarelas: IV. O Folhetinista", *Obra Completa*, vol. 3, p. 959. Afrânio Coutinho, comentando esse texto, afirma que Machado de Assis "deu as características da crônica, tal como hoje é entendida" (cf. "Ensaio e Crônica", *A Literatura no Brasil*, p. 121). Também Davi Arrigucci Jr. indica tal extensão do texto machadiano (cf. "Fragmentos sobre a Crônica", *Enigma e Comentário*, pp. 58-59).
6. Cf. Davi Arrigucci Jr., "Fragmentos sobre a Crônica", *Enigma e Comentário*, p. 63.
7. Cf. Antonio Candido, "A Vida ao Rés-do-Chão", *Recortes*, 1ª reimpressão, São Paulo, Companhia das Letras, 1996, pp. 24 e 26; ver também Afrânio Coutinho, "Ensaio e Crônica", *A Literatura no Brasil*, pp. 121 e 136.

necessária "para não afugentar os leitores que não desejarem partilhar de seus princípios"[8]; essa última ligação, que se torna espinhosa quando referida a Chico Buarque, será abordada na conclusão deste capítulo.

Não é novidade atribuir a uma canção de Chico o papel de crônica. Na década de 1960, tão logo fez sucesso, o compositor foi indicado por Sérgio Porto (ele mesmo um cronista, assinando Stanislaw Ponte Preta) como herdeiro de Noel Rosa e de Billy Blanco, dois cronistas do Rio de Janeiro na canção[9]. No polo oposto ao do comentário anedótico, Adélia Bezerra de Meneses estudou as letras de Chico Buarque como retrato de uma geração e de sua luta contra as ditaduras militares, "apontando o paralelo evolução política/evolução poética"[10]. José Miguel Wisnik e Guilherme Wisnik observaram que as canções de Chico se situam na intersecção entre a experiência coletiva e a subjetividade[11], em artigo retomado por Fernando de Barros e Silva – o qual formulou que Chico Buarque "faz como se escrevesse a história duas vezes, nos revelando o que somos e aquilo que não nos tornamos"[12].

8. Cf. Afrânio Coutinho, "Ensaio e Crônica", *A Literatura no Brasil*, pp. 134-135. O aproveitamento que faço dessa passagem de Coutinho, acentuando as relações estabelecidas entre o cronista e o público que compra os seus textos, altera um pouco o sentido original; inspiro-me nas considerações de Walter Benjamin a respeito do romance-folhetim na França, estudando Baudelaire (cf. "Paris do Segundo Império", *Charles Baudelaire: Um Lírico no Auge do Capitalismo (Obras Escolhidas III)*, trad. José Martins Barbosa e Hemerson Alves Baptista, 3ª ed., São Paulo, Brasiliense, 1994, pp. 9-101).
9. Cf. Sérgio Cabral, *Antônio Carlos Jobim: Uma Biografia*, Rio de Janeiro, Lumiar, 1997, p. 86; sobre o assunto, ver as considerações de João Máximo e Carlos Didier, *Noel Rosa: Uma Biografia*, p. 491.
10. Cf. Adélia Bezerra de Meneses, *Desenho Mágico: Poesia e Política em Chico Buarque*, 2ª ed., São Paulo, Ateliê Editorial, 2000, p. 18; na sequência, a autora esclarece que se trata, em sua abordagem, de "descobrir aí [na obra de Chico] uma poesia que conta a história do seu tempo, ao contar a história do homem. Pode-se ver aqui em que medida uma biografia individual pode ser reveladora de uma crônica social".
11. Cf. José Miguel Wisnik e Guilherme Wisnik, "O Artista e o Tempo", em J. M. Wisnik, *Sem Receita*, São Paulo, Publifolha, 2004, pp. 241-259 (publicado anteriormente em *Songbook Chico Buarque*, vol. 2, 4ª ed., Rio de Janeiro, Lumiar, 1999, pp. 8-20). Em texto escrito em 1973, "Chico Buarque: A Música Contra o Silêncio", Affonso Romano de Sant'Anna já assinalara de passagem: "Ao desenvolver a temática do carnaval, sua música [de Chico Buarque] funde o problema do indivíduo ao da sociedade. Não se trata apenas da não-música pela fuga da amada ["Quando o carnaval chegar"], trata-se do silêncio imposto pela repressão cotidiana" (cf. *Música Popular e Moderna Poesia Brasileira*, 3ª ed., Petrópolis, Vozes, 1986, p. 102) (o ensaio foi incluído em Rinaldo de Fernandes (org.), *Chico Buarque do Brasil*, Rio de Janeiro, Garamond / Fundação Biblioteca Nacional, 2004, pp. 161-166).
12. Cf. Fernando de Barros e Silva, *Chico Buarque*, São Paulo, Publifolha, 2004, p. 17.

Na perspectiva deste trabalho, de início importa ressaltar que o tratamento análogo ao da crônica jornalístico-literária, identificado na letra de *Carioca*, determina a apreensão enviesada que o sujeito lírico faz da realidade. A razão desse viés, contudo, não está circunscrita aos padrões da textualidade (segundo o gênero literário) e de seus efeitos discursivos, como se poderia imaginar. Ao tratar o pregão de rua e tudo o mais como um cronista faria, o narrador estrutura o seu canto em proximidade com uma forma literária e jornalística que aponta para além de si mesma, remetendo a um determinado lugar social. Compreender que lugar é esse ou, em outras palavras, qual o ponto de vista que se afirma no relato do narrador nos possibilitará, ao final da análise, entender como e por que *Carioca* sinaliza um momento de passagem da canção popular-comercial em sua relação com a realidade concreta da mercadoria e do espetáculo. Antes de iniciar a análise, porém, é necessário atentar a algumas relações gerais entre a canção e a crônica no Brasil.

Não é de hoje que se dá entre nós a comunicação, por meio da canção popular, de acontecimentos contemporâneos que correspondem à expectativa de informação de uma parcela da sociedade. Em muitos casos, esse processo tanto se aproxima de características fundamentais da crônica brasileira quanto, à semelhança desta, "preenche as três condições essenciais de qualquer manifestação jornalística: atualidade, oportunidade e difusão coletiva"[13]. Ao mesmo tempo, por retratarem o cotidiano, muitas canções chegam até nós enquanto formas orais de narrativa histórica.

O fato é que, de uma certa maneira, a prática do jornalismo e a da historiografia sempre encontraram por aqui um veículo mais acessível na voz cantante do que nas letras impressas ou, modernamente, nos textos de meios eletrônicos. Vejamos dois fatores para que isso ocorresse.

Em primeiro lugar, lembre-se que a tipografia chega ao Brasil apenas em 1808, quando é fundada no Rio de Janeiro a Impressão Régia, em meio às transformações ocorridas com a transferência da corte portuguesa. A Améri-

13. Cf. José Marques de Melo, *A Opinião no Jornalismo Brasileiro*, p. 118.

ca Espanhola, por exemplo, conhecera a letra impressa já em 1533, na Cidade do México, contabilizando cerca de vinte oficinas ao longo de seu território no princípio do século XIX. É certo que a tipografia se espalha rapidamente pelas províncias brasileiras, impulsionada pelo "periodismo político-partidário" fomentado após o alvará do Príncipe-Regente, que proclama a liberdade de imprensa em 1821, e sobretudo depois da nossa independência política[14]. No entanto, o jornal *A República*, circulando diariamente no Rio a partir de setembro de 1871, alcança a tiragem de dez mil exemplares, marca avultada para a época, mas diminuta quando se sabe que, em 1872, a população da Corte é de quase 275 mil habitantes[15]. Não seria um caso isolado. A *Revista Ilustrada*, surgida em 1876, atingiria quatro mil exemplares, "índice até aí não alcançado por qualquer periódico ilustrado na América do Sul, regularmente distribuída em todas as províncias e nas principais cidades do interior, com assinatura por toda a parte". No início da década seguinte, a *Gazeta de Notícias* do Rio de Janeiro possui cerca de vinte mil assinantes, mantendo-se como "jornal barato, popular, liberal". *A Província de S. Paulo*, em 1888, tira 7,5 mil exemplares[16], sendo produzida em uma cidade que, dois anos mais tarde, contaria com quase 65 mil habitantes[17].

As povoações e fazendas do interior nordestino, a se acreditar no testemunho de Luís da Câmara Cascudo, ainda transmitem oralmente suas experiências cotidianas durante as duas primeiras décadas do século XX, sendo mesmo

14. Cf. Carlos Rizzini, *O Jornalismo Antes da Tipografia*, São Paulo, Companhia Editora Nacional, 1977, pp. 155-188.

15. Em números exatos, 274 972 habitantes; a população total do país seria então de 9 930 478 habitantes (cf. Neide L. Patarra, "Dinâmica Populacional e Urbanização no Brasil: O Período Pós-30", *História Geral da Civilização Brasileira*, tomo III (*O Brasil Republicano*), 4º vol. (*Economia e Cultura*, 1930-1964), pp. 262 (tabela IV) e 256 (tabela I), respectivamente). Caio Prado Jr. dá para a população do país, naquele mesmo ano de 1872, o total de 10 112 061 habitantes, sendo 8 601 255 livres e 1 510 806 escravos (cf. *História Econômica do Brasil*, anexos).

16. Cf. Nélson Werneck Sodré, *História da Imprensa no Brasil*, 3ª ed., São Paulo, Martins Fontes, 1983, pp. 212-228. Não custa lembrar que *A Província de S. Paulo* passaria a se chamar, após a República, *O Estado de S. Paulo*.

17. Em números exatos, 64 934 habitantes; a fim de que se avalie melhor o parágrafo, seja dito que a população da cidade do Rio de Janeiro contaria, em 1890, com 522 651 habitantes (cf. Neide L. Patarra, "Dinâmica Populacional e Urbanização no Brasil: O Período Pós-30", *História Geral da Civilização Brasileira*, tomo III (*O Brasil Republicano*), 4º vol. (*Economia e Cultura*, 1930-1964), p. 262 (tabela IV)).

raros os livros[18]. Sem levar em conta empecilhos físicos e financeiros de distribuição, a venda de material impresso enfrenta durante todo esse período mais um problema, no Brasil inteiro. Em 1940, a taxa de analfabetismo, tomada a população brasileira de quinze anos ou mais, era de 56,17%. O índice vem diminuindo desde então[19], mas a queda se deu concomitantemente à implantação e à expansão dos novos meios de comunicação de massa[20]. O rádio, a partir da década de 1930, e a televisão, de forma definitiva a partir da década de 1970, a seu modo se apropriaram da tradição oral, como é sabido, num processo de que a canção participa.

Um segundo fator é o próprio poder de comunicação da canção popular, exercido desde o tempo de Gregório de Matos Guerra – o qual, nas duas últimas décadas do século XVII, percorre engenhos do Recôncavo Baiano tocando uma viola por ele mesmo fabricada e cantando (possivelmente) versos de redondilha maior em quadras, tais como:

Não há mulher desprezada,
galã desfavorecido,
que deixe de ir ao quilombo
dançar o seu bocadinho.

E gastam belas patacas
com os mestres do cachimbo,
que são todos jubilados
em depenar tais patinhos[21].

18. Cf. Luís da Câmara Cascudo, *Literatura Oral no Brasil*, Belo Horizonte, Itatiaia; São Paulo, Edusp, 1984, pp. 15-16.
19. Cf. Celso de Rui Beisiegel, "Educação e Sociedade no Brasil Após 1930", *História Geral da Civilização Brasileira*, tomo III (*O Brasil Republicano*), 4º vol. (*Economia e Cultura*, 1930-1964), pp. 385-386.
20. Antonio Candido analisa esse fato em relação à literatura brasileira de fins da década de 1940 ("para quem não se enquadrou numa certa tradição, o livro apresenta limitações que aquelas vias [rádio, cinema, teatro, história em quadrinhos] superam, diminuindo a exigência de concentração espiritual") (cf. "Literatura e Cultura de 1900 a 1945 (Panorama para Estrangeiros)", *Literatura e Sociedade*, 8ª ed., São Paulo, T. A. Queiroz / Publifolha, 2000, p. 126). O texto foi redigido em 1950. Voltaria ao tema em "Literatura e Subdesenvolvimento", publicado em 1970 pela primeira vez (cf. Antonio Candido, *A Educação pela Noite e Outros Ensaios*, 2ª ed., São Paulo, Ática, 1989, p. 143).
21. Cf. Gregório de Matos, "Preceito 1", *Poemas Escolhidos*, seleção, introdução e notas de José Miguel Wisnik, 7ª ed., São Paulo, Cultrix, 1999, p. 72. O poema é composto por nove quadras. José Ramos

Ou (ainda possivelmente) cantando redondilhas maiores em décimas arrematadas por refrão, como por exemplo:

Toda a cidade derrota
esta fome universal,
uns dão a culpa total
à câmara, outros à frota:
a frota tudo abarrota
dentro dos escotilhões,
a carne, o peixe, os feijões;
e se a câmara olha e ri,
porque anda farta até aqui,
é coisa que não me toca:
Ponto em boca.

Se dizem que o marinheiro
nos precede a toda a lei,
porque é serviço d'El-Rei,
concedo que está primeiro:
mas tenho por mais inteiro
o conselho que reparte,
com igual mão e igual arte,
por todos, jantar e ceia;
mas frota com tripa cheia,
e povo com pança oca,
Ponto em boca[22].

Tinhorão citou uma delas, aqui também reproduzida, em *Pequena História da Música Popular: Da Modinha à Lambada*, 6ª ed., São Paulo, Art Editora, 1991, p. 9; e comentou o poema inteiro em *Os Sons dos Negros no Brasil*, pp. 31-33. A principal contribuição do historiador para este ponto do meu trabalho, contudo, vem da sua hipótese de estudar Gregório de Matos como "poeta-compositor urbano pioneiro, em pleno século XVII" (cf. *História Social da Música Popular Brasileira*, pp. 55-76, de onde eu retirei a informação acerca da "viola 'que por suas curiosas mãos fizera de cabaço'"). O sentido jornalístico da obra satírica do poeta, por sua vez, já foi notado por Ronald de Carvalho: "Talvez sem o querer, foi ele o nosso primeiro jornal, onde estão registrados os escândalos miúdos e graúdos da época, os roubos, os crimes, os adultérios, e até as procissões, os aniversários e os nascimentos, que ele tão jubilosamente celebrou em seus versos" (cf. *Pequena História da Literatura Brasileira*, 10ª ed., revista, Rio de Janeiro, F. Briguiet & Cia., 1955, p. 107).

22. Cf. Gregório de Matos, "À Fome, que Houve na Bahia no Ano de 1691", *Poemas Escolhidos*, p. 57. Reproduzo as duas estrofes inicias, de um total de seis. Em nota, José Miguel Wisnik esclarece que "marinheiro" é usado com o sentido de "comerciante".

Já nas primeiras décadas do século XX, em meio ao crescimento industrial e urbano, um artigo do escritor modernista Antônio de Alcântara Machado, "Rapsodos do Tietê", consideraria que se devesse recorrer aos "verdadeiros cronistas da cidade, mesmo que anônimos, anódinos e tão fugazes quanto suas criações musicais" para se saber de que forma as classes populares percebem fatos do processo histórico brasileiro[23]. Exemplificando, Alcântara Machado citava versos sobre o movimento militar de 1924 em São Paulo:

Nesta bela Pauliceia,
Que odisseia!
Enquanto a gente dormitava,
Repousava,
Do canhão o troar se ouvia,
Que queria?
Matar a quem talvez sonhava.
De homens um grupo estouvado,
Intencionado,
Com o governo revoltou
E atirou
Sobre o povo da cidade.
Que maldade!
Ferozmente ensanguentou[24].

José Geraldo Vinci de Moraes estudou algumas canções populares que "circulavam pela cidade de São Paulo entre o final da década de 1920 e o início da seguinte", impressas em folhetos, e que foram reunidas também por Antônio de Alcântara Machado, o qual as denominou "modinhas paulistanas" e, ao conjunto, "Lira Paulistana". Tratava-se de criações daqueles compositores anônimos, "crônicas musicadas", como Vinci de Moraes as chama. Utilizando "melodias já conhecidas e reconhecidas por boa parcela da

23. Cf. Maria Cristina Cortez Wissenbach, "Da Escravidão à Liberdade: Dimensões de uma Privacidade Possível", *História da Vida Privada no Brasil*, vol. 3 (*República: Da Belle Époque à Era do Rádio*), p. 129; o artigo, informa a historiadora em nota, foi publicado em 1935 na *Revista do Arquivo Municipal* (p. 629).
24. *Idem*, pp. 128-129.

população", escreviam-se letras que geralmente narram "fatos diários que comoviam e chocavam o cidadão mais comum", acontecimentos ocorridos na cidade e noticiados nas colunas policiais:

> Boa parte deles provinha do binômio que esquentava e apimentava o fato jornalístico: amor/paixão não resolvida – sexo. Mas não faltam casos de traição (feminina ou masculina), sedução (também por ambos os sexos), de abandono do lar, de crianças desamparadas, sadismo, "destino cruel", tragédias coletivas, maus tratos a velhos e crianças, tudo isso envolvido por um clima generalizado de pobreza e miséria[25].

Em suma, no arco que vai dos prováveis registros inaugurais de letras com certa cor local, em fins do Seiscentos, até o momento em que a canção vê a chance de integrar os meios de comunicação de massa, para se tornar inclusive emblema da nossa nacionalidade, no início do Novecentos; de um a outro tempo, a crônica – enquanto comentário jornalístico ou narrativa histórica – sempre andou de mãos dadas com essa forma cultural considerada, por Mário de Andrade, "a mais completa, mais totalmente nacional, mais forte criação da nossa raça"[26]. A relação avança até nossos dias. Citando de trás para frente: com diferentes abordagens teóricas, já se atribuiu sentido de crônica ao *rap* produzido desde a década de 1990[27], ao *rock* dos anos 1980[28], à jovem guarda dos anos 1960[29], à bos-

25. Cf. José Geraldo Vinci de Moraes, *Metrópole em Sinfonia*, São Paulo, Estação Liberdade, 2000; as citações literais podem ser lidas às pp. 148-149, 168-169 e 184.
26. Cf. Mário de Andrade, *Ensaio sobre a Música Brasileira*, p. 24. Advirta-se que, no contexto, por "música popular" Mário de Andrade se refere a "uma arte nacional [que] já está feita na inconsciência do povo", tendo como principal objetivo defender a nacionalização da música erudita (cf. p. 16).
27. Tratei do tema ao analisar a obra do Racionais MC's (cf. Walter Garcia, "Ouvindo Racionais MC's"; *Teresa*, nº 4/5 – Literatura e Canção, São Paulo, DLCV/FFLCH/USP/ Editora 34, 2004, pp. 166-180).
28. Cf. Arthur Dapieve, *BRock: O Rock Brasileiro dos Anos 80*, 3ª ed., Rio de Janeiro, Editora 34, 2000, pp. 195-196; os comentários do jornalista, bastante viscerais (para usar um termo do meio), talvez merecessem ser ponderados, mas isso fugiria aos propósitos deste trabalho; remeto os interessados no assunto, assim, ao livro de um outro jornalista, Ricardo Alexandre (*Dias de Luta: O Rock e o Brasil dos Anos 80*, São Paulo, DBA Artes Gráficas, 2002), de pesquisa mais extensa e mais aprofundada, o que sempre coloca em outro patamar qualquer discussão.
29. Cf. Ana Barbara Aparecida Pederiva, *Jovem Guarda: Cronistas Sentimentais da Juventude*, São Paulo, Companhia Editora Nacional, 2000. Aqui, como na nota anterior, fugiria aos propósitos deste trabalho analisar a obra, originalmente dissertação em História. Apenas destaco o que a historiadora observa à p. 42: "O sucesso alcançado pelo programa pode ser atribuído a um conjunto de fatores: o visual moderno dos cenários, as coreografias dançantes e fáceis de aprender,

sa nova, nos anos 1950[30], ao baião, a partir dos anos 1940[31], ao samba, desde a década de 1920[32].

Diante desse quadro, e ponderando sobre o que Mário de Andrade considerou, creio ser mesmo difícil suspeitar da força sociocultural da canção em

a irreverência e carisma de seus participantes [pela energia e felicidade que passavam], aliados às transações mercadológicas do publicitário Carlito Maia".

30. Cf. Ruy Castro, "É Sol, É Sal, É Sul", *A Onda que se Ergueu no Mar*, São Paulo, Companhia das Letras, 2001, pp. 69-79. Da leitura do artigo no conjunto do livro entende-se que, para o jornalista, a bossa nova juntou a crônica das letras (situações vividas pelos jovens da zona sul carioca) ao sonho de inventar "um tipo de música que pairasse sobre o tempo, que os tornasse sempre jovens – e tornasse jovem quem a ouvisse em qualquer época" (p. 14). Como também não é o caso de desenvolver aqui uma ideia contrária, apenas assinalo que essa sonhada eternidade, se verdadeira em sua dimensão utópica, foi estruturada com base na melancolia; a esse respeito, veja-se uma declaração de Tom Jobim: "Sadness is the story of Brazil. It is in our music, this sadness of the Africans, the Portuguese, and the Indians; three races who understand the human condition. This is not a negative philosophy. But only people without soul cannot understand what there is to be sad about in life... our music is beautiful because sadness is more beautiful than happiness" ("A tristeza está na história do Brasil. Está em nossa música, essa tristeza dos africanos, dos portugueses e dos índios; três raças que compreenderam a condição humana. Isso não é uma filosofia negativista. Somente pessoas sem alma não podem entender o que há na vida para se ser triste... Nossa música é bonita porque a tristeza é mais bonita do que a felicidade"; citado por Mary Cleere Haran, texto para encarte do CD *Getz/Gilberto #2*, Estados Unidos, Verve, 1993).

31. O sentido pode ser inferido da análise que Antonio Risério faz de Luiz Gonzaga e parceiros, análise que aponta para os dois significados de crônica (narrativa histórica e narrativa jornalística): "enquanto devolvia ao nordeste um espelho algo fantasista – e, por isso mesmo, eficaz – Gonzaga exerceu uma função importantíssima em relação ao impacto nordestino na história social de São Paulo. Contribuiu para a coesão psicológica do migrante. Para a preservação de formas e práticas culturais nordestinas no contexto migratório. E para a introdução destas formas e práticas no mundo urbano-industrial" (cf. "O Solo da Sanfona: Contextos do Rei do Baião", *Revista USP*, nº 4, São Paulo, USP, dez/jan/fev 1989-1990, pp. 35-40).

32. Cf. Edigar de Alencar, *Nosso Sinhô do Samba*, Rio de Janeiro, Civilização Brasileira, 1968, p. 39: "Em grande parte de suas composições, Sinhô procurou fixar na pauta musical um fato, um acontecimento banal ou importante, um tipo da cidade. Foi o cronista melódico do Rio na década em que se viu vitorioso e se tornou figura marcante da então metrópole, para onde convergia tudo que havia de mais expressivo na vida nacional"; a ideia foi expandida por Muniz Sodré: "Nos versos das composições de Sinhô, já estava fixada uma das principais características do samba carioca: a letra como crônica do Rio de Janeiro e da vida nacional"; ao lado de Sinhô, o autor coloca Noel Rosa, Wilson Batista, Geraldo Pereira, Mário Lago, Paulo Vanzolini e Dorival Caymmi, diferenciando tais discursos do de Chico Buarque: aqueles falariam (diretamente) a existência popular; o discurso de Chico, "exceto quando se refere a aspectos político-sociais da classe média", falaria (indiretamente) "*sobre* o popular" (cf. *Samba, o Dono do Corpo*, pp. 43-47); também Cláudia Matos afirma, sobre Geraldo Pereira e Wilson Batista: "São eles duas das mais notórias figuras de cronistas do Rio de Janeiro de sua época, da sociedade vista pelas classes desfavorecidas, numa multiplicidade de perspectivas: a do operário, do sambista, do vadio, do pequeno funcionário, do favelado, do suburbano" (cf. *Acertei no Milhar: Malandragem e Samba no Tempo de Getúlio*, Rio de Janeiro, Paz e Terra, 1982, p. 18).

nosso país, seja a de tradição oral, seja a popular-comercial. Em primeiro lugar, por nossa cultura oral ter sido sistematicamente reforçada. Tal reforço se deu, de um lado, pela exclusão de grandes setores da população do círculo de gerência da cultura letrada – basicamente, instituições de ensino, empresas de informação e editoras; de outro, mediante a consolidação recente de rádio e tevê em todo o território. Em segundo lugar, há o próprio poder da palavra cantada de se dirigir não apenas ao intelecto mas também ao corpo do receptor, despertando-lhe sensações e convidando-o a agir; e felizmente contamos, em nossa história, com um universo de canções populares bastante variado, rico em gêneros e manifestações.

Contudo, a menção inicial a Gregório de Matos, numa ponta, e aos modinheiros anônimos, em outra, não deve sugerir que se abstraiu o lugar social de uma e outra produção, ignorando-se mesmo o caráter letrado dos poemas do primeiro. Tampouco se ignoraram as diferenças entre a crônica enquanto narrativa histórica e a crônica enquanto gênero jornalístico. Ressalva semelhante deve ser feita em relação aos gêneros citados de canção popular-comercial, bem distintos entre si. Toda essa mistura se justifica apenas porque o objetivo foi indicar a extensão geral do fenômeno, e daí o sobrevoo alheio a tantas particularidades que se acumularam ao longo do tempo. Mas é preciso agora distinguir um caso específico ocorrido no âmbito popular-comercial, a crônica da *cordialidade* cantada pelo samba, com vistas à interpretação de *Carioca*.

Rigorosamente, não se trata do único tipo de crônica ouvida no chamado samba nacional. Adoniran Barbosa, por exemplo, narrou um mundo urbano diverso, regido antes pela ética da lei e do trabalho que pelas relações interpessoais, mundo que se tornaria ativo quando do crescimento de São Paulo, com todas as vantagens e desvantagens que isso trouxe[33]. Mas não é a esse mundo urbano que a crônica de *Carioca* dará um determinado prosseguimento, e sim ao convívio *cordial*, de que já se falou neste trabalho por duas vezes. Sem qualquer intenção de trocadilho, o samba epistolar *Cordiais Saudações*, de Noel

33. Sobre o assunto, cf. José Geraldo Vinci de Moraes, *Metrópole em Sinfonia*, principalmente pp. 174-178 (nas quais se comparam alguns sambas cariocas a *Apaga o Fogo, Mané*, de Adoniran Barbosa); e 190-199 (nas quais se analisam Adoniran e Paulo Vanzolini); ainda cf. José Paulo Paes, "Samba, Estereótipos, Desforra", *Gregos e Baianos*, São Paulo, Brasiliense, 1985, pp. 260-264.

Rosa, gravado pelo autor em 1931[34], nos dá exemplo dessa forma de sociabilidade, ao modo de uma crônica:

> Estimo que este mal traçado samba,
> Em estilo rude, na intimidade,
> Vá te encontrar gozando saúde
> Na mais completa felicidade
> (Junto dos teus, confio em Deus).
>
> Em vão te procurei,
> Notícias tuas não encontrei.
> Eu hoje sinto saudades
> Daqueles dez mil-réis que eu te emprestei.
> Beijinhos no cachorrinho,
> Muitos abraços no passarinho,
> Um chute na empregada,
> Porque já se acabou o meu carinho.
>
> A vida, cá em casa, está horrível!
> Ando empenhado nas mãos de um judeu.
> O meu coração vive amargurado,
> Pois minha sogra ainda não morreu
> (Tomou veneno e quem pagou fui eu).
>
> Sem mais, para acabar,
> Um grande abraço queira aceitar
> De alguém que está com fome
> Atrás de algum convite pra jantar.
> Espero que notes bem:
> Estou agora sem um vintém.
> Podendo, manda-me algum...
> Rio, 7 de setembro de 31!
> (Responde que eu pago o selo...).

A data da carta escancara o vínculo entre os apertos na vida de um sujeito e "o Brasil de tanga", na expressão do compositor, com sua economia agroex-

34. Cf. Noel Rosa, *Noel pela Primeira Vez*, org. Omar Jubran, Funarte/Velas/Universal, CD 325912000682, 2000 (CD 02).

portadora mal-saída do *crash* da Bolsa de Valores de Nova Iorque, dois anos antes[35]. Como a crise econômica é refletida por essa narrativa, em que importa o fato pequeno, a relação de dívida entre dois amigos? Estamos novamente diante de uma letra satírica, tal *O Orvalho Vem Caindo*. Nesse caso, entretanto, "a influência ancestral dos padrões de convívio humano, informados no meio rural e patriarcal" é cantada em feição quase sarcástica: ocorre a expansão do privado em direção ao público, quando se contraria o já gasto amigos, amigos, negócios à parte, tornando assim cabíveis as manifestações tanto de benevolência quanto de ostensiva hostilidade; emprega-se o diminutivo, atenuando-se a agressividade que, no entanto, se apresenta e vai endereçada a uma classe social inferior ("é pra baixo que a pancada desce"); revelam-se preconceitos, os quais atingem inclusive uma *raça* (como ainda se diz[36]) de indivíduos que podem ser estrangeiros, os mesmos que gabam, em nós brasileiros, "a lhaneza no trato, a hospitalidade, a generosidade". Em síntese, adota-se

35. Cf. João Máximo e Carlos Didier, *Noel Rosa: Uma Biografia*, pp. 116, 120 e 123 (nas quais "o Brasil de tanga" se refere a "Com que roupa?") e 273 (referindo-se a *O Orvalho Vem Caindo*). Apenas por curiosidade, lembro que Noel escreveu "Cansei de andar só de tanga" para uma estrofe de *Picilone (Yvone),* samba gravado pelo autor, João de Barros e o Bando de Tangarás também em 1931. Eneida, em *História do Carnaval Ccarioca* (Rio de Janeiro, Record, 1987), anotou: "Em 1925 – como hoje ainda se diz – estar na miséria era estar de 'tanga'. Nesse ano, um bloco cantava: 'Nem de tanga se pode viver'" (p. 186). João Antônio, baseado nessa anotação, inferiu que a expressão "teria aparecido a partir de 1925" (cf. Noel Rosa, *Noel Rosa*, p. 35, nota 36, a "Picilone"); não foi isso que Eneida afirmou, como se percebe, mas que seria uma ótima origem, seria.
36. João Máximo e Carlos Didier advertem que "*judeu* era a denominação genérica, ainda que imprópria" do prestamista, em meio à defesa contra a acusação de antissemitismo imputada a Noel, "muitos anos depois de sua morte". E lembram que, na infância do compositor, a família dele padeceu, como tantas de Vila Isabel, "nas mãos do prestamista" (cf. J. Máximo e C. Didier, *Noel Rosa: Uma Biografia*, pp. 167, 491 e 41, respectivamente). O excelente trabalho jornalístico dos autores tem aí o seu limite: sua abordagem, via de regra, discute a obra de Noel Rosa na base do biografismo. No meu modo de entender, referida ao compositor, a polêmica é desinteressante. Referida à composição, é vazia de conteúdo. A letra de Noel Rosa se utiliza da linguagem coloquial, na qual se depositam os preconceitos. Cantá-los, desse modo, é devolvê-los à sociedade que os inventou, e esse é um dos valores da obra. Além do mais, a letra de Noel Rosa não é um caso isolado. Antes dela, veja-se como a personagem Custódio, no conto "O Empréstimo", foi desenhada por Machado de Assis: "Confessou que, ao tratar da grande empresa, tivera em mente acudir também a um credor pertinaz, um diabo, um *judeu* (grifo meu), que rigorosamente lhe devia, mas tivera a aleivosia de troca de posição". Não custa acrescentar que Custódio "nascera com a vocação da riqueza, sem a vocação do trabalho", advindo-lhe daí "um ar de pedinte e general" – em suma, Custódio, homem livre e pobre na ordem escravocrata, é um tipo de malandro (cf. Machado de Assis, *Obra Completa*, vol. 2, pp. 333-339).

uma forma de convívio "ditada por uma ética de fundo emotivo", seja ele positivo ou não[37].

Creio que o conceito de *cordialidade*, segundo a formulação de Sérgio Buarque de Holanda, ainda hoje é capaz de esclarecer alguns aspectos importantes da vida brasileira, desde que se abra mão da ideia de que represente um traço definido de caráter nacional[38]: a cordialidade permanece enquanto uma forma político-cultural de convívio na sociedade, com efeitos que variam caso a caso. A investigação de *Carioca* deverá esclarecer um modo de permanência fundado sobre uma utopia que cada vez menos encontra ressonância na vida concreta, como a própria canção de Chico Buarque parece relatar. Antes de empreendermos a sua análise, porém, vejamos um outro samba que amplia o entendimento da sociabilidade *cordial* em sua vigência ambivalente, com implicações que se sobrepõem à lei formal. Em 1953, Geraldo Pereira grava *Cabritada Malsucedida*, parceria sua com Wilton Wanderley[39]. A canção narra um causo que sintetiza a interpenetração de razões diversas, uma antiga, outra moderna, no Rio de Janeiro progressista daqueles dias.

Bento fez anos
E para almoçar me convidou. (Oi!)
Me disse que ia matar um cabrito,
Onde tem cabrito eu 'tou (eu vou, ora se vou) (eu vou, eu 'tou)
E quando o comes e bebe começou
No melhor da cabritada
A polícia e o dono do bicho chegou

Puseram a gente (a raça) sem culpa
No carro da radiopatrulha e levaram
Levaram também o (coitado do) cabrito
E toda bebida (que tinha) quebraram
Seu Comissário, zangado,

37. Todas as citações entre aspas são tomadas de Sérgio Buarque de Holanda, *Raízes do Brasil*, capítulo v ("O Homem Cordial").

38. Levo em consideração as ponderações de Dante Moreira Leite acerca do ensaio de Sérgio Buarque de Holanda (cf. *O Caráter Nacional Brasileiro: História de uma Ideologia*, 4ª ed., São Paulo, Pioneira, 1983, p. 325).

39. A gravação pode ser ouvida no CD nº 1 de *Os Grandes Sambas da História*.

Não estava querendo ninguém dispensar
O patrão da Sebastiana
É que foi ao distrito e mandou me soltar.

No plano da linguagem, note-se que, ao contar sobre a festa, o narrador diz "E quando o comes e bebe começou/ [...] A polícia e o dono do bicho chegou", o que tanto assinala o registro coloquial quanto mantém a rima na estrofe. Entretanto, mais interessante é ver que, nessa primeira parte, o compositor-cantor também pronuncia o verbo *estar* em sua forma coloquial, reservando a enunciação culta para a segunda parte, que se passa na radiopatrulha e no distrito. De forma sutil e aparentemente despretenciosa, o cancionista relata, no suporte da sua própria voz, diferentes níveis de fala de uma coletividade, com suas correspondentes implicações socioculturais. Que isso tenha sido fruto de reflexão ou do acaso, não importa. Ao ouvinte atento, resta debruçar-se sobre o universo de sentidos de um *sambinha sincopado* a fim de perceber, na mera presença ou ausência de uma sílaba, o índice de um sistema complexo de relações interpessoais.

Inicialmente temos a apresentação de uma festa de aniversário. De um lado, esse tipo de festa, por definição, se insere entre "os rituais e celebrações mais relevantes [...] que consagram o indivíduo ou relações pessoais imediatas", numa tendência de "estiolamento das tradições" e de "afrouxamento das relações familiares" trazida no bojo das mudanças operadas, durante as primeiras décadas do século XX, nas grandes cidades, segundo explica Nicolau Sevcenko[40]. De outro lado, porém, a comemoração repõe o universo rural, ao atualizar uma brincadeira comum no tempo de mocidade do autor Wilton Wanderley, conforme o seu próprio depoimento:

No norte fluminense a "cabritada" tem um ritual, porque consta do roubo do cabrito na madrugada de um sábado ou de um domingo, do preparo do mesmo em uma padaria ou bar que tenha forno e desjejum na manhã de sábado (ou domingo), com o requinte de se convidar o dono do cabrito para participar da mesma, informando ou

40. Cf. Nicolau Sevcenko, "A Capital Irradiante: Técnica, Ritmos e Ritos do Rio", *História da Vida Privada no Brasil*, vol. 3 (*República: Da Belle Époque à Era do Rádio*), pp. 604-605. A reforçar e a criar novas tradições coletivas, nesse período, havia a festa da Penha e os ranchos e blocos carnavalescos, e depois também as escolas de samba (cf. Roberto Moura, *Tia Ciata e a Pequena África no Rio de Janeiro*; Sérgio Cabral, *As Escolas de Samba do Rio de Janeiro*).

não que fora roubado. As cervejas e a cachaça que acompanham a refeição são pagas pelos participantes[41].

Ou seja, a tal festa de aniversário se encontra na soma de duas formas de convívio próprias de dois tempos considerados, em tese, diversos e não-concomitantes. Na prática, seguindo-se o relato, essa operação não trará bons resultados a partir do instante em que há a presença da polícia solicitada pelo dono do cabrito, o qual nem fora convidado nem achara graça na brincadeira. Não se pense, todavia, que isso ocorre porque impera a razão moderna, respaldada na lei. Na verdade, a tensão entre o arcaico e o moderno se repõe até o desfecho da narrativa.

A segunda estrofe da canção faz a defesa do malandro, que está entre os inocentes convidados – e a sua inocência pode ser verdadeira, mas também pode não ser. Sejam cúmplices ou não ele e os demais participantes da festa, o que temos é que "o narrador formula uma denúncia. Não é simplesmente a agressividade ou a arbitrariedade da atuação policial que ele denuncia, mas o absurdo da situação criada por ela", como afirmou Cláudia Matos[42]. Realmente se cria um absurdo tanto do ponto de vista da vida comunitária em que a cabritada se insere, como do ângulo de um exercício legítimo da cidadania – ainda que se admita que todos ali podem ser culpados, qual a justificativa para se quebrar toda a bebida?

Também sem justificativa, pela ótica do estado de direito, fica a zanga do comissário de polícia, que não *quer* dispensar ninguém. Note-se que, pela lei, caberia fazer a detenção apenas se confirmado o envolvimento de todos no furto, após os depoimentos, e não havendo entre eles nenhum réu primário[43]. Fica evidente, no entanto, que a causa é de fundo emotivo e não racional, pois o narrador é solto a mando do "patrão da Sebastiana".

Na biografia de Geraldo Pereira, "Sebastiana" é o nome de uma irmã de sua mãe, ambas agregadas – assim como o sambista – na casa do meio-irmão de Geraldo, Mané Araújo, no Morro do Santo Antônio, em Mangueira. E "Bento", o nome de um português, dono de botequim em Engenho de Den-

41. Cf. Alice Duarte Silva Campos *et alii*, *Um Certo Geraldo Pereira*, Rio de Janeiro, Funarte/INM/ Divisão de Música Popular, 1983, p. 174.
42. Cf. Cláudia Matos, *Acertei no Milhar: Malandragem e Samba no Tempo de Getúlio*, p. 214.
43. Nesta passagem, minha análise se baseia em conversa informal com a Dra. Lúcia Guedes e o Dr. Fábio Guedes, ambos advogados. Nenhum deles obviamente é responsável por aquilo que eu escrevi, cabendo-lhes tão somente o crédito quanto aos acertos.

tro, onde Geraldo também residiu[44]. Essas curiosidades contam menos que a nota familiar com que se nomeiam as personagens na canção, em contraposição ao "Seu Comissário" e ao próprio "patrão", identificados não pelos nomes mas pelas funções que exercem. Configura-se, desse modo, um quadro típico da *cordialidade*. Para conferir a sua ambivalência, observe-se a atuação de um comissário de polícia que age por *zanga*, como quem está no âmbito das relações familiares: o gesto sentimental determina que o comissário abaixe a cabeça assim que um patrão, autorizado por sua vez pela posição econômica (a qual determina a sua função social), interfira também como quem está no âmbito familiar. Não sabemos se o comissário deixou de ficar zangado. Mas ouvimos que o patrão *mandou* que se soltasse um dos detidos no distrito, e sabemos que foi obedecido. Nessa teia de despropósitos, a esfera pública e a privada se confundem, e "chora mais quem pode menos", o que, em última análise, significa que "manda quem pode e obedece quem tem juízo".

No entanto, apesar de malsucedida a cabritada terminou bem para o narrador. O humor e a simpatia do relato condizem com a ideia de que tudo acabou se ajeitando. As tensões da narrativa ficam assim entranhadas, enquanto a superfície é risonha, e o saldo final, positivo. Há uma leveza que permite todos os movimentos, atenuando qualquer gravidade maior. Nada pesa realmente, e esse é o gesto típico do malandro no seu "mundo sem culpa"[45]. A fala é macia, assim como o canto, e coisa nenhuma parece abalar o chão social escorregadiço em que ele pisa. Mesmo porque, se escorrega, ele não se esborracha. O certo parece ser o instável quando a ordem social é regida por disposições de zanga ou de apreço, e a liberdade é vivida como molecagem ou capricho.

2. Análise de *Carioca*

Passarei a analisar *Carioca*, gravada por Chico Buarque em 1998 em estúdio e, no ano seguinte, ao vivo[46]. O trabalho será dividido em quatro blocos, cada

44. Cf. Alice Duarte Silva Campos *et alii*, *Um Certo Geraldo Pereira*, pp. 33 e 171.
45. A expressão é do célebre estudo de Antonio Candido, "Dialética da Malandragem" (*Revista do Instituto de Estudos Brasileiros*, nº 8, São Paulo, IEB, 1970, pp. 67-89), no qual me inspiro.
46. Cf. Chico Buarque, *As Cidades*. *Idem*, *Chico ao Vivo*, BMG/RCA, CD 7432169929-2, 1999.

qual examinando um dos elementos formais da canção: letra, melodia, harmonia e pulsação (acompanhamento rítmico)[47]. Iremos assim do elemento mais imediato e acessível, a letra, em direção ao mais complexo e abstrato (porque mais corpóreo), a pulsação rítmica. Portanto, ao leitor que não dispõe de conhecimentos teóricos de linguagem musical, talvez seja necessário pular alguns bons trechos da análise – os quais, entretanto, não são dispensáveis – e avançar diretamente à terceira parte do capítulo.

Começo pelos assuntos contemplados pelo narrador.

CARIOCA

Gostosa
Quentinha
(Quem vai?)
Tapioca
O pregão abre o dia
Hoje tem baile *funk*
Tem samba no Flamengo
O reverendo
Num palanque lendo
O Apocalipse

O homem da Gávea criou asas
Vadia
Gaivota
Sobrevoa a tardinha
E a neblina da ganja
O povaréu sonâmbulo
Ambulando
Que nem muamba
Nas ondas do mar

47. Faço a adaptação de uma passagem de Antônio Adolfo, que identifica como quatro elementos da música popular: "*1)* melodia – representada pela linha melódica principal; *2)* harmonia – representada pelos acordes; *3)* pulsação – representada pelo ritmo do acompanhamento; *4)* baixo – representada pela fundamental do acorde" (cf. *O Livro do Músico*, Rio de Janeiro, Lumiar, 1989, p. 32).

Cidade Maravilhosa
És minha
O poente na espinha
Das tuas montanhas
Quase arromba a retina
De quem vê

De noite
Meninas
Peitinhos de pitomba
Vendendo por Copacabana
As suas bugigangas
Suas bugigangas

Gostosa
Quentinha...

Apesar da rápida sucessão de cenas, a realidade cantada se resume a quatro assuntos: comércio, diversão, natureza e religiosidade. Mas não há uma divisão estrita em quatro itens, pois os assuntos se articulam no discurso. Em outras palavras, as cenas mantêm relações entre si não só por acontecerem no mesmo espaço físico ou numa sequência temporal – o que é bastante óbvio –, mas porque o narrador cuida de estabelecer ligações entre as várias coisas que vê, como se da fragmentação do olhar e da narrativa pudesse resultar um quadro coeso.

1. *Comércio*

Dia: venda da tapioca; pregão – relação com canção popular (diversão);

Tarde: "neblina da ganja" (maconha) – relação com religiosidade e com diversão;

Noite: "Meninas / Peitinhos de pitomba" – comparação com natureza; "Vendendo por Copacabana / As suas bugigangas" – relação com diversão.

A venda ambulante de tapioca, como se sabe, integra o setor informal. É significativo que, abrindo "o dia", o pregão abra a narrativa de *Carioca*, por dois motivos. O primeiro, é que *Carioca* rima com "tapioca": fosse um *jingle*, não uma canção que mimetiza um pregão, e poderíamos imaginar que se entoaria o próprio título. O segundo motivo é que, de início, somos levados a reconhecer que ainda existe uma certa graça na vida popular em sua sobrevivência diária (embora, já dizia o velho ditado capiau, "sapo não pula por boniteza, mas porém por percisão").

As duas outras atividades comerciais, entretanto, alteram o sentido das coisas. A compra e venda de maconha está subentendida, à tarde. O que se nomeia é o produto, em sua designação religiosa ("ganja"). Abstrair completamente do seu comércio ilegal, todavia, não é possível, ao menos para quem escuta o relato. É a existência de tal comércio, nas condições atuais, que permite agora um outro tipo de graça, a de um "povaréu sonâmbulo", cujo estado de espírito pode ir, em muitas gradações, do transe religioso ao barato mais pueril. Seja como for, os versos se constroem com base em um símile: essa gente se torna semelhante a mercadoria ilegal. E o que estabelece a mediação é a circulação: "ambulando", "o povaréu sonâmbulo" se torna "que nem muamba". Gente e mercadoria ilegal perambulam daqui pra lá, seja porque pareçam andar adormecidos, seja porque andem "como dentro d'água"[48], seja porque estejam de fato "nas ondas do mar".

Mas o tráfico de drogas não é apresentado. Ficamos só com a inocência ou com a graça do seu resultado, na praia, como se o narrador, distanciado da realidade em suas conexões concretas – das quais, no entanto, hoje em dia todo o mundo parece ter conhecimento –, flanasse também feito um sonâmbulo, como se ele circulasse adormecido, sem poder (ou sem querer?) intervir. Por outro lado, o narrador não deixa de contar o que está à sua frente. Esse afastamento relativo, por assim dizer, envolverá a terceira atividade em doçura.

Nesse caso, todavia, a inocência mal se sustentará, bem como a graça. Fala-se da prostituição, à noite. Voltamos, a princípio, ao setor informal, em sua face mais terrível e em íntima ligação com o setor formal (restaurantes, boates, hotéis). Sem qualquer moralismo, não descarto a relação desse comércio com a diversão e o prazer, que aliás constituem o seu valor de uso, em boa terminologia[49]. Mas cabe sempre perguntar: diversão e prazer para quem? Sabemos

48. A figura é retirada do romance *Estorvo* (cf. C. Buarque, *Estorvo*, 5ª reimpressão, São Paulo, Companhia das Letras, 1991, p. 12).

49. Uma vez que analiso *Carioca* à luz da realidade brasileira atual, deixo de lado o significado elevado que a prostituição já teve em outros lugares, ao longo da história; sobre o assunto, ver Maria Helena Sansão Fontes, *Sem Fantasia: Masculino-feminino em Chico Buarque*, Rio de Janeiro, Graphia, 1999, p. 91.

também que a prostituição em si não é um crime; crime é o rufianismo ou o favorecimento da prostituição[50]. Ora, ainda que o narrador seja carinhoso em sua descrição, "Meninas / Peitinhos de pitomba" pode se referir à prostituição de menores – crime que, entre outras misérias, envolve o rufianismo ou o favorecimento de prostituição em nível dos mais abjetos. A *cordialidade* do narrador, assim, descrevendo amorosamente as prostitutas, deixa escapar uma realidade que já não corresponde ao quadro do *mundo sem culpa*, onde todas as safadezas mais ou menos se remediavam (ou, pelo menos, era gostoso pensar dessa forma). Partindo da venda (informal) de tapioca na rua, passamos pelo consumo (ilegal) de maconha na praia e chegamos – é uma possibilidade radical – à venda (ilegal) do corpo de menores nas ruas, num rebaixamento que condiz com a metáfora final, esse corpo sendo oferecido como mercadoria reles, com baixo valor de troca.

2. *Diversão*

Dia: pregão e anúncios de *funk* (baile) e de samba (*show* no aterro do Flamengo) – relação com comércio;

Tarde: "O homem da Gávea criou asas" – asa-delta, relação com natureza; "Vadia / Gaivota" – comparação da asa-delta com natureza e relação com comércio (com as meninas prostitutas de Copacabana); "O povaréu sonâmbulo / Ambulando / Que nem muamba / Nas ondas do mar" – comparação com comércio e relação com natureza.

Noite: prostituição – relação com comércio; "Peitinhos de pitomba" – comparação com natureza.

Note-se que não se canta nenhuma atividade – lícita ou ilícita – que não se relacione de algum modo com o dinheiro. O pregão, reproduzido no corpo da canção, anuncia a venda de tapioca, e desse anúncio o pensamento do narrador desliza para o baile *funk* e o *show* de samba, por sua vez anunciados (mas

50. O rufianismo é referido no artigo 230 do Código Penal: "Tirar proveito da prostituição alheia, participando diretamente de seus lucros ou fazendo-se sustentar, no todo ou em parte, por quem a exerça"; ao favorecimento da prostituição, refere-se o artigo 228: "Induzir ou atrair alguém à prostituição, facilitá-la ou impedir que alguém a abandone"; também manter casa de prostituição é crime segundo o artigo 229; o texto do Código Penal está disponível no *site* da OAB-SP, www.oabsp.org.br; acesso em 15 out. 2005. Devo a indicação à Dra. Lúcia Guedes e ao Dr. Fábio Guedes.

não vendidos, como faria um *jingle*) a nós. Mesmo o andar do povaréu ("Nas ondas do mar"), que seria uma exceção a esse cotidiano atravessado pelo dinheiro, é comparado a "muamba" ("Nas ondas do mar").

Nas condições em que vivemos, talvez não seja descabida a questão: qual a relevância de se afirmar que toda forma de diversão está relacionada ao dinheiro, isso acaso poderia ser diferente? Em uma crônica do Rio de Janeiro atual, não. Mas não custa lembrar que a vida na cidade não foi sempre assim, a se confiar nas crônicas das canções. *Garota de Ipanema* (composta em 1962, gravada em 1963), de Tom Jobim e Vinicius de Moraes, e *Samba de Verão* (1965), de Marcos Vale e Paulo Sérgio Vale, exemplos conhecidíssimos da bossa nova, nos mostram isso. Ambas descrevem passeios pela zona sul da cidade. A figura principal, entretanto, é a mulher que passeia e que é vista pelo narrador, tornando-se o Rio sedutor por causa dela. Interpretar, nessas canções, a contemplação amorosa como o olhar do consumidor seria um equívoco, no meu modo de entender, um erro causado pela provável confusão entre a ideologia de nossa atual matéria histórica e a marca específica de um tempo anterior, quando a *cordialidade* parecia mobilizar a utopia desenvolvimentista de reparação social e avanço econômico, ao menos para determinadas camadas[51].

51. Refiro-me ao período histórico que vai mais ou menos da década de 1940 até a de 1960, um período cuja marca específica foi, nas palavras da historiadora Lucília de Almeida Neves, "a crença na transformação do presente com o objetivo de construção de um futuro alternativo ao próprio presente [...], buscando-se implementar um projeto de nação comprometido principalmente com o desenvolvimento social. [...] Esperança, reformismo, distributivismo e nacionalismo eram elementos integrantes da utopia desenvolvimentista que se constituiu como signo daquela época" (cf. "Trabalhismo, Nacionalismo e Desenvolvimentismo: Um Projeto para o Brasil (1945-1964)", em Jorge Ferreira (org.), *O Populismo e sua História: Debate e Crítica*, Rio de Janeiro, Civilização Brasileira, 2001, pp. 171 e 172). Sobre o assunto, ver também João Manuel Cardoso de Mello e Fernando A. Novais, "Capitalismo Tardio e Sociabilidade Moderna", *História da Vida Privada no Brasil*, vol. 4 (*Contrastes da Intimidade Contemporânea*), pp. 559-658. A relação entre o processo histórico e a estética da bossa nova foi analisada por Lorenzo Mammì em "João Gilberto e o Projeto Utópico da Bossa Nova" e no prefácio ao *Cancioneiro Jobim* (coordenação de Paulo Jobim, Rio de Janeiro, Jobim Music, 2000, pp. 13-18). Suas formulações vêm sendo retomadas em outras análises, as quais, porém, muitas vezes tornam a matéria histórica rarefeita, quando não ausente. Um exemplo é a conclusão interpretativa a que chega Arthur Nestrovski em "O Samba Mais Bonito do Mundo", após analisar de modo realmente esclarecedor a forma musical de *Águas de Março* (Tom Jobim): para o crítico, ao término da canção os contrários "se completam para além do bem e do mal". O caráter idealista da frase já fora anunciado quando, ao comentar o texto "João Gilberto e o Projeto Utópico da Bossa Nova", Nestrovski afirma que a

O mesmo pensamento se aplica a *Sinfonia do Rio de Janeiro*[52], de Tom Jobim e Billy Blanco, e a *Valsa de uma Cidade*, de Ismael Netto e Antônio Maria, composições de 1954. Existe uma distância substancial que vai de "Calçada cheia de gente a passar / E a me ver passar", versos cantados em *Valsa de uma Cidade*[53], até "Passas em exposição / Passas sem ver teu vigia / Catando a poesia / Que entornas no chão", versos que arrematam *As Vitrines*, de Chico Buarque (1981)[54]. Essa distância é colocada pela diferença entre a celebração de um otimismo classe média, ao ritmo de um romantismo melancólico, e a vigilância desconfiada do proprietário "que não perde de vista o malfeitor", e que tem embaralhada a visão pelo excesso de brilho por que as galerias seduzem[55]. Do mesmo tempo de *As Vitrines* é *Carioca*, ainda que o narrador desta almejasse, quem sabe, viver não exatamente os tais *anos dourados*, mas as melhores realizações de suas potencialidades utópicas.

"promessa de felicidade" da bossa nova, "para todos nós, conclusiva e incomparavelmente, tornou-se a própria felicidade". Não é difícil ver que essa generalização de uma experiência histórica – portanto circunscrita a variáveis que não convém esquecer, dentre as quais o lugar social ("todos nós") em que tal promessa se anuncia – preparou o salto conclusivo: a estética da bossa nova que, no texto de Mammì, se descrevia como a eternização de um "momento feliz da história brasileira" e, com isso, "a possibilidade perpétua de retomar os fios interrompidos" (p. 64), no texto de Nestrovski desliga-se da História, restando fora do tempo, isolada tanto da utopia passada quanto do próprio presente em que se dá a análise. Mas talvez o que eu critique configure justamente o teor de verdade histórica do texto: não é o lugar social daquela "promessa de felicidade", em sua história recente, quem nega a utopia passada e empurra a bossa nova rumo ao mais puro idealismo, ao consumo de luxo por uma parcela da classe média alta e da classe alta, ou ainda à consagração mercadológica na forma de trilhas sonoras (publicitárias, televisivas, cinematográficas) para as massas? (cf. "O Samba Mais Bonito do Mundo", em Arthur Nestrovski, Lorenzo Mammì e Luiz Tatit, *Três Canções de Tom Jobim*, São Paulo, Cosac Naify, 2004, pp. 34-50) (as citações literais podem ser lidas às pp. 50 e 44, respectivamente).

52. Cf. Antônio Carlos Jobim, *Meus Primeiros Passos e Compassos*, Revivendo, CD RVCD-110, [1997].
53. *Valsa de uma Cidade* foi lançada por Lúcio Alves, em 1954, e gravada pelo grupo Os Cariocas em 1958 (cf. *Antônio Maria*, fascículo da *História da Música Popular Brasileira*, São Paulo, Abril Cultural, 1970, guarda); Caetano Veloso a gravou em 1987, no disco *Caetano*, já citado. Jairo Severiano e Zuza Homem de Mello dizem que esses versos iniciais da canção "têm a marca inconfundível do grande cronista que foi Antônio Maria, autor da letra, e bem poderiam servir de abertura a uma de suas crônicas" (cf. *A Canção no Tempo*, vol. 1, p. 308).
54. Cf. Chico Buarque, *Almanaque*, Philips/Polygram, CD 510 010-2, 1993.
55. Inspiro-me novamente no estudo de Walter Benjamin sobre Baudelaire, especialmente em suas considerações acerca do *flâneur* (cf. "Paris do Segundo Império", *Charles Baudelaire: Um Lírico no Auge do Capitalismo (Obras Escolhidas III)*, pp. 9-101, a citação que faço é tirada da p. 38). A correspondência entre *As Vitrines* e a leitura de Baudelaire por Benjamin já foi observada por Adélia Bezerra de Meneses (cf. "Do Eros Politizado à *Polis* Erotizada", *Figuras do Feminino na Canção de Chico Buarque*, São Paulo, Ateliê Editorial, 2000, pp. 132-134).

3. Religiosidade

Dia: "O reverendo / Num palanque lendo / O Apocalipse".

Tarde: "neblina da ganja" – relação com comércio e com diversão; "O poente na espinha / Das tuas montanhas / Quase arromba a retina / De quem vê" – relação com natureza.

O Apocalipse não se relaciona com nenhum outro assunto em especial, o que logicamente indica que ele se liga ao todo da narração. "Ganja" é como os rastafáris chamam a sua erva sagrada, a maconha. Já a inclusão dos demais versos, nesse item, poderá parecer um tanto forçada – eles de fato teriam um caráter panteísta, sugerindo que a natureza do Rio de Janeiro é uma manifestação divina? A ligação, nesse caso, não é indiscutível e depende de interpretação.

Os versos dão sequência a uma declaração de amor particular à cidade ("Cidade Maravilhosa / És minha"). A violência da beleza natural que se enxerga, porém, é capaz de cegar não apenas o amador-narrador, mas quem quer que a veja. Do particular, assim, se chegou ao universal, e tal violência bem poderia ser comparada a uma epifania. Não necessariamente, entretanto. O pôr do sol nas montanhas da zona sul do Rio (sobretudo quando visto da Lagoa, eu acrescentaria) tem beleza física suficiente para prescindir de explicações metafísicas. Digamos então que os versos expressam um estado de graça, particular e universal, o que é tanto do "homem humano" quanto o faz recordar a sua existência para além das coisas ordinárias, ou seja, o encontro de sua vida interior com o mundo exterior, e o reconhecimento que daí advém, capaz de arrebentar uma percepção acostumada ao ordinário da existência. Se para essa experiência se atribui um caráter de religiosidade, é válida a inclusão dos versos neste item. De minha parte, tento fazer jus a um tipo de encontro com o mundo, de contato com o seu significado essencial, cada vez mais raro, parece-me, e possível de ser considerado uma forma de vida espiritual "num mundo sem espírito".

4. Natureza

Tarde: "O homem da Gávea criou asas" – relação com diversão; "Vadia / Gaivota" – relação com comércio. "E a neblina da ganja / O povaréu sonâmbulo / Ambulando / Que nem muamba / Nas ondas do mar" – comparação com comércio e diversão. "O poente na espinha / Das tuas montanhas / Quase arromba a retina / De quem vê" – relação com religiosidade.

Noite: "Peitinhos de pitomba" – comparação que serve ao comércio e à diversão (prostituição).

São duas as formas verbais utilizadas ao longo da letra, presente do indicativo e gerúndio, a não ser por um único caso: "O homem da Gávea criou asas". Ou seja, esse é o único instante em que o relato aponta um estado anterior, passado. A imagem é mais ou menos óbvia caso se pense na contemplação, pelo narrador, de um voo de asa-delta, a plataforma de lançamento estando na Pedra da Gávea. Mas "criar asas" é uma expressão que também significa "libertar-se", e Gávea, além de dar nome à Pedra, batiza um bairro da zona sul do Rio de Janeiro. A partir dessa ampliação de sentido, podemos inferir que o narrador fala de um tempo anterior, em que não havia liberdade.

Não me refiro simplesmente à época dos governos ditatoriais, referência consagrada em se tratando da obra de Chico Buarque. A censura daquele período está aqui incluída, mas não esgota o assunto, que é bem mais amplo. Atendo-me à narrativa de *Carioca,* penso ser mais exato afirmar que ocorre uma identificação entre a liberdade conquistada no voo da asa-delta e a liberdade do sujeito que narra – o qual, não custa lembrar, não deve ser inteiramente confundido com a pessoa do artista[56]. A liberdade desse narrador não

56. Em outubro de 1992, Chico Buarque declarou em uma entrevista, quando morava no bairro da Gávea: "Hoje só escrevo ou componho conforme a minha necessidade"; "Isso é para mim cada vez mais precioso, porque é o caminho da minha liberdade" (cf. Heloisa Campos, "O Silêncio do Gênio", *Exame Vip*, São Paulo, Abril, ano 7, out. 1992, p. 49). Vinte anos antes, em outra entrevista, ele explicava o seu engajamento de então: "Tem gente pensando [...] que eu tenho vocação de herói, ou pretenda me transformar em bandeira ou num líder das oposições no Brasil. Não é isso, eu não sou político. Sou um artista. Quando grito e reclamo é porque estou sentindo que se estão pondo coisas que impedem o trabalho de criação, do qual eu dependo e dependem todos os artistas. Mas, se defender a liberdade de criação é hoje um ato político, também não tenho por que fugir dele" (cf. Hamilton Ribeiro, "Chico Põe Nossa Música na Linha", *Realidade*, São Paulo, Abril, ano VI, nº 71, fev. 1972, p. 20). E, em 1987, quando perguntado se a liberdade para criar se estendia às "outras pessoas que não sejam artistas", respondeu: "Também têm que ser livres para trabalhar. Eu sou a favor da liberdade" (cf. Carla Rodrigues, Melchíades Cunha Jr. & Sérgio Vez, "O Jovem Francisco", *Afinal*, São Paulo, Editora C, nº 168, 17 nov. 1987, p. 61). Creio que a amostragem seja suficiente para se note a coerência das declarações acerca do valor da liberdade, discutida no âmbito do trabalho, quer dizer, não apenas na esfera política, mas também na econômica, na social e na cultural. Ocorre que as relações entre qualquer artista e sua obra são sempre bastante complexas. Nem a obra está alienada do autor, nem se reduz às intenções dele ou a seus traços biográficos. Afirmar que "o homem da Gávea" *é* a pessoa de Chico Buarque, o qual deixou de morar nesse bairro e mantém o hábito de andar pela zona sul do Rio, limita *Carioca* (como se sabe, aliás, um antigo apelido de Chico em São Paulo, cidade onde ele cresceu) a ser um diário

é apenas política, mas social e, por que não?, econômica e cultural, de que dá prova a sua mobilidade, o gesto de zanzar num discurso fragmentado, pairando acima da neblina da maconha ou, aproveitando dois outros sentidos de "ganja", da vaidade (mercadológica) ou da insolência (*cordial*). Como entender essa liberdade, se o narrador não participa daquilo que contempla, mantendo-se, ao contrário, distanciado? Seria justamente a liberdade de não participar, de se desengajar do que vê?

A pergunta será retomada na próxima parte deste capítulo. Por ora, gostaria que se retivessem três pontos: *1.* a única grande expansão emotiva do narrador não se dirige a qualquer atividade humana, mas à natureza. Assim, o Rio de Janeiro celebrado em *Carioca* é, ao final do século XX, uma cidade comercial (de forte comércio informal ou ilegal), oferece diversões (relacionadas com o dinheiro), ostenta a sua religiosidade e, sobretudo, a sua beleza natural. "Continua lindo", mas essa beleza se conserva no pôr do sol nas montanhas, enquanto as atividades dos homens parecem requerer alguma distância, algum tipo de sonambulismo para ainda despertarem afetos positivos; *2.* dentre as atividades humanas dessa cidade, se destaca aquela que tanto abre como fecha o ciclo da narração, o comércio; entre abertura e fechamento, vamos do encantador pregão de rua até o vil oferecimento do corpo humano, nas ruas, como uma bugiganga, situações extremas que simbolizam o que veio se perdendo, desde *A Preta do Acarajé*, em nossa modernização; *3.* o discurso fragmentado possui uma rede de conexões entre os seus assuntos, como procurei demonstrar. Sequência temporal e espaço físico unificam a narrativa, mas a percepção tampouco é disparatada. Tanto a realidade não nos aparece, dessa forma, tão variada, quanto o sujeito irrequieto não se desmantelou, pois segue organizando a apreensão que faz do mundo.

Há um último aspecto a ser notado sobre este terceiro ponto, antes que passemos à análise da melodia. Em sua conversa, ao modo de cronista, o narrador canta versos livres que se amarram em uma textura homofônica. O tratamento poético que Chico Buarque dá a suas canções, como já se afirmou mais de uma vez, não apenas dialogam com a cultura letrada, mas fazem par-

aberto ao público; e, mais uma vez, a revista *Caras* estabeleceria o parâmetro da crítica – todo o pensamento se confinando na difusão de uma imagem mercadológica. Espero mostrar que o valor de *Carioca* se constrói na contramão desse confinamento.

te dela. O canto inteiro de *Carioca* é uma *fala percussiva* por causa da atuação das consoantes. No trecho “O povaréu sonâmbulo / Ambulando / Que nem muamba / Nas ondas do mar”, ao lado da aliteração existe também a assonância. E, por toda a letra, há rimas consoantes e toantes, externas e internas, que podem ser divididas em cinco tópicos:

1. Cidade Maravilh*osa*.
Rima consoante: gost*osa*.
Rimas toantes: tapi*oca*, gaiv*ota*, sobrev*oa* (rima interna).
Rima toante imperfeita (consoantes entre si): pit*om*b*a*, arr*om*b*a* (rima interna).

2. És m*inha*.
Rimas consoantes: quent*inha*, tard*inha*, esp*inha*.
Rimas toantes: ret*ina*, men*inas* (entre si, rimas consoantes imperfeitas).
Rimas toantes (consoantes entre si): d*ia*, vad*ia*.

3. *Samba*.
Rima consoante: mu*amba*.
Rimas toantes: g*anja*, mont*a*nh*a*s, Copacab*ana*, bugig*a*ng*a*s.
Rimas toantes imperfeitas: *a*s*a*s, m*a*r (entre si, rimas toantes perfeitas).
Variação: son*âm*bul*o*, ambul*and*o (rimas toantes entre si).
Outra variação (ou variação da variação): pit*om*b*a* (que é rima toante imperfeita de Cidade Maravilh*osa*).

4. Funk (f*anque*).
Rima consoante: pal*anque*.

5. Flam*engo*.
Rimas toantes: rever*endo*, l*endo* (entre si, rimas consoantes internas).
Variações: po*ente* (interna), n*oite* (externa), rimas toantes imperfeitas[57].

57. Talvez fosse mais acertado considerar “poente” e “noite” não como rimas toantes imperfeitas a “Flamengo”, mas simplesmente como assonâncias. Optei por uma tal classificação a fim de sublinhar a relação de homofonia entre as palavras, distanciadas entre si na letra. De resto, é de se ob-

Lidos em série, os tópicos formam a frase "Cidade Maravilhosa, és minha, samba, *funk*, Flamengo", a qual nos dá um quadro bem mais aprazível do Rio de Janeiro do que aquele que a análise dos assuntos mostrou; um sonho, talvez, que por vezes vem a público como a imagem a ser vendida da cidade. Mas não convém levar muito adiante um exame dessa natureza, baseado em suposições, uma vez que a escolha das palavras principais, dentro de cada tópico, não é inquestionável. Vou-me permitir apenas observar mais um aspecto, a título de conclusão. Há dois versos que não rimam com nenhum outro, ou que dariam uma rima toante entre si, forçando um pouco a semelhança entre ambos: "O Apocal*i*ps*e*" (i, ê); "D*e* qu*em* v*ê*" (i, eim, ê). Esses versos alterariam o sentido do tal sonho, ou o trariam mais para perto da realidade – o apocalipse de quem vê.

Na letra, há quatro estrofes. Musicalmente, a canção se divide em três partes: A, novamente A (com algumas diferenças na melodia), B e C.

servar que as canções de Chico Buarque sempre se destacaram pelo uso primoroso de rimas consoantes, o que já se salientou em diversas ocasiões. Mas, a partir de seu disco *Francisco* (1987), vêm aparecendo também com destaque a rima toante (que já era usada antes; em *Beatriz*, de 1982, por exemplo, música de Edu Lobo – estrela/comédia; divina/mentira) e outras combinações de som. Veja-se naquele disco, por exemplo, *Ludo Real*, música de Vinícius Cantuária (telha/ atrapalha/ molha); e no disco seguinte, *Chico Buarque* (1989), *Morro Dois Irmãos* (alternam-se rimas exteriores consoantes e toantes, estruturando-se a homofonia de forma dúplice; apenas um verso não rima com nenhum dos outros: "Do que foi e o que será noutra existência"; ele fica, assim, como um centro em relação ao qual os demais versos se colocam). No disco de *Carioca* (*As Cidades*), combinam-se os sons finais de versos em *Iracema Voou* (polícia/ muita/ afoita), em *A Ostra e o Vento* (tomando a primeira estrofe como exemplo: nuvem/ nome/ sereno/ perfume; há também rima toante – secreto/ vento), e em *Cecília*, música de Luiz Claudio Ramos. Nessa última, o arremate traz uma sequência de cinco vogais diferentes, uma espécie de rima ao contrário: "te *o*lho, te gu*a*rdo, te s*i*go, te v*e*jo d*o*rmir" [d*u*rmir, Chico canta]. Note-se que o efeito da combinação se amplia porque a última vogal átona se mantém igual nos quatro verbos referentes a atos do sujeito que canta, e no final isso é quebrado, quando há o gesto de Cecília. Outra combinação desse tipo, na canção, é feita com "prosas / musas", que repetem a última sílaba átona. Manuel Bandeira ensina que "no latim eclesiástico, na poesia inglesa e na alemã basta, para haver rima, a repetição da última sílaba átona e até da última vogal átona" (cf. "Poesia e Verso", *De Poetas e de Poesia*, [Rio de Janeiro], MEC/Serviço de Documentação/Dep. Imprensa Nacional, 1954, pp. 117-118). Todas essas combinações sonoras, no meu modo de entender, sobretudo quando acompanhadas pela vigência do verso livre, demonstram uma outra forma de aproximação da letra de Chico Buarque à linguagem coloquial, sem que, nessa aproximação, se perca a elocução poética, a qual se refina.

[A]	
Gostosa	Gos/*to*/sa
Quentinha	Quen/*ti*/nha
(Quem vai?)	(Quem/ *vai*?)
Tapioca	Ta/pi/*o*/ca
O pregão abre o dia	O/ pre/*gão*/ a/bre o/ *di*/a
Hoje tem baile funk	*Ho*/je/ tem/ *bai*/le/ *fan*/que
Tem samba no Flamengo	Tem/ *sam*/ba/ no/ Fla/*men*/go
O reverendo	O/ *re*/ve/*ren*/do
Num palanque lendo	Num/ pa/*lan*/que/ *len*/do
O Apocalipse	O A/*po*/ca/*lip*/se

[A]	
O homem da Gávea criou asas	*O ho*/mem/ da /*Gá*/vea /cri/ou/ *a*/sas
Vadia	Va/*di*/a
Gaivota	Ga/i/*vo*/ta
Sobrevoa a tardinha	So/bre/*vo*/a a /tar/*di*/nha
E a neblina da ganja	E a/ ne/*bli*/na/ da/ *gan*/ja
O povaréu sonâmbulo	O/ po/va/*réu*/ so/*nâm*/bulo
Ambulando	*Am*/bu/*lan*/do
Que nem muamba	Que/ nem/ mu/*am*/ba
Nas ondas do mar	Nas/ *on*/das/ do/ *mar*/

[B]	
Cidade Maravilhosa	Ci/*da*/de/ *Ma*/ra/vi/*lho*/sa
És minha	És/ *mi*/nha
O poente na espinha	O/ po/*en*/te/ na es/*pi*/nha
Das tuas montanhas	Das/ *tu*/as/ mon/*ta*/nhas
Quase arromba a retina	Qua/se a/*rrom*/ba a/ re/*ti*/na
De quem vê	De/ quem/ *vê*/

[C]	
De noite	De/ *noi*/te
Meninas	Me/*ni*/nas
Peitinhos de pitomba	Pei/*ti*/nhos/ de/ pi/*tom*/ba
Vendendo por Copacabana	Ven/*den*/do/ *por*/ Co/pa/ca/*ba*/na
As suas bugigangas	As/ *su*/as/ bu/gi/*gan*/gas
Suas bugigangas	*Su*/as/ bu/gi/*gan*/gas

Observemos como se constrói o ritmo melódico. Na primeira estrofe, predominam os deslocamentos (antecipações e retardos) em relação ao modelo de declamação quadrada, quase sempre na razão de uma semicolcheia. Mas, na segunda estrofe, a recitação batida se afirma em número bem maior do que os deslocamentos, tendência que se acentua na terceira estrofe, na qual o ritmo de declamação realmente impera. Na última, os deslocamentos voltam a predominar. Na repetição da música, os três compassos iniciais ganham mais uma frase ("Quem vai?"), alterando a configuração melódica; com tal alteração, se reforçam os deslocamentos.

O equilíbrio, no todo do canto do narrador, entre deslocamentos e recitação batida, a princípio indica a conciliação entre a fala ritmada, enformada no compasso binário, e o ritmo musical. Em outras palavras, firma-se um certo compromisso entre o pensamento e o corpo que se expressa, não sobressaindo um mais do que o outro. Mas há detalhes interessantes no modo como a conciliação se dá. Já no início ("Gostosa / Quentinha / Tapioca"), os acentos de final de verso se referenciam pela tésis do segundo tempo, seja antecipando-se em semicolcheia, seja caindo na própria tésis. Isso demonstra que o ritmo melódico está, nesse trecho, guiando-se pela tésis principal do ritmo, a qual, por sua vez, diverge da tésis principal do fundo métrico (cabeça do primeiro tempo do compasso). No arranjo, contrabaixo e percussão, ao acentuarem também a tésis do segundo tempo, tanto remetem ao samba do Estácio quando explicitam essa baliza da voz. Entre o quarto e o oitavo compasso, o final dos versos passará a se referenciar pela tésis do compasso ("O pregão abre o dia / Hoje tem baile *funk* / Tem samba no Flamengo"). Do nono ao décimo primeiro ("O reverendo / No palanque lendo"), haverá alternância entre as duas referências; o último verso ("O A/*po*/ca/*lip*/se") antecipará em uma colcheia a última sílaba tônica, em relação à tésis do segundo tempo; como o acento suplementar da célula métrica (com quatro sílabas) cai na tésis do compasso, quase se sugere que aí incida o acento principal.

Na segunda Parte A, apesar das modificações pontuais das frases, o mesmo esquema de referência para os acentos tônicos finais será mantido. Nas outras partes, B e C, o final dos versos terá sempre como baliza a tésis do compasso. Isso vale mesmo para a última frase ("*Su*/as/ bu/gi/*gan*/gas"), quando o ritmo quase irá sugerir que a última sílaba átona, incidindo na cabeça do segundo tempo, seja acentuada, o que daria a síncope por meio de uma silabada. Essa frase, na realidade, conclui uma sequência rítmica que se afirma nos últimos três compassos, sequência na qual as sílabas tônicas dos versos se dispõe mantendo um padrão melódico que equivale a uma colcheia pontuada:

Figura 46

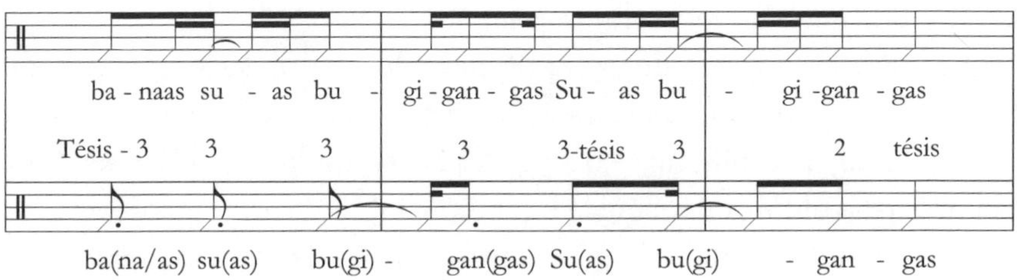

Observação: todo 3 está subdividido em (2+1).

Uma outra ocorrência merece atenção. Em dois trechos cantados na Parte A, se o modelo virtual seguisse mais de perto o canto, o acento principal do verso teria de ser colocado na terceira semicolcheia do segundo tempo ("O/ *re*/ve/*ren*/do"; "-lo *Am*/bu/*lan*/do"). Nos dois casos, o acento suplementar da célula métrica (de quatro sílabas) está se referenciando pela tésis do segundo tempo.

Creio que se possa afirmar que o problema fundamental de adequação entre o ritmo poético e o ritmo melódico, em *Carioca* como em *A Preta do Acarajé*, é, de fato, onde irá incidir o acento principal de cada verso, onde cairá a última sílaba tônica. Via de regra, a tésis do compasso serve de guia – ou a sílaba tônica principal cai na tésis do compasso, ou se desloca em relação a ela. Tudo ocorre como se as outras sílabas tônicas ou átonas fossem se acomodando de modo a permitir esse encontro entre o acento final e a tésis do compasso. Em *Carioca*, porém, algumas vezes o canto elege como ponto de chegada não a tésis métrica (início do compasso), mas a tésis rítmica, na cabeça do segundo tempo. Em essência, apenas a baliza mudará, mas o procedimento será o mesmo: o que importa é o ponto de chegada; varia o percurso até esse ponto, em ritmo batido, em tercina, em ritmo sincopado, mas tudo o que se faz tem em vista o encontro final. O quanto essa técnica, com toda certeza utilizada intuitivamente, esclarece sobre modos diversos de composição ou de interpretação, não se pode avaliar pela pesquisa que fiz[58]. No âmbito deste trabalho, de acordo com seus objetivos, a análise permite esclarecer com maior precisão de que forma o balanço da voz interfere nos assuntos cantados.

Assim, além do que já se disse, dois outros acentos suplementares evitam reforçar a tésis do compasso, deixando-a vazia, sincopando a entrada dos versos ("*Ho*/je/ tem/ *bai*/le/*fan*/que"; "*O ho*/mem/ da/ *Gá*/vea/ cri/ou/ *a*/sas"). E o canto utiliza tanto a subdivisão do tempo em colcheia e semicolcheias como a subdivisão em tercina, variando o balanço e, por meio da tercina, forçosamente criando uma polirritmia entre a voz e o acompanhamento. Ao que parece, tudo isso – polirritmia, síncopes, tésis rítmica contrariando a tésis métrica – sublinha a liberdade do corpo que anda pela cidade. Na estrutura da canção, os recursos condizem com a fragmentação do discurso e com a mobilidade do narrador. A contrapartida, como se disse, é o grande respeito aos ritmos de recitação, equilibrando, de certo modo, corpo e pensamento.

58. Um dos desdobramentos possíveis dessa constatação que faço seria uma pesquisa que comparasse o senso rítmico negro-africano e o senso melódico do samba, em seus vários estilos, e de outros gêneros brasileiros. Mário de Andrade e Carlos Sandroni, procurando esclarecer aspectos do canto popular no Brasil, já se voltaram para a observação de como o ritmo, na África Negra (tomada aqui indevidamente em sua totalidade, de acordo com o meu pouco conhecimento na matéria), é construído não com base na subdivisão dos tempos, como na música europeia, mas pela soma de várias figuras (cf. *Ensaio sobre a Música Brasileira*, pp. 29-49; *Feitiço Decente*, principalmente "Premissas Musicais"). A questão, porém, ainda segue em aberto. A polirritmia africana se daria pelo encontro periódico das várias linhas (de vozes e/ou de instrumentos) que, durante o percurso até o ponto de encontro, manteriam uma certa independência. Em outras palavras, o sentido rítmico se estruturaria horizontalmente, e não verticalmente, como na tradição europeia. O meu jeito de pensar o ritmo, por exemplo, decorre da tradição europeia; por isso eu empilho modelo virtual e ritmo melódico, observando desvios e coincidências verticalmente, nota a nota (ou sílaba a sílaba). Mas essa maneira de sentir o ritmo se desorganiza um pouco na escuta da música sacra afro-brasileira (cf. *Tambor de Mina na Virada pra Mata* e *Baião de Princesas*, já citados; uma boa amostra de cânticos de candomblé é dada por José Flávio Pessoa de Barros, em *O Banquete do Rei... Olubajé: Uma Introdução à Música Sacra Afro-brasileira*, Rio de Janeiro, Uerj/Intercom, 1999). A interpretação de Caetano Veloso para *Dom de Iludir*, já citada no capítulo 1, é um bom exemplo de como a canção popular-comercial brasileira, algumas vezes, desenvolve um canto marcadamente prosódico. Jorge Ben(jor) fez dessa característica o seu estilo de compor e de cantar. Ambos, segundo o que várias vezes já se afirmou, aprenderam o recurso com João Gilberto, o qual, de fato, talvez seja o intérprete brasileiro de ritmo prosódico-musical mais rico; ainda assim, guardadas as devidas proporções, o que se ouve em cantos sagrados parece sugerir uma riqueza rítmica ainda maior.

Figura 47. *Carioca*: comparação entre o ritmo melódico cantado e o ritmo virtual de declamação quadrada.

bu loam bu lan do que nem mu am ba Nas on-das do mar Ci-da-de Ma-ra-vi-
nâm bu loam bu lan do que nem mu am ba Nas on-das do mar Ci-da-de Ma-ra-vi-
lho-sa És mi-nha O po-en-te naes-pi-nha das tu-as mon
lho-sa És mi-nha O po-en-te naes-pi-nha das tu-as mon
-ta-nhas Qua-sea-rrom-baa re-ti-na De quem vê De noi
-ta-nhas Qua-sea-rrom-baa re-ti-na De quem vê De
te me-ni-nas Pei-ti-nhos de pi-tom-ba
noi-te me-ni-nas Pei-ti-nhos de pi-tom-ba Ven-
Ven-den-do por Co-pa-ca-ba-naas su-as bu-gi-gan-gas Su-as bu-gi-gan-gas
den-do por Co-pa-ca-ba-naas su-as bu-gi-gan-gas Su-as bu-gi-gan-gas
Gos-to-sa Quen-ti-nha Quem vai Ta-pi-o-ca O pre-gão a-breo
Gos-to-sa Quen-ti-nha Quem vai Ta-pi-o-ca O pre-gão a-breo

Declamações mais próximas da melodia que contrariam a coincidência entre o acento final do verso e a tésis do segundo tempo:

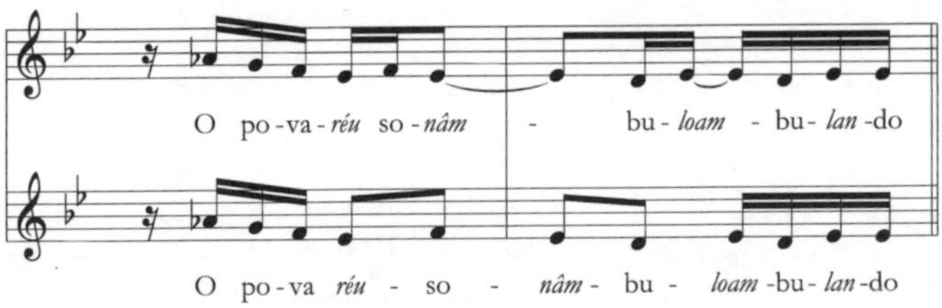

Um último fator rítmico deve ser destacado. Como se percebe, há vogais que se estendem na duração, e também há frases que se comprimem no compasso. Quando as frases ficam comprimidas (por exemplo, "Tem samba no Flamengo / O reverendo / No palanque lendo / O Apocalipse"), aceleram-se as sílabas cantadas, restando compassos com maior densidade de notas. Tal aceleração, no plano de construção melódica, a provocar aumento de densidade, corresponde à mobilidade do narrador e à fragmentação de seu discurso, no plano da letra. Mas as durações das vogais também fazem coincidir expressão (melódica) e conteúdo (da letra): por meio delas, entoa-se o pregão ("Gostosa / Quentinha / Quem vai? / Tapioca"), mimetiza-se o voo do homem da Gávea ("...asas / Vadia / Gaivota") e exclama-se liricamente ("Cidade Maravilhosa / És minha"; "De noite / Meninas"). Não se trata, afinal, de um narrador somente irrequieto, mas de alguém que demonstra liberdade para contemplar a cidade e organizar essa contemplação, o que exige permanência diante das coisas e tempo de elaboração artística. O narrador habita assim uma encruzilhada. De um lado, o ritmo urbano acelerado, que passa também a ser um ritmo seu. De outro, o ritmo distendido, de contemplação e de conversa despreocupada. Não parece ser à toa que a sua grande expansão lírica se dirija para o poente (movimento) na espinha das montanhas (permanência). A imagem junta, no plano da letra, os dois ritmos de vida ambivalentes a que o narrador obedece – enquanto, no plano melódico, o ritmo enfileira tercinas, em polirritmia com o acompanhamento, para se resolver na duração confortável das semínimas.

Falta analisar o contorno da melodia. Com base no modelo de análise desenvolvido por Luiz Tatit, vejam-se os gráficos em que a letra se distribui de acordo com a altura das notas, na página seguinte. As linhas verticais, separando os versos, equivalem a barras de compasso. As cifras dos acordes vão anotadas ao pé de cada compasso.

Há quatro tipos de frases em *Carioca*, segundo a estrutura musical e o perfil entoativo:

a. frases que mantêm a altura, sendo construídas com notas rebatidas, graus imediatos (alternam-se duas notas) ou cromatismo (nesse caso, o movimento é descendente, salvo indicação em contrário); configuram traços de *figurativização*; a manutenção da altura indica que se está em meio ao fluxo do discurso, o qual pede continuidade (quando há descendência, esta aloja um núcleo do sentido da comunicação):

1. "Gostosa / Quentinha / Tapioca";

2. "O reverendo / No palanque lendo";

3. "...asas / Vadia / Gaivota";

4. "...bulo/ Ambulando / Que nem muamba";

5. "És minha / O poente na espinha";

6. "De noite / Meninas / Peitinhos de pitomba" (o último verso se eleva 1/2 tom em relação aos anteriores, mas termina na mesma nota que aqueles repetem);

7. "Vendendo por Copacabana / As suas bugigangas / Suas bugigangas" (no último verso, entre as palavras, há um salto de 4ª justa, núcleo de *passionalização*; e o movimento final é ascendente, preparando a retomada do discurso);

si b				
lá	Gos – to – sa	Quen – ti – nha	Ta –	breo
lá b			pi – o –	
sol			ca	
sol b/ fá #				a–
fá				
mi				
mi b				gão
ré				pre–
ré b				
dó				O
si				
si b				
lá				
lá b				
sol				
	Bbmaj7 Cm6	Bbmaj7/D A7/E	Bbmaj7/F Fb7(#11)	Ebmaj7(9) D7(b9)

si b		Ho–		
lá	di –			
lá b				Tem
sol	a	je fun –		sam–
sol b/ fá #				
fá		bai–le		ba Fla–
mi				
mi b				no men–
ré		tem	k	
ré b				
dó				
si				
si b				
lá				
lá b				
sol				
	Gm6/D Db°	Cm7 F7/A	Fm6/Ab	Fm6/Ab

si b				
lá				
lá b				
sol				ou
sol b/ fá #				cri–
fá				vea
mi				
mi b	re– ren–do	pa– que oA–		Gá–
ré	go/O ve–	num lan– Len–do	po–	da
ré b				
dó			lip–	O/ho–mem
si				
si b			ca– se	
lá				
lá b				
sol				
	G7 (b9/b13)/B	G7 (b9/b13)/B	C7 (9)	F7

si b				
lá	a – sas Va – di –	a	Ga –	tar–
lá b			i – vo	
sol				ta
sol b/ fá #				a/a
fá				
mi				
mi b				vo–
ré				bre–
ré b				
dó				So–
si				
si b				
lá				
lá b				
sol				
	Bbmaj7 Cm6	Bbmaj7/D A7/E	Bbmaj7/F Fb7(#11)	Ebmaj7(9) D7(b9)

si b				
lá	di –			
lá b				O
sol	nha	gan –		po–
sol b/ fá #		da		
fá		na	ja	va so–
mi				
mi b		bli–		réu nân–
ré		ne–		
ré b				
dó		E/a		
si				
si b				
lá				
lá b				
sol				
	Gm6/D Db°	**Cm7 F7/A**	**Fm6/Ab**	**Fm6/Ab**

si b				
lá				
lá b				
sol				
sol b/ fá #				vi–
fá				ra–
mi				
mi b	lo/Am– lan–do	nem am– Nas		Ma–
ré	bu– bu–	Que mu– ba	on–	de
ré b				
dó				Ci–da–
si				
si b			das– mar	
lá				
lá b				
sol			do	
	G7 (b9/b13)/B	**G7 (b9/b13)/B**	**C7 (9)**	**F7**

si b				
lá				mon–
lá b				
sol	lho– sa És mi–	nha	O po– en– te– na/es–	pi– nha Das as
sol b/ fá #				tu–
fá				
mi				
mi b				
ré				
ré b				
dó				
si				
si b				
lá				
lá b				
sol				
	Bbmaj7 Cm6	Bbmaj7/D A7/E	Bbmaj7/F Fb7(#11)	Ebmaj7 D7

si b	ta –	Qua–		
lá				
lá b		se/ar–		
sol				
sol b/ fá #		rom–	ti–	
fá		ba/a	na vê	
mi				
mi b	nhas	re–	quem	De noi–
ré				
ré b			De	
dó				
si				
si b				
lá				
lá b				
sol				
	Ebm/Db	Cm7 (b5)	Dbmaj7(9)	Cm7(9/11) Cb7(9/#11)

si b				
lá				
lá b			pi–	
sol				
sol b/ fá #			Pei– ti– nhos de tom–	
fá	te Me– ni–	nas		ba
mi				
mi b				
ré				
ré b				
dó				
si				
si b				
lá				
lá b				
sol				
	Bbmaj7 F7/C	Bbm/Db Bb7/D	Ebm7 Gb7/Db	F7/C

si b				
lá				
lá b				
sol				
sol b/ fá #				
fá	Ven-den-do por		bu-	gan-
mi	Co-			
mi b	pa-	ba- su- bu-		gi- gas
ré	ca-	na/As as	gi- gan- Su-	
ré b				
dó			gas as	
si				
si b				
lá				
lá b				
sol				
	Fm7/C	G7(b13)/B	C7(9)	Cb7(9)

si b				
lá	Gos- to- sa Quen-	ti- nha Quem vai	Ta -	breo
lá b			pi - o -	
sol			ca	
sol b/ fá #				a-
fá				
mi				
mi b				gão
ré				pre-
ré b				
dó				O
si				
si b				
lá				
lá b				
sol				
	Bbmaj7 Cm6	Bbmaj7/D A7/E	Bbmaj7/F Fb7(#11)	Ebmaj7(9) D7(b9)

si b				
lá	Gos – to – sa	Quen – ti – nha...		
lá b				
sol				
sol b/ fá #				
fá			a...	
mi				
mi b				
ré				
ré b				
dó				
si				
si b				
lá				
lá b				
sol				
	Bbmaj7 Cm6	Bbmaj7/D A7/E	Bb/F	

b. frases descendentes, construídas com arpejos de acorde ou graus imediatos; ainda traços de *figurativização*, indicam a conclusão de alguma parte do discurso (expondo-se, como já foi dito, algum núcleo da comunicação):
1. "Hoje tem baile funk / Tem samba no Flamengo";
2. "O Apocalipse";
3. "O povaréu sonâm...";
4. "Nas ondas do mar";
5. "Quase arromba a retina";

c. frases ascendentes, construídas com graus imediatos e cromatismo; mais uma vez traço de *figurativização*, o movimento aponta para a retomada do discurso que parecia ter-se concluído:
1. "O homem da Gávea criou asas";
2. "Cidade Maravilhosa";
3. "Das tuas montanhas" (ao final, há salto intervalar descendente, uma 4ª justa abaixo; um núcleo de tensão *passional*);
4. "De quem vê";

d. frases ascendentes, construídas com graus imediatos e saltos intervalares; os saltos, bem como as durações vocálicas, são pontos de *passionalização*, não por acaso sustentando as efusões:
1. "O pregão abre o dia";
2. "Sobrevoa a tardinha";
3. "E a neblina da ganja".

Em suma, o canto é basicamente *figurativizado*, representando com nitidez a fala do narrador. A sucessão de frases que mantêm a altura, frases ascendentes e frases descendentes não é gratuita, mas dá corpo às constantes mudanças de assunto. A alternância dos perfis, todavia, se torna mais sutil na Parte C (última estrofe), quando predomina a manutenção da mesma altura. E essa é a única parte em que não há a efusão do salto intervalar após as durações vocálicas – e haveria motivo, exclamando-se, ainda que carinhosamente, "De noite / Meninas / Peitinhos de pitomba"?

É de se salientar também que há duas regiões bem exploradas: uma mais aguda, portanto mais *passionalizada*, em torno das notas *lá* e *sol*; outra, na região média da tessitura, portanto mais *figurativizada*, em torno de *mi bemol* e *ré*. Quando se utiliza a nota *fá* ("De noite / Meninas"), há justamente a aproximação entre as duas regiões, a meio caminho entre a emoção e o pensamento. Ocorre que a *passionalização* das durações vocálicas, ao início de cada estrofe, descrevem um movimento de alturas descendentes entre si. Esse movimento geral da melodia reproduz as três fases entoativas da linguagem oral: "uma fase inicial de ascendência", introduzindo a temática; "uma fase de declínio asseverativo", a exposição ("conteúdos opinativos ou mesmo o objetivo central da comunicação"); e a conclusão (afirmações, interrogações, suspensões, hesitações, insinuações, apelos "e outras sutilezas da linguagem oral")[59]. Mas é como se o sentimento fosse aos poucos arrefecendo ou amargando: na Parte A, repete-se a nota *lá*; na Parte B, a nota *sol* ("És minha", dessa forma, já não é uma exclamação tão animada quanto as duas anteriores, a do pregão de rua e a do voo livre); na Parte C, a nota *fá*. A melancolia da descendência acompanha o rebaixamento da vida contemplada pelo narrador. O salto intervalar no meio da última frase ("Suas bugigangas"), leva a crônica a não ter fim, engatando o término ao (re)início de melodia e letra, bem de acordo, aliás, com o ciclo em que a narrativa se baseia: dia-tarde-noite-dia--tarde-noite-dia... O que era para ser a conclusão do discurso, dessa forma, fica sendo uma frase de tensão emotiva que serve tanto para intensificar o quadro deplorável do comércio da noite como para retomar o encantamento do comércio do dia.

No plano da harmonia, as partes A e B começam com uma progressão de acordes idêntica, apesar de haver transposição da frase melódica. A melodia inicial da Parte A rebate a nota *lá* posicionando a voz na tensão do acorde de Bbmaj7 (7ª Maior, uma dissonância) e na alteração do acorde de Cm6 (6ª Maior, uma consonância imperfeita). Já a melodia inicial da Parte B coloca a nota *sol*, rebatida, em consonância com os dois acordes (*sol* é a 6ª Maior de Bb, uma consonância imperfeita, e a 5ª de Cm, consonância perfeita).

59. Cf. Luiz Tatit, *O Cancionista*, pp. 258-259.

Na canção popular-comercial brasileira, estruturas melódicas construídas pela expansão da tríade do acorde – ou seja, pela adoção das chamadas notas dissonantes – se tornaram uma marca da bossa nova. Quando se estuda a melodia de Tom Jobim, constantemente se percebem notas de repouso e de tensão que não correspondem às tríades, enquanto a harmonia abriga notas dissonantes em complemento ao que se canta[60]. Melodias desse tipo, contudo, já são encontradas no samba anterior à bossa nova, bem como no samba composto depois da década de 1950, ainda que muitas vezes este tenha sido visto como exemplo de resistência à influência estrangeira, notadamente de resistência à influência norte-americana e, no âmbito desta, em se tratando da bossa nova, à influência do *jazz*.

Citar Dorival Caymmi e Ary Barroso nessa linhagem conta pouco, uma vez que ambos vêm sendo gravados por João Gilberto desde o LP *Chega de Saudade* (1959). Ainda assim, vale a pena chamar a atenção ao menos para a primeira nota de *Faceira* (Ary Barroso), gravada por Sílvio Caldas em 1931 (na tonalidade de Sol Maior, *fá sustenido*, durando mais que um compasso; a nota é a 7ª Maior do acorde de G)[61]. Dois anos antes, Sinhô estruturava o motivo melódico inicial do estribilho de *Jura* (seu maior sucesso) pela repetição de duas notas, nenhuma delas pertencente à tríade do acorde inicial (na tonalidade de Dó Maior, adotada na primeira gravação de Mário Reis, cantavam-se as notas *si bemol*, 7ª Maior, e *lá*, 6ª Maior do acorde de C)[62]. Sinhô, como Ary Barroso e, depois, Tom Jobim, compunha ao piano; seria esse um dos motivos de tal característica da melodia?[63]

60. Sobre o assunto, cf. Lorenzo Mammì, prefácio a *Cancioneiro Jobim*; ainda cf. Luiz Tatit, *O Cancionista*.

61. A gravação pode ser ouvida no CD nº 2 de *Os Grandes Sambas da História*. Em carta de 1932, Paulo Magalhães conta a Mário de Andrade que "*Faceira* é o samba que está fazendo furor em Porto Alegre", no momento em que "a gauchada começou a gostar de Samba que é um Deus nos acuda", o que não acontecia antes; o sucesso, explica Magalhães, fora precedido pela ida de Pixinguinha àquela cidade, "com um conjunto orquestral [que] pespegou Sambas naquela gente, a valer" (cf. Flávia Camargo Toni, *A Música Popular Brasileira na Vitrola de Mário de Andrade*, São Paulo, Editora Senac, 2004, pp. 291-292). Tom Jobim cantou *Faceira* junto com Gal Costa numa série para a TV Manchete em 1984, *A Música Segundo Tom Jobim* (cf. *Cancioneiro Jobim*, p. 160).

62. A gravação (lançada em 1929) foi incluída no LP *Pequena História do Samba*, Museu da Imagem e do Som / Odeon, LP MIS 011, 1968.

63. *Fotografia*, de Tom Jobim, possui uma melodia exemplar quanto à inversão, na prática, das notas teoricamente de repouso e de movimento da escala. Na partitura do *Cancioneiro Jobim*, a tonali-

Ocorre que Bide e Marçal compuseram *Agora É Cinza*, gravada em 1933 por Mário Reis e Diabos do Céu (orquestra dirigida por Pixinguinha), mesmo ano em que Wilson Batista teve *Lenço no Pescoço* gravada por Sílvio Caldas e Diabos do Céu. Nenhum dos compositores era pianista (ou *pianeiro*). No entanto, a melodia do estribilho de *Agora É Cinza* estaciona na 7ª menor de um acorde menor, em duas passagens ("O nosso a*mor*", nota *dó*, acorde de Dm; "O *sopro* do passado desfaz", nota *si bemol* rebatida, acorde de *Cm*), e há também o uso de uma *blue note* ("Agora é cinza", nota *lá bemol*, 7ª menor da tonalidade de Si bemol Maior; o acorde ali executado é G7)[64]. Quando se canta a frase "Lenço no pes*coço*", a melodia empresta uma nota da escala menor homônima (trata-se da 6ª menor; na tonalidade de Mi bemol Maior, a nota é *si*; o acorde executado, B, cumpre a função de subdominante menor)[65]. Igual empréstimo daria corpo à melancolia dramática da primeira parte de *Tiradentes*, samba-enredo do Império Serrano, em 1949, composto por Mano Décio da Viola, Penteado e Estanislau Silva ("Joaquim Jo*sé* / da Silva Xavier"; "Foi traído / E não tra*iu jamais*")[66].

dade é Dó Maior; no tema melódico principal, a nota *ré* (9ª dos acordes de Cmaj7/9 e Cm7/9; 11ª do acorde de Am7) atua como repouso, e a nota *dó* (fundamental de C ou Cm; 3ª de Am), como movimento. Tanto Cláudio Leal Ferreira quanto Paulo Jobim afirmaram, para mim, que o fato nada mais é que um aproveitamento da expansão da tríade nos acordes executados por Tom (assim como por outros músicos populares). Paulo Jobim, que coordenou a edição das partituras do *Cancioneiro Jobim*, disse ser perceptível ali uma certa diferença entre canções compostas ao piano e canções compostas ao violão. O repouso na 9ª do acorde de tônica, assim, poderia se explicar pelo arpejo das notas no teclado. Do ponto de vista do artesanato musical, creio que as declarações convencem. Resta, todavia, perguntar-se acerca dos sentidos de tal arquitetura, frases construídas com notas de tensão dos acordes que soam melodicamente como repouso. O trabalho já foi bem iniciado por Lorenzo Mammì e por Luiz Tatit, conforme indiquei em nota anterior. Mas talvez sejam necessários outros esclarecimentos, que levem em conta, por exemplo, um fato para o qual Paulo Jobim chamou-me a atenção: também se encontra esse tipo de melodia na música de Milton Nascimento ou na de Sting, ambas sem dúvida diversas da música de Tom Jobim; e, ainda, na música de João Donato.

64. A gravação, já citada, pode ser ouvida no CD nº 3 de *Os Grandes Sambas da História*; advirta-se que, não sei por quais mistérios tecnológicos, o fonograma oscila entre a tonalidade de Si bemol Maior e a de Si Maior, não importando o aparelho de reprodução.

65. A gravação pode ser ouvida no CD nº 10 de *Os Grandes Sambas da História.*

66. *Tiradentes* fez sucesso em 1955, gravado por Roberto Silva (cf. Jairo Severiano e Zuza Homem de Melo, *A Canção no Tempo, Volume 1*, pp. 315-315). O cantor lembrou o samba quando da sua participação na série *Música do Brasil* (programa "Música para Terminar em Samba-Pop"). Além dessa execução, baseio-me na gravação de Zezinho e os Copacabana [*sic*] incluída no LP *Pequena História do Samba*. Em depoimento a Sérgio Cabral, Mano Décio da Viola disse que é o autor da me-

Já em 1974, Cartola lançaria o seu primeiro LP gravado em estúdio que leva o seu nome na capa[67]. *Disfarça e Chora*, composta no ano anterior em parceria com Dalmo Castello[68], começa de forma semelhante à *Jura*, as mesmas duas notas que não pertecem à tríade do acorde de tônica ("*Chora*...; na tonalidade de Fá Maior, notas *mi*, 7ª Maior, e *ré*, 6ª Maior do acorde de F). Já a sequência, porém, é diversa. Não se repetem as duas notas, mas se vai para uma frase que termina em outra escala, apoiada por um acorde típico do *blues* ("Disfarça e *chora*"; as notas finais são *mi bemol* e *ré bemol*; o acorde é Db7/9, ou seja, bVI7). *Amor Proibido*, só de Cartola e gravada seis anos antes por Paulinho da Viola[69], também possui uma melodia na qual se estacionam em notas consideradas dissonantes. Para efeito do que aqui se comenta, basta que se observem as três primeiras frases: "Sabes que *vou* partir" (na tonalidade de Ré Maior, nota *fá sustenido*, 9ª Maior do acorde de E7/9); "Com os olhos *rasos d'água*" (nota *ré*, repetida, 7ª menor do acorde de Em); "E o cora*ção ferido*" (nota *dó sustenido*, repetida, 7ª Maior do acorde de D).

É de se lembrar, contudo, que ao falar de Cartola estamos diante de um sambista que foi sendo aos poucos preterido na Estação Primeira de Mangueira, escola da qual foi um dos fundadores. A partir de 1949, os seus sambas passaram a ser vistos como muito elaborados para um desfile, segundo explicou Nélson Sargento:

> O Cartola só conseguiu colocar os sambas dele na Mangueira, enquanto ele foi Diretor de Harmonia. Quando deixou de ser, não colocou mais nem um. A música dele era muito elaborada, a linha melódica muito difícil. Como é que pastora podia cantar? De cada 100 pastoras, só 10 aprendiam direito. E mesmo assim com ele dirigindo. Ele

lodia que aqui destaco, a da primeira parte do samba-enredo (cujo nome original era *Exaltação a Tiradentes*); a essa parte foi unida uma segunda que já estava feita, por Penteado, para uma outra composição; e Estanislau Silva entrou como autor mais tarde, quando Mano Décio o autorizou "a tomar conta do samba, arranjar aquela gravação" (cf. *As Escolas de Samba do Rio de Janeiro*, pp. 313-314). Esse depoimento de Mano Décio foi bem comentado por Monique Augras, em *O Brasil do Samba-Enredo* (Rio de Janeiro, Editora Fundação Getúlio Vargas, 1998, pp. 82-83).

67. Cf. Cartola, *Cartola*, Discos Marcus Pereira, CD 10029, s. d.
68. Cf. Marília Barbosa da Silva e Arthur de Oliveira Filho, *Cartola: Os Tempos Idos*, p. 220; no relançamento em CD, *Disfarça e Chora* é a faixa 1, e o sobrenome de Dalmo está grafado "Casteli" e não "Castello", como se lê no livro aqui citado, em que há um depoimento desse parceiro de Cartola (cf. pp. 220-222).
69. Cf. Paulinho da Viola, *Paulinho da Viola*, EMI, CD 852503 2, s.d. [1968]

não era mais bom compositor pra escola de samba, não por defeito dele, mas por ignorância das pastoras. A gente não pode lutar contra a maré[70].

Cartola, em depoimento de 1976, comentaria essa maré, que pode ser entendida como o espetáculo da forma-mercadoria:

No começo das escolas de samba, havia certo capricho em tudo. As pastoras, os rapazes se empenhavam. Queriam aprender as músicas difíceis. O samba era mais livre. Fazia-se as coisas com mais amor, sem pensar no lucro. Hoje, é tudo na base do dinheiro. O próprio compositor faz as músicas pré-fabricadas, com intenções de gravar, vender, ganhar dinheiro. Hoje, a escola de samba quer tudo fácil, porque são duas a três mil pessoas. Um samba difícil não pode ser, porque seria impossível todo mundo aprender em pouco tempo. E, quando chega na avenida, na hora do desfile, a escola quer ouvir o povo de fora cantando seu samba. E isso é importante pra divulgação. Por isso, surgem músicas como o *Pega no ganzê... pega no ganzá*, perdendo a autenticidade e a beleza que o samba tinha[71].

A característica inicial da construção melódico-harmônica de *Carioca*, assim, se insere numa linhagem que atravessa todo o samba, desde a sua fase amaxixada, passando inclusive – e sobretudo – pela bossa nova. À sua maneira, a abrangência dessa construção não escapou ao então crítico de música José Ramos Tinhorão quando escreveu sobre o primeiro disco de Cartola. Tinhorão aconselhou que "um estudioso de música popular brasileira" reco-

70. Cf. Marília Barbosa da Silva e Arthur de Oliveira Filho, *Cartola: Os Tempos Idos*, p. 160; sobre o assunto, ver também pp. 180-181. Naquele ano de 1949, as escolas de samba do Rio estavam divididas. A Mangueira venceu o desfile da União Geral das Escolas de Samba, com um samba-enredo de Nélson Sargento e Alfredo Português (cf. Silva e Oliveira, *Cartola: Os Tempos Idos*, p. 160). O Império Serrano ganhou o desfile da Federação Brasileira das Escolas de Samba, com o samba-enredo *Exaltação a Tiradentes* (cf. Sérgio Cabral, *As Escolas de Samba do Rio de Janeiro*, pp. 158-161).

71. Cf. "Cartola: O Samba Tem que Chegar na Dele", em *Auxiliar: Defesa da Cultura Nacional* (reunião de textos publicados no jornal empresarial *Auxiliar*), São Paulo, Sistema Financeiro Auxiliar/Corporação Bonfiglioli, 1982, pp. 45-47. Cartola se refere a *Festa para um Rei Negro (Pega no Ganzê)*, samba-enredo de Zuzuca (Adil de Paula) para a Acadêmicos do Salgueiro, carnaval de 1971 (cf. Jairo Severiano e Zuza Homem de Melo, *A Canção no Tempo, Volume 2 (1958-1985)*, São Paulo, Editora 34, 1998, pp. 164; ver ainda Sérgio Cabral, *As Escolas de Samba do Rio de Janeiro*, pp. 196-197). Há um outro depoimento de Cartola sobre o assunto, também feito em 1976, para o jornal *O Globo* (cf. M. B. Silva e A. Oliveira Filho, *Cartola: Os Tempos Idos*, p. 223).

mendasse ao público, entre outros itens: "atentar bem para certas passagens de sambas de Cartola, e comparar sua harmonia com o que os compositores da geração bossa-nova afirmavam ter sido a maior contribuição do movimento à música popular brasileira"[72].

Bem vistas as coisas, o que era para ser entendido como uma diminuição da "geração bossa-nova" acaba por atribuir-lhe um outro valor, de cunho nacionalista (justamente a base das críticas de Tinhorão, desde sempre, à bossa nova, tirante João Gilberto, a quem elogia): no Brasil, a incorporação, pela harmonia, das chamadas notas dissonantes não é privilégio da canção de Tom Jobim, entre outros compositores da bossa, apesar de nessa estética o recurso ter ganho outro relevo, assumindo um caráter modelar. Mas deixando de lado a questão nacionalista[73], penso que tal modificação da harmonia, segundo os exemplos que cito, tanto ocorreu pela influência de obras musicais de várias procedências (erudita, canção popular estado-unidense, *jazz* etc.) quanto pela necessidade de melhor apoiar melodias que intuitivamente já adotavam as notas das camadas superiores dos acordes, as chamadas notas de tensão; dizendo de outro modo: melodias que intuitivamente exploravam os vários graus de uma escala, estacionando em notas diferentes das que formam a tríade. Com a afirmação, percebe-se, busco considerar a mútua interferência de fatores musicais e aspectos decorrentes da recriação da fala no canto, tal como na discussão sobre a síncope[74].

72. Texto publicado no *Jornal do Brasil*, 11.6.1974; citado por Marília Barbosa da Silva e Arthur de Oliveira Filho, *Cartola: Os Tempos Idos*, p. 219.

73. Não custa repetir Mário de Andrade, em seu *Ensaio sobre a Música Brasileira*: "O problema da Harmonia não existe propriamente na música nacional. Simplesmente porque os processos de harmonização sempre ultrapassaram as nacionalidades" (p. 49).

74. Schönberg considerou, "em síntese, [que] a oposição consonância/dissonância era de ordem histórica e cultural" (cf. Arnaldo D. Contier, "Modernismos e Brasilidade: Música, Utopia e Tradição", em Adauto Novaes (org.), *Tempo e História*, São Paulo, Companhia das Letras/Secretaria Municipal de Cultura, 1992; p. 264). À parte qualquer discussão estética, Stravinsky, tido por Tom Jobim como um de seus mestres, sendo Villa-Lobos outro (cf. A. C. Jobim, *A Vida de Tom Jobim*, Rio de Janeiro, Editora Rio Cultural/Faculdades Integradas Estácio de Sá, s.d., p. 85; Paulo Jobim (coord.), *Cancioneiro Jobim*, p. 140), Stravinsky afirmou: "Tendo se tornado uma entidade autossuficiente, muitas vezes a dissonância não prepara nem antecipa alguma coisa. Já não é mais agente da desordem, assim como a consonância, tampouco garantia de segurança. A música de ontem e de hoje aproxima sem hesitação acordes dissonantes paralelos que, dessa maneira, perdem seu valor funcional: e o nosso ouvido aceita naturalmente essa justaposição. Obviamente, a instrução e a educação do público não acompanharam o ritmo de evolução da técnica" (cf.

Voltemos a *Carioca*. Muito já se falou que Chico Buarque surgiu na segunda geração da bossa nova, a qual passaria depois a ser chamada Moderna Música Popular Brasileira (MMPB), antes que perdesse o primeiro adjetivo. E muito já se destacou também que Chico parecia, naquela década de 1960, conciliar o melhor dos mundos, a bossa nova e a tradição do samba (principalmente, entre outros ritmos urbanos como a marchinha, a marcha-rancho, o chorinho, a modinha, o maxixe). Três décadas depois, a melodia que estaciona em notas ditas dissonantes é um traço simples e sofisticado, comum a essa linhagem. E a característica não se esgota na frase inicial de *Carioca*, aparecendo em outros momentos. Para além dela, entretanto, a análise harmônica da composição leva a considerar que a exploração da harmonia, ponto decisivo na estética da bossa nova, vem sendo bastante observada no trabalho mais recente de Chico Buarque, com resultados que colocam o plano harmônico em um caminho até então inédito. Na mídia, a pouca repercussão que se dá ao fato é, na realidade, uma prova decisiva de sua importância, diante do muito que se discute atualmente acerca da vida do artista, entre outras inutilidades[75].

"O Fenômeno da Música", *Poética Musical (Em 6 Lições)*, trad. Luiz Paulo Horta, Rio de Janeiro, Jorge Zahar Ed., 1996, p. 40). Em relação à canção popular-comercial brasileira, os recursos que identifico nas canções, de Sinhô a Cartola, passando por Tom Jobim, não devem ser entendidos como um arremedo desse universo erudito, diretamente ou via *jazz*, pois o fundamental para qualquer canção é a adequação e a compatibilidade entre letra e música, conforme esclareceu Luiz Tatit, o que implica estudar a relação com a fala em pé de igualdade com a técnica musical. De resto, não se devem ver os exemplos que aqui destaco como casos de *pseudoindividuação*, termo com que Adorno qualificou passagens inusitadas do *jazz* norte-americano que, ao fim, agiriam como "o correspondente necessário da estandardização musical" (cf. Gabriel Cohn (org.), "Sobre a Música Popular", *Adorno*, trad. Flávio R. Kothe, A. Onesti e A. Cohn, São Paulo, Ática, 1986, pp. 115-146). Sem julgar a pertinência da crítica adorniana, estamos em contexto diverso, no qual, com toda a certeza, a forma-mercadoria não tomou de assalto a representação artística, a qual se baseia, por sua vez, numa tradição popular viva em meio à modernização capitalista de um país periférico. No entanto, quando o espetáculo da mercadoria vem à frente, é forçoso reconhecer uma certa *regressão da audição*, para ainda falarmos com Adorno, fato do qual já se queixava Cartola, naquele depoimento de 1976. Não se pense, todavia, que minhas observações têm como ponto de fuga a crítica ao *rap* como forma máxima de melodia regredida. Ao abandonar as alturas das notas e ficar apenas com o ritmo, o timbre e a intensidade, penso que o *rap* cuida de representar com acerto uma experiência histórica em que *o que se diz se torna mais importante do que o modo como se diz, e o poder de encantamento da melodia é sempre suspeito*; nesse sentido, a modificação da forma da canção contribui para o valor das obras.

75. Exceções sempre existem, é lógico; veja-se, por exemplo, uma declaração recente do músico Wagner Tiso: "Todas as suas [de Chico Buarque] músicas são harmonicamente muito ricas, surpreendentes mesmo: a combinação da primeira com a segunda parte, as escolhas que faz sempre

De início, veja-se que as relações harmônicas de *Carioca* podem ser melhor compreendidas se reduzirmos os acordes executados a outros mais simples[76]. A operação deve ser encarada como um exercício de análise, pois os novos acordes tiram muito da graça da composição. Por meio da harmonia simplificada, todavia, é possível enxergar com mais facilidade como o campo harmônico Maior (na tonalidade de Si bemol) é trabalhado. Na Parte B, durante três compassos, há uma cadência para a tonalidade de Ré bemol Maior. O efeito é análogo ao que se sente na Parte C, quando se passa pela tonalidade menor homônima, Si menor, uma vez que a Escala Diatônica utilizada nos dois casos é a mesma (em termos práticos, o acorde de Db é o relativo Maior de Bbm). À semelhança do que acontece em *A Preta do Acarajé*, as passagens introduzem uma certa melancolia na estrutura melódico-harmônica desta canção, afim com o movimento de transposição das frases iniciais de cada parte (caindo da nota *lá* para a *sol*, e daí à *fá*) e com a degradação da vida contemplada. Adiante retomarei esse ponto, que precisa ser melhor esclarecido. Outros movimentos da harmonia também serão destacados a seguir.

Figura 48. *Carioca*: análise harmônica com acordes simplificados.

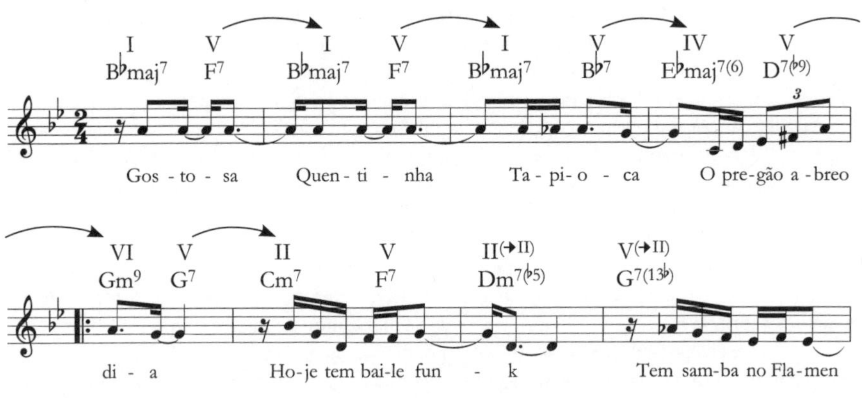

surpreendem na primeira audição, mas depois a gente acha que só podia ser assim mesmo" (depoimento reunido na matéria "Muitos Talentos em um Só Francisco", *O Estado de S. Paulo (Caderno 2)*, 19.6.2004, p. D 6).

76. Mais uma vez, baseio-me nos estudos de harmonia da música popular desenvolvidos com o maestro Cláudio Leal Ferreira. Para fins de prática musical, a harmonia simplificada nos dá uma base sólida para que novas harmonizações da canção possam ser realizadas de forma consciente. Essa abordagem, no entanto, deverá ser ponderada mediante as considerações feitas na sequência da análise.

V(→II) V(→II) V V
G7(13♭) G7(13♭) C7(9) F7
- goO re - ve rendo No palanque lendo OA po ca lip se Ohomemda Gávea criou
I V I V I V IV V
B♭maj7 F7 B♭maj7 F7 B♭maj7 B♭7 E♭maj7(6) D7(♭9)
a - sas Va - di - a Ga - i - vo - ta So-bre-vo- aa tar
VI V II V II(→II) V(→II)
Gm9 G7 Cm7 F7 Dm7(♭5) G7(13♭)
- di - nha Ea ne-bli - na da gan - ja O po-va-réu so-nâm
V(→II) V(→II) V V
G7(13♭) G7(13♭) C7(9) F7
- bu loam bu lando quenemmuamba Nas on-das do mar Ci-da-de Ma-ra -vi
I V I V I V IV V(→VI) VII7(→II)
B♭6 F7(9) B♭6 F7(9) B♭6 B♭7(13) E♭ D7
- lho - sa És mi - nha O po-en - te naes -pi-nha das tu-as mon
Ré bemol Maior
II V I V
E♭m A♭7(9/13) D♭(add9) F7
Si bemol Maior
- ta - nhas Qua-sea -rrom - baa re - ti - na De quem vê De noi
I V I V IV V
B♭ F7 B♭m B♭7 E♭m F7
Si bemol menor
- te me - ni - nas Pei -ti-nhosde pi -tom - ba

Para avançar na análise harmônica, todavia, e compreender todas as progressões e o porquê dos acordes efetivamente tocados, é necessário considerar antes a técnica musical de Luiz Cláudio Ramos, arranjador dos discos de Chico Buarque a partir de 1989. O pensamento sobre a harmonia utilizado por Luiz Cláudio, salvo algum desconhecimento meu, é novo em termos de canção popular-comercial brasileira (não me refiro, portanto, nem à música de tradição erudita nem à canção ou à música popular-comercial de outros países). Segundo o próprio músico me explicou[77], trata-se de, em primeiro lugar, analisar a melodia verificando em qual ou em quais escalas ela está sendo desenvolvida. As escalas principais trabalhadas pelo arranjador são quatro: Escala Diatônica, Escala menor Melódica, Escala de Tons Inteiros e Escala Diminuta; além dessas, há outras como a menor Harmônica e a de *blues*. O campo harmônico de cada uma, sa-

77. Entrevistei-o no dia 18 de abril de 2005, no Rio de Janeiro. Devo confessar que, àquela altura, esperava apenas confirmar a análise que já fizera de *Carioca* e de outras canções de Chico Buarque (*Iracema Voou, Sonhos Sonhos São, Futuros Amantes, O Futebol, Estação Derradeira, Cantando no Toró, Pelas Tabelas*). A entrevista alterou os rumos deste trabalho, requerendo que a análise harmônica de *Carioca* fosse refeita. Quanto às outras canções, até então eu acreditava que pudessem esclarecer aspectos importantes da construção musical de *Carioca*. Não mudei de opinião, mas tive de aceitar que esses aspectos precisariam ser colocados nos termos da conversa que mantive com Luiz Cláudio Ramos, o que passaria a representar um outro trabalho: a exposição de uma nova técnica de harmonia para a canção popular-comercial brasileira.

be-se, dá origem a um grupo de acordes. Os acordes encadeados são definidos, assim, a partir da escala utilizada, havendo liberdade quanto aos encadeamentos em si. Nas palavras de Luiz Cláudio Ramos: "Existe todo tipo de progressão harmônica. Existem alguns clichês, mas vale tudo"; assim, na Escala Diatônica, o VIIº grau [acorde Xm7 (b5)], de função dominante, poderá resolver na tônica (Iº grau) ou na subdominante (IVº grau). E há certa liberdade também quanto às notas utilizadas em um acorde. Por exemplo, nos acordes menores da Escala Diatônica, pode-se utilizar como tensão a 6ª (Maior ou menor, dependendo do grau) ou até mesmo a 9ª menor (no IIIº grau, modo frígio). A fim de se obter algum efeito desejado, podem ser usadas inclusive notas que não estão na escala[78].

Creio que esse tratamento musical é, em boa parte, responsável pelo ineditismo do plano harmônico na produção recente de Chico. Não que o arranjador invente uma nova harmonia, diversa da que foi composta. Isso ele fez questão de esclarecer, na entrevista que me concedeu. Especificamente em relação a *Carioca*, Luiz Cláudio afirmou:

> Alguns acordes eu posso ter sugerido, mas o Chico já gosta muito desse tipo de... Ele não tem consciência nenhuma, ele não sabe essa história das escalas, mas ele tem uma intuição e ele quer procurar esse tipo de caminho, ele tem uma cabeça parecida [com a minha] nesse sentido. Então, ele já faz muitos desses acordes, mas algumas vezes eu... faço um *copidesque*.

De fato, o próprio Chico Buarque já declarou para a imprensa:

> O que desencadeia uma canção é a música. E ela pode surgir do nada ou do erro. Ao tocar o violão, um acorde errado pode sugerir coisas que eu não tinha intenção de fazer. A gênese da canção é sempre casual. Não tenho domínio intelectual. Sou um músico intuitivo[79].

Mudando o ponto de vista, o que se pode dizer é que, ultrapassada a difícil etapa inicial do aprendizado, tocar ao violão *Carioca* (bem como outras canões

78. Um exemplo de arranjo que se utilizou de notas fora da escala, dado por Luiz Cláudio Ramos, é o da canção *Paratodos* (cf. Chico Buarque, *Paratodos*, BMG Ariola / RCA, CD V120.046, 1993).
79. Cf. Augusto Massi, "Chico Buarque Responde ao Brasil com *Paratodos*", *Folha de S. Paulo (Ilustrada)*, 20.11.1993, pp. 5-1.

de Chico[80]) revela-se quase uma brincadeira, um jogo criado por compositor e arranjador. Muito da sensação vem da própria dificuldade a ser vencida, mas a condução das vozes dos acordes, muitas vezes feita por cromatismo, também concorre para isso. Há um certo parentesco com arranjos para violão feitos por João Gilberto[81], não quanto às soluções harmônicas, mas sim quanto ao gosto por tocar encadeamentos que, para os dedos do violonista, representam gestos interessantes, com mudanças constantes de acordes, escorregadas cromáticas ou, ao contrário, saltos em que os dedos não podem escorregar para fora da casa pretendida. Um virtuosismo, enfim, mas que não chega a ser inalcançável para outros músicos ou mesmo para amadores dedicados. A participação profissional e/ou lúdica desse público constituirá uma das forças dessa linha violonística, a qual, no fim das contas, estrutura um modo de pensar a composição e a execução de canções. Em *Carioca*, especificamente, a mudança de um acorde para outro é irrequieta como o olhar do narrador, e a mão esquerda do violonista se mexe com mais rapidez que os assuntos no discurso, só perdendo para as sílabas comprimidas em alguns compassos.

De resto, sublinhar o processo coletivo em que se realiza qualquer canção popular-comercial é algo sempre necessário, em virtude do excessivo personalismo com que a matéria é tratada pela mídia. Prosseguindo a exposição da técnica de harmonia, Luiz Cláudio Ramos explica que, depois de escolhido o acorde segundo a escala utilizada e o efeito desejado, a preocupação se volta para o baixo, no mais das vezes utilizado como complemento da melodia – daí evitar-se que o baixo simplesmente repita a nota melódica, a menos que assim se queira. Disso resultam muitas inversões de acorde (ou seja, o baixo não corresponde à fundamental do acorde). Por fim, são definidos os instrumentos para os arranjos feitos no violão e no piano. E, nessa fase, entra uma nova con-

80. Exemplos mais recentes, *O Futebol* e *Estação Derradeira*; na década de 1970, é o caso de *Construção / Deus lhe Pague* (com arranjo orquestral de Rogério Duprat, o fonograma, de 1971, talvez seja a melhor realização que a tropicália e a MPB, vindas da década anterior, alcançaram, mesmo quando tomadas em separado – o que seria um equívoco, tomá-las em separado: o acerto se deu justamente por ambas dialogarem, na gravação, em altíssimo nível).

81. Por exemplo, *É Luxo Só* (Ary Barroso/Luiz Peixoto), gravada em 1959 (as cifras constam de um dos encartes do álbum *O Mito*, EMI-Odeon, LP 164791115-1, 1988), ou *Pra que Discutir com Madame* (Haroldo Barbosa/Janet de Almeida), gravada em 1986 (cf. *Live at the 19th Montreux Jazz Festival*, WEA, LP 615.6001 – 36215/76, 1986).

tribuição coletiva: "Se gravar com determinados músicos, vai ser de um jeito. Se gravar com outros músicos, vai ser diferente. Não que seja melhor ou pior, mas diferente. Cada um tem a sua linguagem".

Diante do que foi exposto, os acordes efetivamente empregados em *Carioca* serão analisados conforme as suas escalas, em interação com a melodia. Mas não deixarei de indicar as funções harmônicas (tônica, subdominante, dominante), nas quais se baseia o sistema tonal, bem como atribuirei sentido interpretativo a algumas passagens que julgo dignas de relevo. Ao proceder assim, acabarei por me descolar um pouco do sentido das soluções pessoais de Luiz Cláudio Ramos, das intenções conscientes de seu trabalho. Para o músico, a liberdade possibilitada pela interpretação da harmonia que ele desenvolveu responde por várias opções que tratarei como surpresas nas progressões de acordes[82].

Na análise, serão desconsideradas as diferenças de melodia entre as duas "Parte A", por serem irrelevantes. A harmonia será examinada segundo a estrutura básica da música: três partes, a Parte A com 12 compassos, a Parte B com 8, a Parte C também com 8, num total de 28 compassos. É preciso ainda esclarecer preliminarmente alguns conceitos. Vejamos, em primeiro lugar, o conceito de *cadência*:

> Dá-se o nome de cadências a determinadas progressões harmônicas que servem para estabelecer um centro tonal e um modo, e que o fazem restringindo-se ao emprego de não mais do que três acordes, de funções diversas e primordialmente diatônicos [exemplos: V7 – I; IV – V7 – I; IIm – V – I; IIm7(b5) – V7(b13) – Im7; IVm6 – Imaj7]. As cadências se constituem nos elementos harmônicos essenciais de sustentação do

82. Um dos casos que discuti com Luiz Cláudio Ramos foi o sentido da alternância do Maior para o menor homônimo, buscando-se salientar a melancolia, ou a utilização do relativo menor (VIº grau), a fim de entristecer a tonalidade Maior. O músico afirmou não se importar com isso e achou mesmo irrelevante: "É normal, não existe uma racionalidade, de ser mais nostálgico"; sua predileção por um ou outro acorde decorre dos modos que ele interpretou harmonicamente, ou seja, de sua solução pessoal, no âmbito da técnica, respeitando-se o artesanato musical no que se refere à constituição dos campos harmônicos (retomo os termos de Mário de Andrade já utilizados na descrição de *A Preta do Acarajé*). Mas, ainda que Luiz Cláudio leve bastante em consideração a letra (disse-me isso quando achou uma letra manuscrita de *Paratodos*, ao procurar, a meu pedido, a harmonia de *Pelas Tabelas*, na pasta com as partituras de um *show*), nada impede, no meu modo de entender, que se atribua uma determinada sensação à matéria musical, um sentimento diverso do intencionado pelo arranjador – pois sabemos que um efeito provocado pela obra de arte, mesmo não tendo sido pensado ou sentido pelo artista, ainda assim pode estar ali, requerendo interpretação.

fraseado melódico em pontos de repouso, os quais podem ser plenos ou parciais. No tonalismo, tais progressões se dão obedecendo aos princípios de antecedência e de consecutividade da harmonia funcional[83].

Em segundo lugar, vejamos o conceito de *cadência de engano*: no sistema tonal, trata-se de progressão harmônica em que o acorde com função de dominante – precedido ou não por acorde com função de subdominante – não é resolvido da maneira esperada, isto é, pelo acorde de tônica. A progressão com essa característica também é chamada de "cadência deceptiva", "cadência incompleta", "falsa cadência" ou "cadência interrompida"[84]. Todas as expressões se referem, está claro, ao mesmo tipo de progressão, mas também é claro que as palavras podem sugerir, em cada caso, interpretações diversas que não convêm desconsiderar. Assim, obviamente "deceptiva" realça a decepção causada pelo acorde que resolve o de dominante, assim como "incompleta" e "interrompida" sugerem, com perdão pela redundância, que o encadeamento não se completou ou que foi interrompido, colocando-se em relevo, nos três casos, que o acorde de tônica não veio. Do mesmo modo, "falsa cadência" indica que o centro tonal anunciado não se concretizou.

Para a interpretação dos encadeamentos harmônicos de *Carioca* que proponho, com destaque para cadências desse tipo, o mais importante não é sublinhar a ausência do acorde preparado e sim o movimento que parece apontar para uma direção quando, na realidade, se encaminha para outra, num gesto análogo ao jogo de corpo que se nota tanto na dança – do samba, mas não só dele – quanto no drible – do futebol, como de outros esportes. Daí minha preferência por "cadência de engano". Indo adiante, penso que não seja absurdo afirmar que, a seu modo, a expressão sintetiza a referência a uma regra estabelecida – a progressão subdominante/dominante/tônica do sistema tonal, dentro do qual se estrutura *Carioca*, assim como a grande maioria das canções brasileiras gravadas –

83. A definição é retirada do curso de Harmonia da música popular do maestro Cláudio Leal Ferreira.
84. Minha definição de "cadência de engano" ainda se baseia no curso de Harmonia do maestro Cláudio Leal Ferreira. Para uma definição publicada em livro, cf. Almir Chediak, *Dicionário de Acordes Cifrados*, pp. 266 e 269 ("*Cadência deceptiva* é quando o V [dominante] vem seguido por qualquer grau que não seja I [tônica]. Esta cadência não é conclusiva e pode ser diatônica ou modulante"). Já as expressões entre aspas foram retiradas de Henrique Autran Dourado, *Dicionário de Termos e Expressões da Música*.

e uma alteração permitida dessa regra – pois desde pelo menos a bossa nova, na história da nossa música popular-comercial, são executadas cadências desse tipo.

A cadência de engano, portanto, pode ser interpretada como um elemento do plano harmônico que corresponde à síncope, nos planos da melodia e da pulsação (acompanhamento rítmico), bem como às notas de movimento da escala utilizadas como repouso, na melodia[85]. Em todos esses elementos, percebe-se a marca da surpresa que não é gratuita, mas estrutural: a canção se constrói na regra e na possibilidade do desvio da regra; em outras palavras: a norma é admitir a regra tanto quanto os seus desvios previstos, uma ordem não se afirma sem que o desvio possível esteja presente. Uma espécie de liberdade consentida, aceitável, que areja a vigência das leis pela ampliação real dos efeitos utilizados. É certo que a cadência de engano nem foi inventada no Brasil, nem é primazia da música ou da canção brasileira. Ainda assim, observado o quadro em que *Carioca* se move, talvez o recurso harmônico possa sugerir, num salto interpretativo, movimento semelhante ao da *dialética da malandragem*[86].

Em *Carioca*, ocorrem cadências de engano de três tipos:

a. cadência de engano modulante com utilização de *acorde pivô*[87] – ou seja, um acorde com dupla função. Ocorre quando há *tonicizações*, isto é, *modulações passageiras*, cadências de novas tonalidades realizadas no meio de um período (Ré bemol Maior, no compasso 16; e Si bemol menor, entre os compassos 21 e 25)[88]. Os acordes (D7; F7/C; Fm7/C) desempenham, nos três casos,

85. A aproximação formal entre a síncope e a dissonância já foi feita antes por Lorenzo Mammì: "Quando João Gilberto acompanhou no violão Elizeth Cardoso, na primeira gravação de *Chega de Saudade*, a harmonia de Jobim encontrou finalmente uma colocação rítmica adequada, entre um baixo ao essencial e uma linha melódica extremamente livre, flutuante. As durações oscilantes da batida de João são a tradução rítmica perfeita das alterações harmônicas de Tom" (cf. prefácio ao *Cancioneiro Jobim*, p. 14); e por Luiz Tatit, analisando João Gilberto: "O canto passou a depender de maior precisão de contorno melódio e de divisão rítmica, pois tanto a dissonância quanto a síncopa, assimiladas no acompanhamento, retiravam os pontos de apoio que guiavam os cantores de outrora" (cf. *O Século da Canção*, p. 50).

86. Cf. Antonio Candido, "Dialética da Malandragem".

87. Sobre "cadência deceptiva [de engano] modulante", cf. Almir Chediak, *Dicionário de Acordes Cifrado*, p. 269. Já o termo "acorde pivô" e a sua definição são retirados do curso de Harmonia do maestro Cláudio Leal Ferreira.

88. Cf. Almir Chediak, *Dicionário de Acordes Cifrados*, p. 269. Cláudio Leal Ferreira prefere o termo "tonicização" para esse processo – mudança para uma outra tonalidade que, explica o maestro, "não anula, apenas oculta a tonalidade principal, a qual fica subjacente e vem à tona em pontos-chave do fraseado". O recurso não é raro de ser encontrado em *The Real Book* (compilação in-

uma função na tonalidade precedente e outra na que se segue, possibilitando que as tonicizações se deem de forma suave, ainda que o movimento geral seja inusitado. Há, contudo, uma diferença: no primeiro caso, esse tipo de acorde é executado na passagem para a nova tonalidade (Ré bemol Maior); no segundo, ele primeiro leva para a nova tonalidade (compasso 21, Si bemol menor) e depois prepara o retorno à tonalidade principal (compasso 25, Si bemol Maior). Uma boa imagem para se compreender a dupla função de um acorde pivô é pensá-lo como a folha de uma porta. Cada face dessa folha, voltada para um lugar diverso, teria um aspecto próprio, adequado às características de cada um dos ambientes. Retomarei a ideia no item *c.*;

b. cadência de engano em encadeamento X7 – Xm; ocorre nos compassos 6 e 7 (F7/A – Fm6/Ab); o efeito é uma reviravolta que faz a harmonia dar mais um giro antes de repousar na tônica, como alguém que cambaleasse ou gingasse antes de atingir o seu objetivo final; movimento semelhante se dá nos compassos 24 e 25 (F7/C – Fm7/C), mas a sua principal consequência, a volta à tonalidade principal, já foi comentada no item anterior;

c. cadência "em parte" de engano; o acorde Xm (Fm6/Ab, compassos 7 e 8; e Fm7/C, no compasso 25) desempenha a função de subdominante secundário (IVm/IIm), sendo correlato ao acorde com função dominante que lhe segue (nos dois casos, G7/B; V/IIm). Esse encadeamento, entretanto, é frustrado e substituído por uma progressão harmônica de dominantes consecutivas, haja vista que, em vez do acorde menor (Cm; IIm), se executa o acorde Maior homônimo com sétima (C7/9; V/V – dominante da dominante). Assim, se por um lado a cadência inicial (Fm – G7; IVm/IIm – V/IIm) é realmente frustrada em sua resolução, por outro, o acorde dominante desse encadeamento (G7; V/IIm) passa a integrar uma progressão harmônica de dominantes consecutivas (G7/B – C7/9 – F7 ou Cb7; V/V/V – V/V – V ou sub V). Assumindo os riscos de incorrer numa hiperinterpretação, pode-se dizer que assistimos a uma

formal de partituras, bastante utilizado por músicos de *jazz* ou, no Brasil, por estudantes de música popular em geral): ocorre, por exemplo, em *April em Paris*, de Vernon Duke e E. Y. Harburg (cadência F#m7(b5) – B7(b9) – Emaj7, na parte C); ou em *For Heaven's Sake*, de Meyer, Bretton e Edward (progressão Fm – Fm(#5) – Fm6 – Fm7 – Bbm7, na parte B); ou ainda em *Desafinado*, de Tom Jobim e Newton Mendonça (cadência Gm7 – A7(b9) – Dmaj7, na parte A). Sobre a utilização da tonicização (modulação passageira), Cláudio Leal afirma que "seu efeito mais evidente é o da quebra de previsibilidade de progressões de outra forma diatônicas, associada a ganho de colorido".

transformação interessante. O acorde precedente indica um papel, ao acorde de dominante, que não é confirmado (V/IIm), pois o acorde subsequente lhe define um outro papel (V/V/V). E, dada a morfologia do acorde em questão, ambos os papéis, tanto o anunciado (pelo acorde anterior, passado) quanto o decidido (pelo acorde posterior, futuro) lhe são potenciais e estão perfeitamente adequados. Algo como uma narrativa microscópica, na qual virtualidades não se confirmam, mas aquilo que se efetiva também diz respeito às qualidades do sujeito, o que acaba por indicar dois sentidos diversos para o movimento inteiro. O acorde de dominante em questão, dessa forma, é *um núcleo tensivo de encontro entre o (encadeamento) passado e o (encadeamento) futuro*. Um sujeito cujo projeto passado não se confirma, pois um projeto futuro passou a vigorar. Tentando explicar melhor essa passagem da harmonia, veja-se o seguinte gráfico:

[passado]
Fm   G7   C7   F7 ou Cb7
IVm(→IIm) → V(→IIm) → cadência frustrada

V (→V →V) → V (→V) → V ou subV
[futuro]

núcleo tensivo:
passado (frustrado)/ futuro (realizado)

Narrativa semelhante pode ser atribuída ao acorde pivô, de dupla função, como uma folha de porta com faces diferentes (item *a*). Em *Carioca*, também o acorde pivô é um núcleo tensivo de passagem entre duas tonalidades, duas cadências que se dirigem a centros (tonais) diversos.

Sintetizando o que se viu até o momento, de modo geral as cadências de engano, em *Carioca*, se posicionam ao lado dos outros elementos formais (ritmo melódico sincopado ou em polirritmia com o acompanhamento, frases melódicas comprimidas, perfil melódico *figurativizado*, mudanças constantes de acordes) que fundamentam a fragmentação do discurso e, por meio dela, a liberdade irrequieta do narrador.

Por outro lado, as tonicizações para o modo menor homônimo (ou para o relativo Maior deste), bem como as longas durações das vogais, as homofonias dos versos e a transposição descendente das frases iniciais de cada parte sustentam o discurso emocionado, o qual pede um tempo de contemplação mais dilatado, livre na observação lírica da vida que se vai deteriorando.

Entre um domínio e outro, no plano do canto, "O poente na espinha / Das tuas montanhas" repõe a ambivalência, ao justapor o ritmo urbano acelerado e o ritmo distendido de "conversa aparentemente fiada" da crônica. E há, no plano da harmonia, um tipo de acorde de dominante que, ao integrar cadências de engano modulantes ou cadências "em parte" de engano, parece condensar em si a ambiguidade, pois desempenha dois papéis diversos, um determinado no pretérito, outro definido pelo futuro, vestindo assim uma máscara de Jano.

Passemos, então, à descrição completa das escalas da harmonia e das progressões harmônicas.

Parte A:

1 2 [C.E.] 3 4
| Bbmaj7 Cm6 | Bbmaj7/D A7/E | Bbmaj7/F Fb7 (#11) | Ebmaj7(9) D7(b9) |

5 6 [C.E.] 7 8
| Gm6/D Db° | Cm7 F7/A | Fm6/Ab | Fm6/Ab |

9 10 [C.E.?] 11 12
| G7(b9)(b13) s. f. / B | G7(b9)(b13) s. f. / B | C7(9) | F7 |

Centro tonal: Si bemol Maior.

Compassos 1 a 4

Escala Diatônica (de Si bemol Maior)

Bbmaj7 (modo jônio); Cm6 (modo dórico); Bbmaj7/D (jônio); Ebmaj7(9) (modo lídio).

Observação: o acorde Cm6 pode ser analisado como uma inversão de F7(9) [F7(9) sem fundamental/ C], atuando assim com função de dominante; mas outra possibilidade (levada em conta por Luiz Cláudio Ramos) é admiti-

-lo, de fato, como IIº grau de Si bemol Maior, a desempenhar a função de subdominante; neste caso, portanto, Cm6 é visto como uma inversão de Eb(#11) [Eb (#11) omitindo a 5ª/ C].

Escala menor Harmônica (de Ré menor)

A7/E (modo mixolídio da menor harmônica), acorde cadencial para Bb.

Bb é o VIº grau dessa escala. Ocorre, portanto, um outro tipo de cadência de engano: o acorde de dominante A7, dentro do sistema tonal, prepararia para Dm (IIIº grau de Bb), mas cadencia para Bb (antirrelativo de Dm), substituindo F7 (dominante de Bb); por se tratar de uma substituição bastante conhecida de acorde dominante, sem grande alteração no sentido da progressão harmônica, desconsiderei na exposição preliminar.

Escala menor Melódica (de Dó bemol menor)

Fb7 (#11) (modo lídio bVII), "sub V", acorde cadencial para Eb (subdominante de Bb).

Trata-se de uma dominante secundária.

Escala menor Harmônica (de Sol menor)

D7(b9) (modo mixolídio da menor harmônica), acorde cadencial para Gm (VIº grau, relativo menor, função de tônica no campo harmônico de Si bemol Maior). Outra dominante secundária.

COMPASSO 5:

Escala menor Harmônica (de Sol menor)

Gm6/D – Iº grau (modo eólio da menor harmônica – eólio #VII).

Observação: outra hipótese seria analisar como Escala Diatônica (de Fá Maior) – acorde IIm6, com função de dominante (Gm6/D, então, seria equivalente a C7(9) sem fundamental/ G). Nesse caso, haveria cadência de engano para F7. O contexto, todavia, aponta para a primeira hipótese, uma vez que o acorde Gm6/D é precedido por D7(b9), acorde claramente na Escala de Sol menor Harmônica, sendo que a própria melodia passa, no compasso 4, pelas notas *mi bemol* e *fá sustenido*.

Escala Dom Dim (Dominante Diminuta)

Dbº, acorde diminuto, cadencial para Cm7 (resolução descendente do acorde de diminuto: bIIIº - IIm7)[89]. Desempenha função de dominante secundária.

COMPASSO 6

Escala Diatônica (de Si bemol Maior)

Cm7 (modo dórico); F7/A (modo mixolídio).

O compasso seguinte fará com que se tenha, neste compasso 6, uma cadência de engano, conforme já foi discutido.

COMPASSOS 7 A 10

Cadência para Cm (acorde com função de subdominante no campo harmônico de Si bemol Maior).

Escala Diatônica (de Dó menor)

Fm6/Ab (modo dórico) - subdominante secundária (observação: na gravação em estúdio, trocou-se a nota *ré*, 6ª Maior do acorde, pela nota *mi bemol*, 7ª menor, em meio ao compasso 8; a alteração confirma a escala e apóia melhor a frase melódica).

Escala menor Harmônica (de Dó menor)

G7(b9)(b13) sem fundamental / B (modo mixolídio da menor harmônica) - dominante secundária.

Observação: a cifra mais fácil para execução seria Abm6/Cb[90]; ocorre que o acorde, na verdade, não é o VIº grau da Escala menor Harmônica de Dó; se fosse, aliás, teríamos um acorde Maior (Ab), e não um menor; optou-se assim, para efeito de análise, pela cifra mais difícil, que tem a vantagem de esclare-

89. Cf. Almir Chediak, *Dicionário de Acordes Cifrados*, p. 265.

90. Essa é a cifra que se encontra na partitura de *Carioca* do *Songbook Chico Buarque*, volume 3 (produzido por Almir Chediak, 4ª ed., Rio de Janeiro, Lumiar, 1999, pp. 70-72).

cer a inversão do Vº grau, bem como as tensões executadas e as notas omitidas (fundamental e, também, a 5ª).

Compasso 11

Escala Diatônica (de Fá Maior)
C7(9) (modo mixolídio) – dominante da dominante.

Cadência "em parte" de engano: houve a preparação para o acorde de Cm, mas esse movimento foi substituído pela progressão harmônica de dominantes consecutivas (G7 – C7 – F7).

Compasso 12

Escala Diatônica (de Si bemol Maior)
F7 (modo mixolídio) – dominante.

Parte B:

13	14	15	16 [C.E.?]
Bbmaj7 Cm6	Bbmaj7/D A7/E	Bbmaj7/F Fb7 (#9)	Ebmaj7 D7

17	18	19	20
Ebm/Db	Cm7 (b5)	Dbmaj7(9)	Cm7(9/11) Cb7(9/#11)

Centro tonal: Si bemol Maior.

Compassos 13 a 16

Escala Diatônica (de Si bemol Maior)
Bbmaj7 (modo jônio); Cm6 (modo dórico); Bbmaj7/D (jônio); Ebmaj7(9) (modo lídio).

Escala menor Harmônica (de Ré menor)
A7/E (modo mixolídio da menor harmônica), acorde cadencial para Bb.

Escala menor Melódica (de Dó bemol menor)

Fb7 (#11) (modo lídio bVII), "sub V", acorde cadencial para Eb (subdominante de Bb); dominante secundária.

Acorde pivô

D7; trata-se daquele acorde com dupla função. Ele se refere a dois movimentos diferentes, um em relação ao encadeamento anterior, outro à tonicização que vem a seguir:

a. Escala menor Harmônica (de Sol menor): D7 (modo mixolídio da menor harmônica) como acorde cadencial para Gm (já se disse, VIº grau, função de tônica no campo harmônico de Si bemol Maior); nesse caso, o acorde seguinte (Ebm/Db) determina que há cadência de engano;

b. D7 realmente como cadencial para Ebm7, por meio de uma *resolução especial do trítono.* Nesse caso, é utilizada a Escala Diatônica (de Sol Maior) em D7, estando o acorde no modo mixolídio.

COMPASSOS 17 A 19

Tonicização (modulação passageira) para Ré bemol Maior (relativo Maior de Si bemol menor).

Escala Diatônica (de Ré bemol Maior)

Ebm/Db (modo dórico); Cm7(b5) (modo lócrio); Dbmaj7(9) (modo jônio).

Cadência perfeita: subdominante – dominante – tônica.

Observação: notar que o VIIº grau é utilizado com função de dominante – Cm7(b5) pode ser visto como uma inversão [Ab7(9) sem fundamental/ C].

COMPASSO 2

Retorno a Si bemol Maior como centro tonal.

Escala Diatônica (de Si bemol Maior)

Cm7(9/11) (modo dórico) – função de subdominante.

Escala menor Melódica (de Sol bemol menor)
Cb7(9/#11) (modo lídio bVII) – "sub V", acorde cadencial para Bb, função de dominante.

Parte C:

21		22		23		24 [C.E.]
Bbmaj7	F7/C	Bbm/Db	Bb7/D	Ebm7	Gb7/Db	F7/C

25	26 [C.E.?]	27	28
Fm7/C	G7(b13)/B	C7(9)	Cb7(9/#11)

Compasso 21

Si bemol Maior: centro tonal.

Escala Diatônica (de Si bemol Maior)
Bbmaj7 (modo jônio); F7/C (modo mixolídio).

Cadência simples: tônica – dominante; uma vez que F7/C, entretanto, também atua como dominante de Bbm, acorde que vem a seguir, é um acorde pivô.

Compassos 22 a 24

Tonicização para Si bemol menor (homônimo menor).
Encadeamento Im – I7 – IVm – sub V (do V) – V.

Escala Diatônica (de Si bemol menor)
Bbm/Db (modo eólio); Ebm7 (modo dórico).

Escala menor Harmônica (de Mi bemol menor)
Bb7/D (modo mixolídio da menor harmônica) – acorde cadencial para Ebm (subdominante de Bbm); trata-se, portanto, de uma dominante secundária.

Escala menor Melódica (de Ré bemol menor)

Gb7/Db (modo lídio b VII) – "sub V", acorde cadencial para F7/C; inicia-se, assim, uma pequena progressão de dominantes consecutivas.

Escala menor Harmônica (de Si bemol menor)

F7/C – dominante; o acorde seguinte, no entanto, determina que haja cadência de engano.

Compasso 25

Acorde pivô (acorde com dupla função)

a. na tonalidade de Si bemol menor, Fm7 é o Vº grau da Escala Diatônica (modo frígio);

b. na tonalidade de Si bemol Maior, para a qual a harmonia retornará já no compasso seguinte, Fm7 é subdominante de Cm (este, um acorde também com função de subdominante, não custa lembrar); nesse caso, Escala Diatônica de Dó menor (modo dórico).

Há duas notas diferentes entre essas duas escalas – *ré* e *sol*, bemóis na Escala Diatônica de Si bemol menor, e naturais na Escala Diatônica de Dó menor. Não pude perceber, segundo as notas do arranjo, a utilização de uma escala ou de outra. Já a melodia, até o compasso anterior, não só passou pelo *sol bemol* como ficou nessa nota, rebatendo-a. Mas, sobre o Fm, rebate-se no canto a nota *fá*, inviabilizando uma decisão ou, visto de outro modo, optando pelas duas possibilidades, sem abrir mão de nenhuma.

Compassos 26 a 28

Si bemol Maior: centro tonal.

Escala menor Harmônica (de Dó menor)

G7(b13)/B (modo mixolídio da menor harmônica) – acorde cadencial para Cm; atua, portanto, como dominante secundária.

Escala Diatônica (de Fá Maior)

C7(9) (modo mixolídio) – dominante da dominante.

Observação: o acorde de Cm preparado pela cadência imediatamente anterior [Fm7/C - G7(b13)/B] não é executado, e sim C7; desse modo, temos novamente uma cadência "em parte" de engano: substitui-se a progressão harmônica sugerida (IVm/IIm - V/IIm - IIm) por uma progressão de dominantes consecutivas.

Escala menor Melódica (de Sol bemol menor)

Cb7(9/#11) (modo lídio bVII) - "sub V", acorde cadencial para Bb, função de dominante.

O último elemento formal de *Carioca* a ser descrito é a pulsação. Vou-me concentrar na batida do violão. Luiz Cláudio Ramos a definiu como "meio bossa-nova, meio Olodum, acabou sendo uma mistura. Quando o Chico fez, ele não sabia exatamente o que era. Aí a gente acabou chegando a essa conclusão".

Para compreendê-la, devemos começar pela batida de *Futuros Amantes*, com arranjo e violão de Luiz Cláudio, no disco *Paratodos* (1993). Ela não deixa e ser uma batida de marcha-rancho. Mas o que seria o ritmo básico da marcha-rancho recebe ali "um molho" (termo do próprio músico), repetindo uma das marcações que se faziam na bossa nova, com a baqueta no aro da caixa da bateria[91]. Ao mesmo tempo, essa marcha-rancho alterada também se aproxima (intencionalmente, ainda segundo o músico) do samba-*reggae*. Se isso não é de se admirar, uma vez que o samba-*reggae* é notoriamente próximo da marcha-rancho, estabelecer um vínculo rítmico entre a bossa nova e o samba-*reggae* pode parecer inusitado[92].

O ritmo de *Futuros Amantes* é quaternário, mas se o dividimos em duas partes, transformando um compasso 4/4 em dois 2/4, teremos duas células rítmicas

91. Ouça-se, por exemplo, o baterista Edison Machado no disco *Antonio Carlos Jobim - The Composer of "Desafinado", Plays* (Verve, CD v6-8547, 1997), de 1963; o ritmo foi anotado por Júlio Medaglia e por Gilberto Mendes, ainda na década de 1960 (cf. Augusto de Campos, *Balanço da Bossa e Outras Bossas*, 4ª ed., São Paulo, Perspectiva, 1986, pp. 77 e 140). Da minha análise inicial de *Carioca*, as observações acerca da pulsação foram o único ponto confirmado totalmente na entrevista com Luiz Cláudio Ramos.

92. Gilberto Gil, no programa "Música para Rituais de Antropofagia Tecnocultural", da série *Música do Brasil*, comentou que achava o samba-*reggae* talvez "um reaproveitamento inconsciente de uma célula que João Gilberto tinha inventado com [o baterista] Milton Banana".

binárias de ataques de acordes. Em 1998, essas células binárias trocariam de ordem na batida de *Carioca*, resultando numa original estilização do samba-*reggae*:

Figura 49

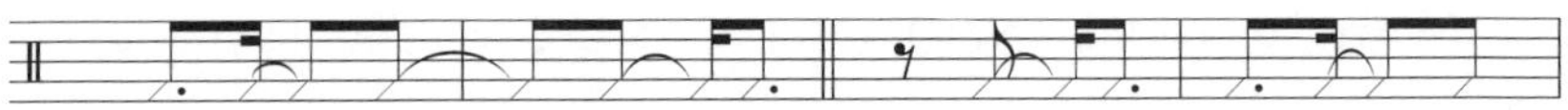

É de se notar ainda que em 1995, no disco *Uma Palavra*[93], a mesma batida de violão de *Carioca* já integrava a introdução de *Ela Desatinou* (C. Buarque), também executada por Luiz Cláudio Ramos; e a Parte A da canção era acompanhada pela mesma batida de *Futuros Amantes*. Isso, se nos ativermos somente aos ataques dos acordes. A diferença, no entanto, são "as entrelinhas, a nota que abafa" (novamente, termos de Luiz Cláudio) em cada uma das levadas. Coisa difícil, eu diria mesmo impossível de explicar intelectualmente. Fiquemos com as intenções: *Futuros Amantes*, marcha-rancho (com "um molho" de bossa nova); *Ela Desatinou*, marcha na Parte A; *Carioca*, bossa de "intenção meio *olodúnica*", na qualificação do arranjador.

O que deve ser ressaltado na batida de *Carioca*, para além de sua origem e classificação musical, é a leveza que ela configura. O mesmo padrão de ataques de acordes se mantém por toda a música, sem variações, o que é um dado de permanência. No entanto, a entrada em síncope do padrão, a repetição da colcheia pontuada (equivalente a três semicolcheias), o ciclo repetido a cada dois compassos – tudo isso causa um efeito de ritmo mais ágil que marcado, para o qual contribuem ainda as notas abafadas. A forma da batida, assim, sustenta a liberdade do narrador para mover a sua atenção de um lado a outro ou para contemplar mais demoradamente alguma coisa.

A leveza da batida se acentua ainda pelo comportamento rítmico do canto. Como vimos, trata-se de uma declamação em ritmo batido, alternada com deslocamentos em síncope. Essa sincopação da voz, porém, até onde percebo não se guia pela batida do violão. A origem rítmica do canto, vale repetir, pa-

93. Cf. Chico Buarque, *Uma Palavra*, BMG Ariola / RCA, CD 7432126594-2, 1995.

rece ser a recitação da letra enformada no compasso binário. O narrador fala a sua crônica, e os movimentos rítmicos dessa fala se constroem na interação com o balanço musical. Como esse balanço não é dirigido pelo violão, a textura rítmica total se faz por camadas, resultando numa armação densa e, ao mesmo tempo, leve, característica que reverbera em todas as suas partes.

O quadro de correspondências entre a forma musical e a narrativa cantada, ao término da análise de *Carioca*, fica assim:

<table>
<tr><td>Ritmo melódico sincopado ou em
polirritmia (tercina),
frases comprimidas e perfil
figurativizado do contorno
melódico;
mudanças constantes de acorde;
harmonia: cadências de engano.</td><td>→</td><td>discurso fragmentado</td><td>→</td><td>irrequietação
(mobilidade)</td></tr>
<tr><td>Duração das vogais
(passionalização);
homofonias dos versos;
harmonia: tonicizações
para modo menor (ou relativo Maior
do menor homônimo).</td><td>→</td><td>discurso emocionado</td><td>→</td><td>contemplação
(permanência)</td></tr>
</table>

Como se nota, há mais elementos musicais concorrendo para a mobilidade que para a permanência do narrador, o que confirma o caráter geral da letra e o sentido, por assim dizer, da batida do violão. A interpretação desse quadro e de sua ambivalência virá a seguir.

3. A Ruína da Cordialidade

Carioca tem uma narrativa circular cantada numa forma musical circular. Essa característica, porém, não alcança as raias de uma conclusão inconclusa, o que aconteceria se houvesse *fade out*. O término da canção pode ser considerado uma exaltação ("Gostosa / Quentinhaaa..."), a mesma nota (*lá*) se repetindo com durações distendidas, enquanto a descendência melódica final (portamento de *lá* a *fá*), coloca um... *ponto final positivo* na crônica. Há realmente, ao longo da canção, um gesto de encantamento com o Rio de Janeiro. Mas o lirismo não adere totalmente, de modo efusivo, à cidade. É, ao contrário, guardando distância (traço épico) que o narrador se relaciona com as atividades humanas. Além disso, nem a letra, indo do pregão a corpos vendidos como bugigangas, se mantém alheia ao rebaixamento que o comércio popular sofre, nem a melodia deixa de registrar um sentimento desgostoso, por meio da descendência calculada, não brusca, ao início das três partes musicais (notas *lá* - *sol* - *fá*). A própria interpretação do cantor, na gravação em estúdio, de 1998, é algo melancólica (ao vivo, no ano seguinte, a voz ficou mais entusiasmada, e o andamento da canção se acelerou um pouco; nada disso é de se estranhar, dada a animação do público - ouçam-se o "uh!" e o "eh!" gritados, mal a introdução começava - e a maior intimidade dos músicos com arranjo e composição).

Narrativas com construção cíclica têm marcado o trabalho recente de Chico Buarque. A fim de melhor compreender a estrutura circular de *Carioca*, por meio da qual, no momento mais crítico da letra, a espiral gira em falso e retorna ao início, atentemos particularmente a uma outra canção e a dois de seus romances: *Pelas Tabelas*, *Benjamim* e *Estorvo*.

O sujeito lírico de *Pelas Tabelas*, canção gravada em 1984 e em 1995[94], sai em busca do objeto de seu desejo pelo Rio de Janeiro, à época da campanha Diretas Já. Não se trata de um passeio, como em *Carioca*, segundo o autor mesmo já ex-

94. Cf. Chico Buarque, *Chico Buarque*, Philips/PolyGram, CD 510 003-2, 1993 (gravação de 1984); *Idem*, *Uma Palavra*, gravado em 1995. Bárbara Guimarães Arányi notou o "movimento em círculos" de *Pelas Tabelas*, "palavras que se emendam umas nas outras, frases que se misturam em novos arranjos delas mesmas e [um] fim que gera o retorno ao início da música", comparando a estrutura à do romance *Estorvo* (cf. B. G. Arányi, *Estorvo - Civilização Encruzilhada*, São Paulo, FFLCH/USP, 2000. Dissertação (Mestrado em Literatura Brasileira), pp. 74-75). Um outro tipo de semelhança entre a canção e o romance foi comentado por Chico Buarque em 1994: "*Pelas Tabelas* é um samba que eu gosto de cantar e que estou cantando nesse *show*, porque ele também tem um pouco essa confusão do *Estorvo*, essa barafunda mental" (cf. entrevista a Augusto Massi, "Chico Buarque Volta ao Samba e Rememora 30 Anos de Carreira", *Folha de S. Paulo (Ilustrada)*, 9.1.1994, p. 6-5).

pôs: "É um desvario do sujeito andando no meio daquele turbilhão e pirando, sonhando"[95]. Em 1984, via de regra se entendia que o sonho comportasse a revolução popular ou, pelo menos, a eleição direta para presidente da República. Dez anos depois, em entrevista, Chico Buarque reivindicou que o sonho do sujeito se dirigia não à política, mas à paixão por uma mulher: "É um sujeito procurando uma mulher, apaixonado, no meio da manifestação pelas diretas. É essa confusão do individual com o coletivo e apontando muito para o individual naquele momento coletivo. Mas a leitura predominante é a política, que é uma leitura viciada"[96]. Curiosamente, a reivindicação do autor inverte uma anedota sobre *Apesar de Você*, composta e lançada em 1970. Um mês após o lançamento, o samba foi proibido, os discos, recolhidos, como relatou Humberto Werneck: "O súbito veto, há quem afirme, veio depois de uma notinha de jornal dizendo que *Apesar de Você* era 'uma homenagem ao presidente Médici'. Quem é esse *você*?, quiseram saber de Chico num interrogatório. 'É uma mulher muito mandona, muito autoritária', respondeu"[97].

Não é preciso decidir por um objeto de desejo ou por outro na interpretação de *Pelas Tabelas*. E não se trata aqui de ficar em cima do muro. Trata-se de assinalar, com outros autores (José Miguel Wisnik, Adélia Bezerra de Meneses, Heloísa Starling, Renato Janine Ribeiro) a imbricação do plano coletivo (político) e do plano individual (erótico) na obra de Chico Buarque. Essa interpretação aponta para a *utopia cordial* que a obra sintetiza.

A estrutura musical de *Pelas Tabelas*, bastante simples, é composta de uma só parte com 14 compassos, executada quatro vezes para que se cantem os 16 versos da letra inteira:

1 Ando com minha cabeça já pelas tabelas
2 Claro que ninguém se toca com minha aflição

95. Citado por Maria Helena Sansão Fontes, *Sem Fantasia: Masculino-feminino em Chico Buarque*, p. 17 (trata-se de uma entrevista à Rádio Jornal do Brasil transcrita no *Jornal do Brasil* de 24.7.1995).

96. Cf. entrevista a Augusto Massi, "Chico Buarque Volta ao Samba e Rememora 30 Anos de Carreira", p. 6-5.

97. Cf. Humberto Werneck, "Gol de Letras", em Chico Buarque, *Chico Buarque, Letra e Música, Volume 1*, 2ª ed., 4ª reimpressão, São Paulo, Companhia das Letras, 2000, p. 130; cf. Chico Buarque, *Chico Buarque*, Philips / Polygram, CD 518 220-2, 1993 [LP 6349 398, lançado em 1978].

3 Quando vi todo mundo na rua de blusa amarela
4 Pensei (Eu achei) que era ela puxando um cordão
5 Oito horas e danço de blusa amarela
6 Minha cabeça talvez faça as pazes assim
7 Quando ouvi a cidade de noite batendo (as) panelas
8 (Eu) pensei que era ela voltando pra
9 Minha cabeça de noite batendo panelas
10 Provavelmente não deixa a cidade dormir
11 Quando vi um bocado de gente descendo as favelas
12 (Eu) achei que era o povo que vinha pedir
13 A cabeça dum homem que olhava as favelas
14 Minha cabeça rolando no Maracanã
15 Quando vi a galera aplaudindo de pé as tabelas
16 (Eu) jurei que era ela que vinha chegando

Internamente, a parte musical é formada por quatro frases melódicas, com reiteração da mesma célula rítmica (semicolcheia-colcheia-semicolcheia; note-se, aquela mesma divisão de samba executada ao violão em *A Preta do Acarajé*), um traço de *tematização* que leva à *figurativização* (outra vez, de modo semelhante ao que se percebe em *A Preta do Acarajé*, na melodia da Parte A, como foi visto). O contorno melódico, porém, estabelece a divisão em dois motivos, o que explicitei aqui na letra. O primeiro motivo é feito por um movimento de desce-e-sobe que percorre os graus da escala, e origina a primeira e a segunda frases, diferentes entre si apenas por seus finais: "Ando com minha cabeça já pelas tabelas / Claro que ninguém se toca com minha aflição"; ou "Minha cabeça de noite batendo panelas / Provavelmente não deixa a cidade dormir" etc. O segundo motivo é baseado na repetição de uma nota só, e dá origem à terceira frase e a quarta, também diferentes por seus finais: por exemplo, "Quando ouvi a cidade de noite batendo panelas / (Eu) pensei que era ela voltando pra". A quarta frase dá a impressão de haver sido cortada, unindo-se de repente à primeira. Essa impressão é causada pela quebra da quadratura – não houvesse, teríamos 16 compassos. Todas as frases têm início a cada quatro compassos, mas elas não apresentam igual extensão métrica. Enquanto as duas frases do primeiro motivo se desenvolvem em três compassos, deixando um de pausa, o segundo motivo dá origem a uma frase mais longa que a outra: a terceira frase ocupa quatro compassos e a última, apenas dois, não se respirando ao seu término para se cantar novamente a primeira frase[98].

A junção da última frase musical com a primeira, num movimento cíclico, é sempre reforçada e explicitada pela letra. Assim, o sentido do verso 16 se completa apenas depois que se volta ao início da música e o verso 1 é retomado:

16 (Eu) jurei que era ela que vinha chegando
1 Com minha cabeça já pelas tabelas [Com minha cabeça já numa baixela]
2 Claro que ninguém se toca com minha aflição...

Todas as vezes que se quebra a quadratura musical, porém, a forma de junção mais radical, na letra cantada, ficará por conta das palavras que se fundem:

4 Pensei que era ela puxando um cor-
5 -dão oito horas e danço de blusa amarela

8 Pensei que era ela voltando pra [mim]
9 Minha cabeça de noite batendo panelas

12 Achei que era o povo que vinha pe-
13 -dir/ A cabeça dum homem que olhava as favelas

16 Jurei que era ela que vinha che-
1 -gando/ [Ando] com minha cabeça já pelas tabelas.

Observe-se que as palavras entre colchetes não são cantadas. "Mim" – palavra requerida por "assim", do verso 6, segundo o esquema de rimas alternadas – foi engolida por "minha", do verso 9. "Ando", engolida por "chegando",

98. Cf. Chico Buarque, *Pelas Tabelas*, *Songbook Chico Buarque*, vol. 2, pp. 158-160. A partitura segue a gravação de 1984. Em 1995, a tonalidade se alterou (antes Sol Maior, passou a Dó Maior, permitindo que a voz oitavasse), bem como o final (não mais em *fade out*; o último verso cantado é "Pensei que era ela puxando um cordão"). Dois detalhes interessantes dessa interpretação devem ainda ser notados: não se canta mais o pronome "Eu" em momento algum (indício da extrema despersonalização do sujeito?); e é feito um corte métrico entre os versos "Pensei que era ela voltando pra / Minha cabeça de noite batendo panelas", havendo aí um compasso ternário, o que provoca maior sensação de se ouvir uma cabeça em desvario.

do verso 16. Ou talvez seja o contrário: "Ando" precisa mutilar "chegando" se quiser existir, uma vez que "chegando" invade a frase melódica de "Ando". Seja como for, a mistura é tal que não se sabe onde termina um verso e começa o outro. Para além do virtuosismo no encaixe de letra e melodia, o maior ganho, percebe-se, é a polissemia: nos versos 8 e 9, tanto a mulher poderia estar voltando realmente para o sujeito, quanto poderia só estar voltando à cabeça dele; nos versos 16 e 1, tanto a mulher poderia estar chegando simplesmente, quanto poderia estar chegando com a cabeça do sujeito nas mãos[99].

"Cordão" também invade a frase melódica seguinte, e origina implicitamente o verbo "dar". "Pedir" não apenas invade a frase melódica, tal qual "cordão", mas o seu complemento é todo o verso cantado a seguir. Toda essa junção das palavras expressa a confusão do sujeito, enredado em si mesmo, com dificuldades para compreender o que se passa à sua volta, ou seja, *para exercer a sua capacidade de discernimento. Pelas Tabelas* é assim a peregrinação de um obsessivo em *moto-contínuo*, lembrando uma outra letra de Chico Buarque (para música de Edu Lobo) que canta o desejo[100].

99. A polissemia é recorrente nas letras de Chico Buarque, e nunca é gratuita. Apenas para se ter uma ideia da variedade e do acerto da utilização, observem-se as composições, que cito em ordem cronológica: *1. Atrás da Porta* ("*Dei* pra maldizer o nosso lar", verso, para música de Francis Hime, já comentado neste trabalho); *2. Você Vai me Seguir* ("*Me nina/Menina*"); *3. Joana Francesa* ("*Geme* de loucura e de torpor" – J' aime; "Acorda, acorda..." – D'accord...; "O mar, *marée, bateau*" – me arrebatou); *4. Flor da Idade* ("A mesa *posta* de peixe..." – substantivo, pedaço de peixe *à* mesa/verbo; "...deixe um *cheirinho da sua filha*" – cheiro do peixe/cheiro de menstruação; "Ela vive parada no sucesso do rádio de pilha / *Que maravilha*" – expressão interjetiva/canção de Jorge Ben e Toquinho; "Vê *passar ela*, como dança, balança, avança e recua" – *passarela*); *5. Bem-querer* ("A garra, a garra, a garra dos mortais" – agarra; "A calma, a calma, a calma dos casais" – acalma); *6. Corrente* (deslocamento dos versos, a partir da repetição da letra, altera o sentido da primeira audição); *7. Folhetim* ("Direi meias verdades / Sempre *à meia luz*" – amei a luz); *8. Linha de Montagem*, música de Novelli ("Mão ir mão irmão"; cf. Adélia Bezerra de Meneses, *Desenho Mágico*, pp. 131-137); *9. Brejo da Cruz* ("Uns vendem fumo / Tem uns que *viram* Jesus" – verbo ver/verbo virar); *10. Valsa Brasileira*, música de Edu Lobo ("Subia na montanha / não *como anda* um corpo/ Mas um sentimento" – comanda); *11. Carioca* ("O povaréu sonâmbulo / Ambulando / Que nem muamba / *Nas ondas do mar*" – conforme já aludi, tanto o povaréu perambula nas ondas do mar quanto a muamba está nas ondas do mar, tal como ocorreu, aliás, no *verão da lata*); *12.* e ainda o homófono já bastante comentado de *Cálice* (cale-se), parceria com Gilberto Gil. Além de todos esses casos de polissemia construída para a audição, há o caso curiosíssimo dos anagramas feitos a partir da letra de *As Vitrines*, incluídos no encarte do disco *Almanaque*; sobre o assunto, ver o ensaio de Antônio Carlos Secchin, "*As Vitrines*: A Poesia no Chão", em Rinaldo de Fernandes (org.), *Chico Buarque do Brasil*, pp. 179-183.

100. Cf. *Moto-contínuo* (Edu Lobo/Chico Buarque), disco *Almanaque*, de 1981.

Igualmente afim a *Pelas Tabelas* é *Valsa Brasileira* (música, novamente, de Edu Lobo), mas porque nesta o eu-lírico canta o presente e o passado enrodilhados: o sujeito se põe a imaginar como seria possível ajeitar o passado, "como de um filme a ação que não valeu", a fim de recuperar o tempo perdido, vivido antes do encontro com a mulher por quem se apaixonou no presente[101]. O tempo do sonho se sobrepõe, assim, à marcha cronológica dos dias. O espelho um pouco distorcido desse tipo de obsessão é cantado em *Outra Noite* (música de Luiz Cláudio Ramos)[102]. Já no título, "Outra" é, de modo polissêmico, uma *nova* noite e uma noite *semelhante*. Sem discernimento algum, o sujeito não tem certeza de que o presente por ele vivido é uma experiência, cogitando que possa ser uma imagem:

> Será que já não vi
> De modo impessoal
> E em tempo diferente
> Um dia estranhamente igual
> Dias iguais
> – Avareza de Deus
> Passando indiferentes
> Por estranhos olhos meus

Até onde percebo, não é possível identificar nem mesmo se o sujeito se debate com um passado seu que não passa de vez ("Outros olhos / No teu rosto / Vou falar teu nome / E já teu nome é outro") ou com o reflexo de um poema, um romance, um filme, uma novela, uma história qualquer alheia ("Outra bruma / Sombra de outro sonho, alguém / Na manhã de junho / Outono, ou-

101. Cf. Chico Buarque, *Chico Buarque*, BMG/RCA, CD M 10061, 1996 (gravado em 1989). *Valsa Brasileira* foi composta para o espetáculo *Dança da Meia-lua*, do Ballet Teatro Guaíra, entre 1987 e 1988 (cf. C. Buarque, *Letra e Música I*, 2ª ed., 4ª reimpressão, São Paulo, Companhia das Letras, 2000, pp. 280; 294-295). Vale a pena reproduzir aqui duas anotações à margem dos rascunhos da letra, disponibilizados na exposição Chico Buarque: O Tempo e o Artista (Sesc-SP Pinheiros, 13 de janeiro a 17 de abril de 2005): "Última ideia (ligada à canção do velho apaixonado pela dançarina): Andava atrás de ti e não perdia tempo, pelo contrário, andava como em sentido contrário ao do tempo (à rotação da Terra), de modo que, à medida que os dias passavam, ia ficando mais moço; iria, talvez, te encontrar menino"; "Toda paixão rejuvenesce um homem".

102. Cf. Chico Buarque, *Paratodos*, disco de 1993.

tubro, além"). Trata-se de uma obsessão, de qualquer modo, a qual lhe rouba o presente e o próprio corpo ("...estranhos olhos meus").

Voltemos à *Carioca*. À primeira vista, a motivação da sua circularidade parece um tanto óbvia, pois afinal a narrativa se constrói na sucessão temporal dia-tarde-noite, algo elementar. Não estamos diante do tempo metafísico de uma narrativa mítica. E nem diante de um tempo psicológico em suspensão, criado na obsessão do desejo erótico. Ambas as ideias ficariam desajeitadas para uma letra que fala sobre o cotidiano, e em que se vai do encanto popular (pregão de tapioca) à violência social (prostituição das *meninas*). A fim de melhor compreender essa estrutura circular por meio da qual, no momento mais crítico da letra, a espiral gira em falso e retorna ao início, atentemos ao romance *Benjamim*[103]. Para interpretá-lo, recorrerei de início à canção *Morro Dois Irmãos*.

Dois Irmãos, quando vai alta a madrugada
E a teus pés vão-se encostar os instrumentos
Aprendi a respeitar tua prumada
E desconfiar do teu silêncio

Penso ouvir a pulsação atravessada
Do que foi e o que será noutra existência
É assim como se a rocha dilatada
Fosse uma concentração de tempos

É assim como se o ritmo do nada
Fosse, sim, todos os ritmos por dentro
Ou, então, como uma música parada
Sobre uma montanha em movimento[104]

Trata-se, como se vê, de uma letra *sobre* o silêncio de uma paisagem, não *a partir* desse silêncio[105]: a totalidade musical do *Morro Dois Irmãos* não se dá

103. Cf. Chico Buarque, *Benjamim*, São Paulo, Companhia das Letras, 1995.
104. Cf. Chico Buarque, disco *Chico Buarque*, gravado em 1989.
105. Adapto, para fins próprios, uma ideia de Bertolt Brecht, alterando bastante o contexto original: uma letra *sobre* a paisagem gera a possibilidade de confronto do ouvinte, pois se constrói no pensamento e necessita, assim, de reflexão; uma letra *a partir da* paisagem indicaria a tendência de "tudo submeter a uma ideia" (cf. B. Brecht, "Notas sobre a *Ópera de Três Vinténs*", em *Estudos so-*

na paisagem, mas é cogitada no pensamento ou percebida na sensação (na impressão) do eu-lírico ("Penso ouvir..."). Vejamos de que forma Chico Buarque expressou, em entrevista para a imprensa, a ligação entre a letra e o seu romance *Benjamim*, no qual há uma importante presença da Pedra do Elefante:

> Esse capítulo saiu um pouco do mesmo núcleo que gerou a música *Morro Dois Irmãos*: como se a rocha dilatada fosse uma concentração de tempos. Não há nenhum enigma, nenhum estranhamento. As pedras do Rio de Janeiro fazem parte da paisagem, é algo muito concreto, eu moro rodeado de pedras.
>
> Agora é claro que há algo premonitório quando digo que o destino de Benjamim está vinculado à Pedra. Inclusive neste sentido a mobilidade da Ariela se opõe fortemente à imobilidade do Benjamim. Quando ela entra no apartamento dele, evita olhar para a Pedra, sente o cheiro da Pedra em Benjamim.
>
> Insisti nessa ideia quando mudei "o rosto empedernido" para "rosto escalavrado" só para reaproveitar esse adjetivo empedernido – que muita gente não lembra que vem de pedra e significa petrificado –, no último capítulo quando Benjamim, "à saída do quarto fita Ariela, empedernido". Isso para mostrar a repulsa que ela sente, Benjamim não só cheira à pedra, como a sua imobilidade é insuportável para Ariela[106].

Discordando do autor, há algo de enigma ou de estranho, sim, nessa volta repetida às montanhas – lembre-se da efusão lírica de *Carioca* –, tomadas da paisagem concreta do Rio que, afinal de contas, é formada também de outros elementos. Chico, no seu comentário, opõe a imobilidade de pedra da personagem Benjamim à mobilidade da personagem Ariela. A Pedra do Elefante que espelha Benjamim, contudo, abriga uma "dimensão temporal" feita de passado e futuro (p. 57). A imobilidade de Benjamim/Pedra, portanto, é só aparente, pois a falta de movimento contém em si uma forte agitação, a amarração de passado e futuro, a qual constitui a personagem: cada gesto de Ben-

bre Teatro, coletados por Siegfried Unseld, trad. Fiama Pais Brandão, Rio de Janeiro, Nova Fronteira, 1978, p. 26).

106. Cf. "Vou te Contar o que Está Acontecendo", entrevista a Augusto Massi (*Folha de S. Paulo*, 2.12.1995); matéria anexada a Lara Stoque, *A Recepção Jornalística de Chico Buarque Escritor*, São Paulo, Cogeae/PUC-SP, 2004. Monografia (Especialização em Jornalismo Cultural), p. 84. As passagens do romance *Benjamim* referidas por Chico, na entrevista, podem ser conferidas às pp. 57 e 161 da edição citada.

jamim em direção ao futuro (Ariela Masé) torna o passado (Castana Beatriz), presente (Ariela é mesmo a filha de Castana?).

Como o que ata Benjamim ao passado é o sentimento amoroso, estamos novamente próximos das narrativas de *Outra Noite* e de *Pelas Tabelas*. E como Benjamim quer corrigir o passado, nos aproximamos também de *Valsa Brasileira*; a diferença é que, no romance, o passado teve um desfecho funesto. Já a premonição que há no fato de o destino de Benjamim estar vinculado à Pedra é um mau agouro; ou é bem mais do que isso, é um sinal trágico, uma verdadeira maldição. E, no entanto, esse é um passado *que não passa de vez* (não entrarei aqui na complexa abordagem psicanalítica do gozo do sujeito). Olhemos agora para a outra ponta dessa junção temporal. Sabe-se que o fim será funesto, como foi o passado, ou melhor, porque assim foi o passado. Qual a solução para a personagem atada – ou, em outras palavras, o que haveria na Pedra para lhe servir de imagem perfeita?

A permanência. Passado e futuro vivem paralisados, enrodilhados, porque se tenta mais uma volta antes do desfecho, como um avião que sobrevoasse à espera de melhores condições de pouso, ainda que em meio a fortes turbulências[107] – ou como uma certa cadência de engano na harmonia de uma canção. Fazendo uso da passagem em que Benjamim medita sobre a "dimensão temporal" da Pedra do Elefante: quando, na situação em que o sujeito se acha, "é possível que os momentos que acabamos de viver subitamente se apaguem na nossa consciência, e se transformem em medo, desejo, ansiedade, premonição" – o que pode ser entendido como uma marca histórica de nosso tempo –, a saída é talvez "arbitrar, contornar, recusar ou desfrutar com intensidade dobrada" aquilo "que temos por reminiscências"[108]. Daí a "concentração de tempos": a imobilidade da "rocha dilatada", que serve de imagem especular ao

107. A imagem é inspirada na canção *Sonhos Sonhos São* (cf. Chico Buarque, *As Cidades)*. Outra canção desse disco, *Xote de Navegação* (música de Dominguinhos), na construção linguística de um verso sintetiza admiravelmente a conjunção de passado e futuro, do tempo em novelo que "é sem fim / E é nunca mais". Refiro-me ao último verso da estrofe "Olhando o meu navio / O impaciente capataz / Grita da ribanceira / Que navega pra trás". "Que" pode ser entendido como conjunção integrante: olhando o meu navio, o impaciente capataz grita, da ribanceira, que ele (o meu navio) navega pra trás, rumo ao passado. Mas "que" também pode ser entendido como pronome relativo: olhando o meu navio, o impaciente capataz grita da ribanceira, a qual navega pra trás (o meu navio segue rumo ao futuro). Restaria saber quem é o tal "impaciente capataz" e por que grita.

108. Cf. Chico Buarque, *Benjamim*, p. 57.

movimento cíclico da vida ("o ritmo do nada", "uma música parada"), é formada por uma grande agitação interna ("todos os ritmos por dentro"; "uma montanha em movimento").

Ao mesmo tempo, o passado que não passa determina um futuro funesto e é a segurança de que esse futuro está adiado, ao menos enquanto ele, o passado, não passar. A lógica esquisita que prende o sujeito, assim petrificado, é tão poderosa que, a rigor... O futuro não se concretiza na narrativa de *Benjamim*. A armadilha temporal, levada às últimas consequências na estrutura do romance, consegue vencer até mesmo quem não se deixa jamais vencer, a *Indesejada das gentes*, a *Iniludível*. Quando o destino se cumpre, o leitor é arremessado de volta ao início da narrativa, em moto-perpétuo, violando-se o princípio de inexorabilidade do destino traçado no romance. No entanto, veja-se a ironia: a violação acontece como resultado de se cumprir à risca a lógica temporal interna desse mesmo destino.

Já em *Estorvo*[109], a morte, limite dos limites, era superada no desfecho pela estrutura cíclica da narrativa. Quando o narrador lá se encontra no ponto de maior degradação física[110], uma "senha", termo de Chico Buarque[111], transporta o leitor ao início da narrativa – "Talvez ele escute, pois abana a cabeça e sai do meu campo de visão" (p. 139); "Só sei que era alguém que há muito

109. Cf. Chico Buarque, *Estorvo*.

110. Edu Teruki Otsuka, retomando uma ideia de Roberto Schwarz, alerta para o comportamento desse narrador que "insiste em agir segundo o padrão de uma normalidade inexistente"; a degradação física da personagem foi listada por Edu Teruki: "ele traz as roupas emplastadas de suor seco e sujeira, a barba por fazer e o cabelo crescido; recebe um golpe na face, de 'ponta de bota ou caratê', ficando com o rosto inchado e os dentes bambos; é mordido por três pastores alemães no calcanhar, na coxa e no pulso; carrega a mala pesada até ficar com as mãos em carne viva; cai de uma escada, batendo com o rosto na quina de um degrau de pedra; rala as costas numa parede de chapisco; tem o rosto crivado de cacos de vidro com a explosão de uma porta de blindex; e, como se isso não bastasse, no final o protagonista deixa o sítio patinando descalço na lama, até chegar ao ponto de ônibus, onde recebe um golpe de facão de cozinha, cuja lâmina enferrujada e carcomida penetra inteira em sua barriga" (cf. E. T. Otsuda, *Marcas da Catástrofe: Experiência Urbana e Indústria Cultural em Rubem Fonseca, João Gilberto Noll e Chico Buarque*, São Paulo, Nankin Editorial, 2001, pp. 180-181; Roberto Schwarz, "Um Romance de Chico Buarque", *Sequências Brasileiras*, São Paulo, Companhia das Letras, 1999, pp. 178-181). Quanto à circularidade da narrativa, Edu Teruki a considera, mas põe em relevo, de fato, a repetição como "elemento importante da construção da narrativa" (cf. pp. 164-168).

111. Cf. "Entrevista com Chico Buarque", anexo a Bárbara Guimarães Arányi, *Estorvo – Civilização Encruzilhada*, p. 16.

tempo esteve comigo, mas que eu não deveria ter visto, que eu não precisava rever, porque foi alguém que um dia abanou a cabeça e saiu do meu campo de visão, há muito tempo" (p. 12).

Carioca fala expressamente do presente, não do passado. A sua forma de crônica do cotidiano se afasta, a princípio, de *Benjamim* – como a canção já se afastara, por outro motivo, de *Pelas Tabelas, Moto-contínuo, Valsa Brasileira* e *Outra Noite* (a circularidade de *Carioca* não é determinada pelo desejo amoroso). Mas a chave para a interpretação da circularidade de *Carioca* está na ambivalência do ponto de vista do narrador, a qual pode ser agora mais bem compreendida. Ao mesmo tempo, este narrador se mantém distante da vida que contempla e próximo, envolvendo-a no seu lirismo. O tempo cíclico de *Carioca* é a recusa em aceitar a radicalização da violência (tempo histórico), ou seja, as consequências de rebaixamento indicadas na própria obra. O final da canção, engatado ao início, gera a esperança de que algo se modifique. O que ocorre, todavia, é a repetição melancólica do cotidiano, algo semelhante à circularidade de *Estorvo*.

Por outro lado, diferentemente do que acontece nesse romance e em *Benjamim*, o sujeito de *Carioca* se (re)encanta com o pregão de tapioca e, sobretudo, com a natureza que passa ("poente") e que permanece ("espinha das tuas montanhas"); e a paralisia do movimento circular irá se resolver de forma um tanto otimista na canção, como já sublinhei – a ascendência final da melodia recrudesce a degradação mas, ao mesmo tempo, prepara a retomada triunfal do pregão de rua. A liberdade do narrador de *Carioca*, em sua movimentação ambivalente, tem assim um fundamento *cordial*. É por se manter distante e ágil, qual "o homem da Gávea [que] criou asas", zanzando de um assunto a outro, "sambando na lama de sapato branco"[112] – é por meio desse distanciamento e dessa agilidade que o narrador consegue sustentar a simpatia com que canta as atividades humanas e envolver em doçura a realidade violenta. E, nesse ponto, a canção acaba nos revelando que, ao cantar expressamente o presente, tem, sim, os olhos voltados para o passado, para o tempo histórico

112. Cf. Chico Buarque, "Cantando no Toró", *Francisco*, disco de 1987. Creio que seria interessante comparar o ponto de vista do narrador de *Carioca* ao ponto de vista anunciado ostensivamente pelo narrador de *Haiti* (Caetano Veloso/Gilberto Gil), logo no início da canção: "Quando você for *convidado* pra subir no adro da Fundação Casa de Jorge Amado / *Pra ver do alto* a fila de soldados, quase todos pretos" (cf. *Tropicália* 2, disco de 1993).

em que a *cordialidade* parecia ter razão de ser ou, até mesmo, parecia organizar uma nova sociedade, insuflando a utopia desenvolvimentista.

A conservação de uma *utopia cordial*, no tempo histórico de ruína de suas bases concretas, é o fundamento da forma artística e o limite de *Carioca*.

Veja-se que a relação entre a obra em geral de Chico Buarque e a tradição da *cordialidade* já foi observada antes, embora não necessariamente nesses termos e em ângulos diversos. José Miguel Wisnik afirmou que "as duas canções de Chico Buarque que recebem o nome de *O que Será* (*À Flor da Pele* e *À Flor da Terra*) [composições de 1976] sugerem a convergência do erótico e do político, subordinados a um só *princípio*". E sobre as suas canções em geral:

> Chico Buarque, artesão habilíssimo, lê as entranhas dos homens: sua lírica dramática é extremamente sensível ao corpo que sofre e que goza. Sua poesia-música está cheia de imagens de contundência e de intensidade corporal: ela capta a *entranha sensível*, e por isso é tão fina para o *erótico*, o *social* (lendo o futuro tal como ele se escreve nas vísceras dos que sofrem) e o *feminino*[113].

Adélia Bezerra de Meneses identificou em *O que Será (À Flor da Terra)* o exemplo mais bem acabado da *vertente utópica* das canções do artista, pela junção do político e do erótico que nela se canta[114]. Heloísa Starling interpretou *Pelas Tabelas* a partir do "efeito de choque" que nos causa a sua letra mobilizada pela noção de *cordialidade*:

> [...] a ambiguidade de a experiência republicana brasileira dispor de um espaço público permanentemente instável surge, explícita, no atordoamento do personagem da canção diante da impossibilidade de impor sua lógica, fortemente afetiva, a uma ce-

113. Cf. José Miguel Wisnik, "Onde Não Há Pecado nem Perdão"; "O Minuto e o Milênio ou Por Favor, Professor, uma Década de Cada Vez", *Dança Dramática (Poesia/Música Brasileira)*, São Paulo, FFLCH/USP, 1980. Tese (Doutorado em Teoria Literária e Literatura Comparada), pp. 171 e 213 (grifos do autor). "O Minuto e o Milênio..." também pode ser lido em J. M. Wisnik, *Sem Receita*.

114. Cf. Adélia Bezerra de Meneses, *Desenho Mágico*; sobre o assunto, ver também o ensaio "Do Eros Politizado à *Polis* Erotizada", *Figuras do Feminino na Canção de Chico Buarque*.

na sem rosto, uma cena totalmente regulada por motivações abstratas que escapam ao controle de um indivíduo[115].

Também Renato Janine Ribeiro notou que, nas canções de Chico, a utopia "passa por um recuo da lei, no seu teor repressor", pois "o fator que liberta é a intensificação dos elementos amorosos ou afetuosos"[116]. E Fernando de Barros e Silva sintetizou o trabalho de Chico Buarque como "registro e memória do 'país da delicadeza perdida'" (referência ao título de um documentário para a televisão francesa dirigido por Walter Salles Jr. e Nelson Motta), e a sua música como "expressão de uma promessa histórica e testemunho de suas sucessivas frustrações"[117].

115. Cf. Heloísa Maria Murgel Starling, "Uma República *Pelas Tabelas*", em Berenice Cavalcante, Heloísa M. M. Starling, & José Eisenberg (orgs.), *Decantando a República, Volume 2: Retrato em Branco e Preto da Nação Brasileira,* Rio de Janeiro, Nova Fronteira; São Paulo, Ed. Fundação Perseu Abramo, 2004, pp. 105-116. Retomando a entrevista de Chico Buarque a Augusto Massi ("Chico Buarque volta ao samba e rememora 30 anos de carreira"), comentada quando da análise de *Pelas Tabelas,* creio que se possa afirmar que o ensaio de Starling (que não cita a entrevista) concorda com as palavras do compositor para delas discordar: ao aprofundar a ideia de "confusão do individual com o coletivo e apontando muito para o individual naquele momento coletivo", como disse Chico, Starling parece repor em termos mais justos as forças que, segundo ela, estruturam a narrativa, sublinhando que a letra evoca "uma determinada concepção de vida política: a precedência dos afetos e do imediatismo emocional sobre a rigorosa impessoalidade dos princípios que organizam a vida do indivíduo no âmbito público; a consequente prevalência da esfera privada invadindo, sem nenhuma cerimônia, o espaço público". De resto, é claro que o compositor se defendia, em 1994, da opinião de que *Pelas Tabelas* fosse datada e, portanto, obsoleta – uma leitura viciada no viés político rasteiro tanto quanto, muito provavelmente, no gosto pela novidade mercadológica.
116. Cf. Renato Janine Ribeiro, "A Utopia Lírica de Chico Buarque de Hollanda", em Berenice Cavalcante, Heloísa M. M. Starling, e José Eisenberg (orgs.), *Decantando a República, Volume 1: Outras Conversas sobre os Jeitos da Canção,* Rio de Janeiro, Nova Fronteira; São Paulo, Ed. Fundação Perseu Abramo, 2004, pp. 149-168. Sobre o artigo, cf. Walter Garcia, "Um Mapa para se Estudar Chico Buarque", *Revista do Instituto de Estudos Brasileiros,* nº 43, São Paulo, IEB, set. 2006, pp. 187-202.
117. Cf. Fernando de Barros e Silva, *Chico Buarque,* p. 15-26. Nesse ensaio, obra e artista são colocados em relação a duas utopias. De um lado, "uma espécie de *utopia estética*" aprendida com Tom Jobim e Oscar Niemeyer: "a ilusão de que a mesma chave que podia reparar as injustiças de uma herança histórica pesada serviria também para abrir as portas da nossa modernidade". A chave de que se fala seria a conciliação de nossos vários antagonismos ("o local e o cosmopolita, o sertão e o litoral, o folclore e a vanguarda, o popular e o erudito"), em um projeto "coletivo, ainda que difuso" (os termos são de Chico Buarque, em entrevista citada por Silva) de integração nacional, do qual Brasília "seria a síntese, a materialização" – assim como a obra de João Guimarães Rosa, no plano da realização artística. De outro lado, haveria uma "*utopia social*" herdada de Sérgio Buarque: "a crença de que a construção de um país viável dependia e passava pela adoção de uma democracia de massas, na qual a maioria pobre tivesse a liderança do processo histórico" (reproduzo os grifos do autor; antes de Silva, e de forma bem semelhante, Adélia Bezerra de Meneses já referira tal herança de Chico, valendo-

Em entrevista de 1994, o próprio Chico Buarque definiu a si mesmo no âmbito da tradição brasileira da *cordialidade*:

> Eu sou o homem cordial. Eu sou um homem que age por impulso. Esse meu lado afetivo está talvez na música, que sofre esses arroubos afetivos. Eu faço uma distinção bastante clara: na literatura sou um cidadão sem afetos. O fato de estar solitário escrevendo um livro que vai ser apresentado em público, e que vai ser lido individualmente, isso me despe um pouco desse sujeito atirado e algo ingênuo. Já a música me emociona, eu fico em lágrimas. Eu sou um bobo como músico. Mas tenho o outro lado, racional e muito crítico, muito seco, que é um lado que quase não cabe na música, que precisa de outro veículo[118].

Para além de autor e obra – e a despeito da sensação de insegurança como marca histórica atual –, no seu dia a dia o Rio de Janeiro ainda parece manter certos traços cordiais positivos. Estrangeiros não deixam de notá-los, até mesmo em estudos acadêmicos. Uma pesquisa realizada em 2003 por Robert Levine, da Universidade Estadual da Califórnia, identificou o Rio de Janeiro como a cidade do mundo com pessoas mais prestativas, dentre 23 cidades pesquisadas. O psicólogo Aroldo Rodrigues, que, por haver trabalhado no Rio, auxiliou no trabalho, disse na ocasião não estar surpreso:

> Há uma importante palavra no Brasil: "simpático". Não há equivalente em inglês. Refere-se a um conjunto de qualidades sociais desejáveis, como ser amigável e agradável. Repare que ser simpático não significa que a pessoa é necessariamente honesta. É uma qualidade social. Os brasileiros, especialmente do Rio, querem muito ser simpáticos. E ajudar estranhos faz parte dessa imagem[119].

-se da crítica de Antonio Candido a *Raízes do Brasil* e ao radicalismo de Sérgio Buarque; cf. Manuel da Costa Pinto, "Lirismo e Resistência" (entrevista com A. B. de Meneses), *Cult*, São Paulo, Editora 17, ano VI, nº 69, 2003, p. 59). Como se percebe, à medida que sublinho a presença do *homem cordial* na utopia condensada em *Carioca*, meu trabalho acaba por se afastar da visão de Silva, tanto em sua formulação de uma utopia estética, quanto em sua referência a uma utopia social herdada de Sérgio Buarque (portanto me afasto também da ideia enunciada por Adélia Bezerra de Meneses).

118. Cf. entrevista a Augusto Massi, "Chico Buarque Volta ao Samba e Rememora 30 Anos de Carreira".
119. Cf. Roberto Dias, "Rio É a Cidade Mais Cordial, Diz Pesquisa", *Folha de S. Paulo (Cotidiano)*, 3.5.2003, disponível em www.uol.com.br; acesso em 12 mai. 2003. A matéria informa que o estudo foi publicado na revista *American Scientist*; na pesquisa, eram simuladas três situações: "*1)* sem perceber, um pedestre deixa cair uma caneta na calçada; *2)* uma pessoa com a perna machu-

O limite que a atitude do narrador de *Carioca* encontra, no entanto, é dado justamente pela simpatia com que ele recobre a degradação que observa e da qual não participa. Não estamos diante de um olhar cínico, entenda-se bem, mas de um olhar livre. Na estrutura da canção, a ambivalência entre irrequietude e contemplação constitui o passeio desse cronista ágil e emocionado, que exerce a sua liberdade tanto para se aproximar das coisas (e cultivar a forma artística) quanto para delas se afastar (gesto que também integra a forma da obra). Se há a defesa de algum valor nisso tudo, é a autonomia que se defende. Da maneira como ela é exercida, porém, firmando-se no encontro de um homem *cordial* com a ruína de um mundo *cordial*, o limite é a situação ambígua de contemplar o horror, descrevê-lo... e seguir adiante[120], o que significa enredar-se num novelo temporal em que as coisas se repetem, rebaixando-se cotidianamente.

De um lado, na sua ambiguidade o narrador fica a salvo das misérias que vê e que canta. Ou que não canta: ao abrir o relato ecoando o pregão, *Carioca* se coloca junto da tradição popular oral, viva na informalidade que parece anunciar o futuro das relações de trabalho[121]; e tacitamente a canção se afasta da forma publicitária do *jingle*.

De outro lado, ao conservar a ideia de encantamento possível pela vida urbana e negar as últimas consequencias da violência, *Carioca* agrada em cheio, não há dúvida, a um público conservador em grau elevado. Público conservador que, indo a extremos, tanto se refugia no escapismo dos *anos dourados* quanto se embrutece cotidianamente, dando vazão aos mais cruéis julgamentos *cordiais*. (Ou melhor, esse embrutecimento hoje é tamanho que talvez seja equivocado apontar uma vigência ainda da *cordialidade*, mesmo em seus piores aspectos. A violência surda do *homem cordial*, herança de nosso passado rural, era uma forma de convívio ou de confronto? Nas grandes cidades brasileiras, o confronto, ao menos como possibilidade imaginária, já não tomou efetivamente o lugar do convívio?) E, na outra ponta do espectro so-

cada derruba as revistas que carrega e tem dificuldade para retomá-las; *3)* um cego tenta atravessar uma rua com trânsito complicado".

120. Na passagem, inspiro-me em "A Posição do Narrador no Romance Contemporâneo", de T. W. Adorno (cf. *Notas de Literatura I*, org. da edição alemã Rolf Tiedemann, trad. Jorge de Almeida, São Paulo, Editora 34, 2003, pp. 55-63).

121. Cf. Francisco de Oliveira, "O Ornitorrinco", *Crítica à Razão Dualista / O Ornitorrinco*, pp. 136 e ss.

cial, também a violência da vida concreta ameaça arrebentar o equilíbrio da forma artística. Deixando de lado o tráfico de drogas e a prostituição infantil, ainda restaria uma pergunta: como sobreviver no setor informal, apregoando na rua, sem transformar a si mesmo em uma mercadoria ambulante, a fim de competir em pé de igualdade com o que o consumidor se habituou a ver e ouvir nas formas tecnológicas mais sofisticadas de anúncio?

Não é à toa que, nos últimos anos, volta-e-meia a imprensa se dedique a polemizar sobre *o fim da canção*. Creio que a questão, todavia, não vem sendo bem formulada. Uma tradição social de longa data, que fundamentou um sistema artístico dentro da canção popular-comercial brasileira (dos sambas das primeiras décadas do século XX até a chamada MPB), vai ruindo. Sem essa base histórica, a vida, que logicamente continua a existir, pede outras formas de expressão. Penso no *rap* e, especialmente, no trabalho do Racionais MC's. Veja-se que o próprio Chico Buarque já expôs o assunto em entrevistas recentes à imprensa, embora em termos diversos e com diferentes perspectivas (e sem citar o grupo a que me refiro, vale lembrar)[122]. Contudo, mais importante que suas declarações são as próprias obras artísticas. O espelho algo invertido de *Carioca*, a reafirmar tanto o ponto de vista quanto os limites de uma construção lírica *cordial* em meio à ruína histórica da *cordialidade*, veio com *Subúrbio*[123], canção de 2006:

Vai, faz ouvir os acordes do choro-canção
Traz as cabrochas e a roda de samba
Dança teu *funk*, o rock, forró, pagode, *reggae*
Teu hip hop
Fala na língua do rap
Fala no pé

122. Cf. "Chico, o Craque de Sempre", *Caros Amigos*, São Paulo, Casa Amarela, ano 2, nº 20, dezembro de 1998; cf. Fernando de Barros e Silva, "O Tempo e o Artista: Chico Contra o Cinismo"; "Dez Programas Refazem Carreira de Chico"; "A Canção, o *Rap*, Tom e Cuba, Segundo Chico"; "Querem Exterminar os Pobres do Rio", *Folha de S. Paulo (Ilustrada)*, 26.12.2004; disponível em www.uol.com.br; acesso em 6 de jan. 2005; e ainda Ima Sanches, "Tenho Medo de me Tornar um Idiota" [entrevista para *La Vanguardia*, trad. Celso M. Paciornik], *O Estado de S. Paulo (Caderno 2)*, 29.6.2005, p. D 7. Sobre uma hipotética referência ao trabalho do Racionais MC's na letra de *Subúrbio*, cf. Walter Garcia, "Diário de um Detento: Uma Interpretação", em Arthur Nestrovski (org.), *Lendo Música*, São Paulo, Publifolha, 2007, p. 208. Para uma introdução crítica à obra do grupo, cf. Walter Garcia, "Ouvindo Racionais MC's", *Teresa*, nº 4/5 – Literatura e Canção, pp. 166-180.

123. Cf. Chico Buarque, *Carioca*, Biscoito Fino, CD BF 646, 2006.

Dá uma ideia
Naquela que te sombreia

Lá não tem claro-escuro
A luz é dura
A chapa é quente
Que futuro tem
Aquela gente toda
Perdido em ti
Eu ando em roda
É pau, é pedra
É fim de linha
É lenha, é fogo, é foda

O lugar social a partir do qual se cantam os versos não é *lá*. *Lá* é para onde se olha, sem que se encontre alguma solução e sem que se tenha ao menos consolo. A aflição, aqui mais uma vez, gera o movimento *em roda*, de quem anda sem sair de onde está. E o movimento é enunciado antes que a memória de Tom Jobim – para Chico Buarque, princípio de um sistema da canção popular-comercial brasileira que já foi chamado de "linha evolutiva"[124] – conduza à interjeição que figura inútil, um desabafo e uma rima ao final da estrofe, antes que se chamem vários subúrbios (o último deles, numa frase melódica melancolicamente descendente):

Fala, Penha
Fala, Irajá
Fala, Encantado, Bangu
Fala, Realengo...

124. *Águas de Março*, de Tom Jobim, canta "É pau, é pedra / É o fim do caminho"; "É a lenha, é o dia / É o fim da picada". Talvez a palavra "linha" tenha sido sugerida a Chico, para *Subúrbio*, pela semelhança sonora com "lenha" ou pela presença das linhas da Central do Brasil; ainda assim, não há motivos para se descartar a referência à chamada "linha evolutiva", sobretudo porque o que se canta ali é o término, o desmoronamento de um projeto de civilização. Já o campo lexical de "foda" também havia sido pensado por Tom para a letra esboçada de um Hino ao Rio de Janeiro, não concluído: "Rio dos bandidos / Rio dos feridos / Rio dos fodidos"; mas a palavra "fodidos" está riscada no rascunho (cf. Hugo Sukman, "Pios, Palavras e Bolinhas", *Globo (Segundo Caderno)*, 3.10.2004, p. 1).

Conclusão Prospectiva

> *And when many weeks had passed, and but little remained to do, save one brush upon the month and one tint upon the eye, the spirit of the lady again flickered up as the flame within the socket of the lamp. And then the brush was given, and then the tint was placed; and, for the moment, the painter stood entranced before the work which he had wrought; but in the next, while he yet gazed, he grew tremulous and very pallid, and aghast, and crying with a loud voice, "This is indeed Life itself!" turned suddenly to regard his beloved: - She was dead!*
>
> EDGAR ALLAN POE

"Os pregões cariocas escreviam no ar o poema da cidade", disse o escritor Álvaro Moreira. Talvez aquela ideia de que "a propaganda é a poesia do comércio"[1] seja de algum modo verdadeira: à medida que nos faça lembrar que "a propaganda, desde seus primórdios, foi buscar, em outras áreas do conhecimento, artifícios para fortalecer-se como estratégia discursiva de persuasão", dentre os quais, é evidente, "alguns recursos de arte"[2].

Os pregões que vão desaparecendo passam a viver na nostalgia, quem sabe em alguma canção popular-comercial. E é preciso reconhecer que muitos pregões que se vão inventando substituem toscamente a antiga entoação lapidada, já sem lugar no mundo urbano: predominam ruídos amplificados, gritos sem qualquer tempo de elaboração. No bairro de Vila Ida, em São Paulo, ouviu-se um alto-falante por minutos intermináveis – a escuta compulsória de uma voz sem qualquer apuro:

1. Citado por Ricardo Ramos, *Do Reclame à Comunicação: Pequena História da Propaganda no Brasil*, 4ª ed., atualizada, São Paulo, Atual, 1987, p. 10.
2. Cf. João Anzanello Carrascoza, *Redação Publicitária: Estudos sobre a Retórica do Consumo*, São Paulo, Futura, 2003, pp. 57 e 127. A primeira citação que faço é texto do próprio Carrascoza; a segunda integra sua transcrição da fala de Washington Olivetto no seminário Jornalismo e *Marketing*: O Negócio da Comunicação. A confrontação entre as opiniões desses publicitários e a frase citada por Ricardo Ramos é de minha responsabilidade.

É o caminhão da reciclagem, pessoal. Estamos parados na frente da sua residência. Recolhemos todo tipo de ferro-velho, todo tipo de sucata. Geladeira velha, fogão velho, máquina de lavar. Jornais, revistas, panelas, bicicleta velha.

É o sucateiro, é o garrafeiro, pessoal. Retirando e recolhendo ferro-velho.

É o caminhão da reciclagem, pessoal, passando na porta da sua casa, retirando todo tipo de ferro-velho.

O caminhão da reciclagem chegou, pessoal. Não cobramos taxa alguma. Estamos retirando e recolhendo ferro-velho[3].

Outras vezes, o grito pode ser banal, mas pelo menos tem humor. Na praia de Copacabana, um ambulante se aproveitou das notícias do dia:

O frango está com gripe
O boi está com febre
Então, compre camarão![4]

Mas, ainda que trabalhado em sua expressão, o pregão de rua tem hoje o seu maior inimigo num fator que lhe é intrínseco, o tempo histórico antigo ao qual se refere. O pregão "nos devolve ao elementar da venda, o simples, o direto, a pura oferta"[5], como a maioria dos classificados; ou como um velho anúncio que, desbotado, resista no encosto de um banco de parque:

Criadouro "Puitã"
Canários vermelhos
rua Oscar Freire 953
Fone.8.9562[6].

3. Ouvido e anotado a 28 de julho de 2005.
4. O pregão foi citado no programa *Manhã Bandeirantes* da Rádio Bandeirantes (AM) de São Paulo, dia 8 de novembro de 2005.
5. Cf. Ricardo Ramos, *Do Reclame à Comunicação*, p. 10.
6. No momento em que escrevo, o anúncio ainda se encontra em um banco do Parque da Água Branca, na cidade de São Paulo.

Já o fundamento contemporâneo da publicidade é a criação de fantasia, "a manipulação racional do irracional", na conceituação de T. W. Adorno[7]. Ou, como quer o publicitário João Anzanello Carrascoza, o objetivo mais elevado da propaganda comercial contemporânea é alcançar o "*status* de lugar-comum, tornar-se uma figura de autoridade", "uma recordação na casa dos mortos que, a qualquer hora, pode ressuscitar"[8]. O *jingle* é, portanto, a forma de canção mais adequada à publicidade atual. De modo sintomático, um dos pregões citados ao início deste trabalho – e dentre todos, com certeza, o mais conhecido na cidade de São Paulo: "Pamonhas, pamonhas, pamonhas / Pamonhas de Piracicaba" –, já foi ironizado em um comercial de televisão que anunciava determinado prêmio de *marketing*.

Qual seria uma boa definição para *jingle*? No meu modo de entender, *jingle* é uma pequena canção (sua duração média varia de 15 a 30 segundos) produzida para ser veiculada em campanha publicitária, com a função primordial de incentivar o consumo de marcas, produtos ou serviços, ou em propaganda, com a função primordial de difundir ideias[9].

7. Cf. T. W. Adorno, "O que Significa Elaborar o Passado", *Educação e Emancipação*, trad. Wolfgang Leo Maar, 2ª ed., Rio de Janeiro, Paz e Terra, 2000, p. 47. O início da minha frase foi retirado de uma entrevista de Maria Rita Kehl, na qual a psicanalista comentou as recentes campanhas eleitorais: "Elas têm sido conduzidas com uma ênfase tão grande nas técnicas publicitárias mais apelativas, espetaculares e infantilizadoras que o eleitor já virou público-alvo. Indubitavelmente, isso cria muito mais do que esperança – cria fantasia, que é o fundamento da publicidade" (cf. Fred Melo Paiva, "O País no Divã, Entre Tapas e Beijos", *O Estado de S. Paulo (Aliás)*, 26.6.2005, p. J3).
8. Cf. João Anzanello Carrascoza, *Redação Publicitária*, pp. 56 e 59. As afirmações, no contexto, referem-se apenas ao *slogan*. Mas a ideia da mensagem publicitária como uma assombração parece já haver se expandido. Longe de assustar, esse é um conceito que tem boas chances de virar lugar-comum, ou seja, "figura de autoridade". Em 2005, Leonardo Ramalho Furlan, aluno de Comunicação Social (Publicidade e Propaganda) da PUC-SP e músico (baixista), em um trabalho de aproveitamento, assim descreveu o som da banda de *pop rock* em que ingressara: "Ao fazer a música deve-se levar em conta um certo *suingue* para fazer as pessoas dançarem e, ao mesmo tempo, refrões que assombrem as mentes das pessoas por tempo indeterminado. O ambiente da banda é tão voltado para a venda da música como produto, que a maneira de se vestir é um fator de extrema relevância, assim como a maneira de se expressar em cima do palco". Perguntei se ele havia tirado a ideia sobre os refrões de alguma aula. Ele afirmou que não ouvira nada disso na faculdade, nem lera em lugar algum. Disse-me que os outros músicos da banda é que sempre repetiam aquilo.
9. Baseio-me na consulta das obras: Izacyl Guimarães Ferreira e Neysa Bravo Mendes Fugler, *Dicionário Brasileiro de Comunicação, Volume 1: Mídia*, São Paulo, Edições Mercado Global, 1977;

Creio que seja útil esclarecer dois pontos. O primeiro é por que não utilizo o termo "composição". Ora, não importa se a canção, na origem, foi ou não composta para ser um *jingle*. Em se tratando de uma canção de rádio e tevê, o sucesso, via de regra, contribui para *assombrar o consumidor*. Se o fundamental é alcançar a venda de alguma coisa, a produção se encarregará, quando houver necessidade, de adaptar a matéria-prima sonora.

O segundo é por que mantenho a distinção entre publicidade e propaganda. Talvez seja uma coisa obsoleta. A diferença remonta aos contextos iniciais de uso dos termos: propaganda surgiu como o "que deve ser divulgado" na "'congregação para propagação da fé', instituída pelo papa Gregório XV em 1622"; publicidade significaria, no mesmo século, "(1694) 'caráter do que é público, do que não é mantido secreto, propriedade do que é conhecido'", assumindo em 1829 o sentido de "conjunto de meios utilizados para tornar conhecido um produto, uma empresa industrial ou comercial"[10]. Ocorre que se torna cada vez mais comum, sobretudo coloquialmente, os termos serem tratados como sinônimos.

No meu ponto de vista, a indistinção diz muito sobre a nossa experiência atual, sobre o momento em que o espetáculo vem à frente e parece dirigir, por intermédio de um mesmo conjunto de técnicas de persuasão, o reconhecimento e o consumo de qualquer coisa como mercadoria, não importa a sua substância. Mesmo no meio publicitário, a indistinção parece se justificar à medida que uma e outra atividade são consideradas armas do *marketing* (conjunto de ações que visam, de um lado, adequar a produção e a oferta às expectativas do público e, de outro, influenciar esse público quanto à mercadoria assim oferecida) ou do *branding* (construção e administração de uma marca), estratégias e carreiras profissionais, por sua vez, que estão em alta[11].

Júlio César Tavares Moreira *et alii*, *Dicionário de Termos de Marketing*, São Paulo, Atlas, 1996; Carlos Alberto Rabaça e Gustavo Barbosa, *Dicionário Comunicação*, São Paulo, Ática, 1987; Zander Campos da Silva, *Dicionário de Propaganda e Marketing*, São Paulo, Pallas, 1976; Maria Arminda do Nascimento Arruda, "Publicidade", em Roberto P. Queiroz E Silva (coord.), *Temas Básicos em Comunicação*, São Paulo, Paulinas/Intercom, 1983, pp. 142-146.

10. Cf. Antônio Houaiss & Mauro de Salles Villar, *Dicionário Houaiss da Língua Portuguesa*.
11. Sobre o assunto, cf. Francisco Gracioso, "*Marketing* no Brasil: Evolução, Situação Atual, Tendências", em R. C. Branco, R. L. Martensen e F. Reis (coord.), *História da Propaganda no Brasil*, pp. 85-97: "Não cabe ao *marketing* (ao menos diretamente) botar dinheiro no bolso das pessoas. Isto é um resultado da atividade econômica no sentido mais amplo. Ao *marketing*, isto

Quando Robert Kurz afirma que "o cálculo orientado pelo lucro abstrato e a política empresarial de custos perfazem, no início do século XXI, todo o circuito da existência", sua intenção é denunciar o empobrecimento da vida humana, reduzida ao *marketing*: "todas as relações sociais devem se transformar em relações de oferta e demanda, todos os contatos em 'contatos com clientes' "; amor, sexualidade, ciência, cotidiano "são pensados cada vez mais como categorias econômicas e estimados segundo critérios econômicos"[12]. Espantoso, no meu modo de entender, é que o diagnóstico da situação seja compartilhado por profissionais de *marketing*. A reação desses profissionais, todavia, é imaginar estratégias para tornar seus clientes uma mercadoria não descartável (isso existe?): gostando ou não do emprego, ou estando até mesmo desempregado (*em disponibilidade*), espelhar-se num produto e apresentar-se como uma marca famosa[13]. E todos aqueles que são ou que se tornam bem-sucedidos profissionalmente parecem indagar: qual é exatamente o problema?

sim, compete fazer as pessoas tirarem o dinheiro do bolso. Em outras palavras, cabe ao *marketing* criar a vontade de gastar e concretizar a venda, através das diversas armas que utiliza, entre as quais se inclui a propaganda". Talvez não seja descabido recordar um chiste de Tom Jobim: "Publicidade é igual a assaltante: fala direto" (citado por Sérgio Cabral, *Antônio Carlos Jobim: Uma Biografia*, p. 363).

12. Cf. Robert Kurz, "A Comercialização da Alma", *Folha de S. Paulo (Mais)*, 11.2.2001, pp. 14-15.
13. Um exemplo, no qual me baseio: "Para quem não acredita nem em bruxas nem em marcas pessoais, há boas razões para aceitar as últimas e evitar as primeiras. Pessoas vencedoras são as que se diferenciam da multidão. Têm características próprias e são à prova de lugar-comum (leia-se: não são descartáveis). Faça um teste. Se fosse um carro, qual seria? Popular ou exclusivo? Sofisticado ou básico? Utilitário ou de passageiros? Da moda ou clássico? Esportivo ou social? Quem seria seu comprador típico? Agora substitua a ideia do carro por você. Quem é essa pessoa que o olha no espelho e o que ela quer projetar? Quais os seus atributos, seus talentos e suas características exclusivas? Como tudo isso se coaduna com seus objetivos pessoais e profissionais? E com o público de interesse? [parágrafo] A sua meta pessoal – independentemente da satisfação com o emprego ou até a inexistência dele – é se tornar estrela com luz própria. Em suma, seja sol, jamais lua. Crie sua marca. Quando? Aproveitando o começo do ano, que tal agora?" (cf. Fábio Steinberg, "Ano Novo, Marca Nova", *Folha de S. Paulo (Folha Equilíbrio)*, 23.1.2003, p. 12).

Em 1979, Gal Costa gravou *A Preta do Acarajé*[14]. As considerações que farei não sintetizam, fique claro, a carreira da intérprete, tendo por objetivo somente indicar a atuação que vem se delineando em certa linha da canção popular-comercial que, em outras condições, se manteve num diálogo interessante com a vida popular. A análise de *Carioca* já trouxe à luz as dificuldades do quadro. A escolha de Chico Buarque de Holanda, aliás, procurou enfrentar os impasses - que são sobretudo de ordem histórica, não de ordem pessoal - em obra que ainda resiste a entregar os pontos, como espero haver mostrado. A escolha da gravação de Gal também se justifica pela coerência interna deste meu trabalho. Outras composições poderiam ser aqui examinadas - por exemplo, *Vendedor de Caranguejo* (Gordurinha)[15], *Menino das Laranjas* (Théo de Barros)[16], *Vendedor de Bananas* (Jorge Ben)[17]. A análise de qualquer uma delas, contudo, levaria a questões diversas das tratadas até agora.

Advertência feita, ressalte-se que o arranjo, na gravação de Gal Costa, estruturou as duas partes em fórmula quaternária (4/4). O caráter recitativo da Parte A foi sublinhado pela voz da cantora, que se sentiu livre para alterar minimamente a figura rítmica padrão, como ocorre na linguagem oral, sem o compromisso de executar rigidamente uma partitura musical prévia. Dessa forma, logo na segunda estrofe, o acento do verso "Tem acarajé" foi respeitado sem, entretanto, descaracterizar o motivo rítmico. Digno de se reparar é que o acento tônico principal de cada verso se referenciou pela tésis do quarto tempo, enfatizando portanto o ritmo em detrimento da métrica[18]. Por fim, ressalte-se que narrador e vendedora foram ali representados por Gal, a qual escureceu o timbre nas frases do primeiro personagem (a tonalidade é Lá menor).

14. Cf. Gal Costa, *Gal Tropical*, Philips/PolyGram, LP 6349.412, 1979. O fonograma também pode ser ouvido no CD nº 2 da coletânea *Dorival Caymmi: Sem Limite*, Universal, CD 73145489982, 2001.
15. Cf. Jackson do Pandeiro e Gordurinha, *Jackson do Pandeiro & Gordurinha*, WEA, CD 857381608-2, 2000; Gilberto Gil, *Quanta*, WEA, CD 063018644-2, 1997.
16. Cf. Elis Regina, *Samba, Eu Canto Assim*, Philips/PolyGram, CD 811 218-2, 1998 [1965].
17. Cf. Os Incríveis, *Os Incríveis e seus Maiores Sucessos*, BMG Ariola/RCA, CD M60028, 1993.
18. Advirta-se que as discussões sobre a utilização de uma ou outra fórmula de compasso (2/4, 2/2, 4/4), na escrita da canção popular brasileira, muitas vezes não se referem à sensação métrica e sim à facilidade de leitura, um critério não apenas cultural mas também pessoal.

Figura 50

Am C G
Dez ho-ras da noi- te
Am Bm
Na ru- a de-ser- ta
F6
A pre- ta mer-can- do
E7 Am C G
Pa - re - ceum la- men- to hum hum
Am C G Am
hum hum hum hum
rubato
Iê oa - ba - rá
a tempo
Am C G Am C G
Am Am C G
Na su- a ga-me- la
Am Bm
Tem mo-lho chei-ro - so

Na Parte B (tonalidade de Lá Maior), um coro passou a dividir o canto, mas ainda assim não se estabeleceram papéis. Desse modo, não se representou ou não se pretendeu representar claramente o diálogo entre comprador e vendedora.

Em termos comparativos, aquele registro de Dorival Caymmi e Carmen Miranda (e Dalva de Oliveira), feito em 1939, acaba sendo superior ao de Gal Costa se o critério estabelecido for a representação de um tipo social, o seu lamento transfigurando-se numa certa alegria, e isso no tempo de seu declínio no cotidiano urbano, quando a imagem ouvida, de agora em diante perpetuada no canto, aos poucos deixa de ter correspondência com o mundo concreto. Quatro aspectos devem ser aqui considerados. O primeiro é que tal critério busca identificar um determinado valor estético entendido como a figuração condensada e potencializada de uma experiência histórica. O segundo é que valor estético não é bem "questão de gosto" e, por consequência, tampouco é inerente a toda mercadoria consumida por um público mais ou menos amplo. O terceiro é que, não custa lembrar, não é possível requerer objetividade científica da aplicação de um critério de valorização estética; muito menos possível é requerer dessa aplicação a objetividade dos números de cópias vendidas. O quarto aspecto é que a comparação que faço também se baseia naquele sentido histórico apresentado por T. S. Eliot ao considerar a tradição literária[19]; assim, é legítimo supor que a gravação de Gal Costa acaba melhorando a avaliação que se faz da gravação de Dorival Caymmi e Carmen Miranda (e Dalva de Oliveira), ao mesmo tempo que a audição desta contribui para a avaliação desfavorável do registro de Gal.

Dito isso, observe-se que a diferença de grau entre os fonogramas poderia não ter nada a ver com as datas das gravações. Mas creio que a configuração de indústria e mercado fonográficos, diversa em cada época, deixou marcas nítidas nos dois registros. Do primeiro, já se tratou detidamente. Vejamos, embora sucintamente, a marca principal que se nota no segundo.

Em 1979, o timbre escuro da cantora, nas frases do narrador, cria uma atmosfera sombria, noturna, na qual não existe dor, sentimento que também não é percebido quando se entoam os pregões. Trata-se de um canto bonito, não há qualquer dúvida, e virtuoso pela mudança de timbres e pela extensão de notas graves e agudas bem emitidas. Um canto que atrai a atenção para si – teria Gal se inspirado no timbre de voz de Caymmi?

O arranjo também é interessante, seja pela pausa entre as frases do narrador, seja por conta da marcação do baixo ou dos acordes que soam durante todo um compasso quaternário, seja ainda pela rearmonização (faz-se um empréstimo do modo dórico, Bm; encerrando a canção, toca-se Lá lídio, Aadd9/#11). E igualmente interessantes são as intervenções de bateria e percussão. Tudo isso, no entanto, não nos fala de um mundo em desaparição como em 1939, apesar do clima sugerido, entre o místico e o misterioso. E mes-

19. Cf. T. S. Eliot, "A Tradição e o Talento Individual", *Ensaios de Doutrina Crítica*, Lisboa, Guimarães, s.d., pp. 19-35.

mo esse clima nem é profundo nem é... sincero, por assim dizer. Ouça-se *A Lenda do Abaeté*, de e com Dorival Caymmi, em gravação de 1959: nesta gravação, sim, sente-se de verdade o que é o mistério, em sua dimensão solene e inexplicável[20]. A voz de Gal Costa, em *A Preta do Acarajé*, não carrega traço de toda aquela experiência presente na gravação de Caymmi e Carmen Miranda (e Dalva de Oliveira). Não se ouve "a preta mercando", nem o narrador/freguês que a evoca em seu canto. O que se ouve é a própria Gal Costa e a sua sensualidade.

A imagem que se forma na audição é a de um *show* num teatro ou a de uma apresentação televisiva, enquanto a cena histórica baiana resta escondida, abafada; ou, dizendo de modo mais claro, *A Preta do Acarajé* não é encenada, o que se encena é a *performance* da cantora baiana Gal Costa. Ao escutar essa gravação de 1979 (reafirme-se que não generalizo a crítica), a sensação é que se valorizaram mais os efeitos criados pelos músicos e pela cantora do que a própria composição, a qual, no limite, poderia ter sido substituída, uma vez que funcionou como pretexto. É sintomático que uma frase do baixo, ao ser executada quinze vezes ao longo do arranjo – sempre apoiada pela bateria e, em oito delas, também reforçada pela voz da cantora ("Hum, hum, hum") –, se afirme mais fortemente ao ouvinte do que os pregões: o que se afirma e reafirma é uma espécie de assinatura sonora a ser memorizada pelo consumidor, não uma representação do mundo por meio da canção.

A canção popular como pretexto para o comércio de um disco, de uma voz, de um corpo, de uma atitude de palco, de roupas ou do que mais ela possa anunciar. Em que essa canção difere de um *jingle*?

20. Cf. Dorival Caymmi, *2 em 1: Caymmi e seu Violão (1959) / Eu Não Tenho Onde Morar (1961)*.

Bibliografia

1. Canção Brasileira (Popular-Comercial e de Tradição Oral)

1.a. *Livros (Ou Capítulos de Livro)*

Acquarone, F. *História da Música Brasileira*. Rio de Janeiro; São Paulo; Belo Horizonte, Livraria Francisco Alves/Editora Paulo de Azevedo Ltda., s.d.

Adolfo, Antonio. *O Livro do Músico*. Rio de Janeiro, Lumiar, 1989.

________. *Composição: Uma Discussão sobre o Processo Criativo Brasileiro*. Rio de Janeiro, Lumiar, 1997.

Alencar, Edigar de. *Nosso Sinhô do Samba*. Rio de Janeiro, Civilização Brasileira, 1968.

Alexandre, Ricardo. *Dias de Luta: O Rock e o Brasil dos Anos 80*. São Paulo, DBA Artes Gráficas, 2002.

Almirante. *No Tempo de Noel Rosa*. Rio de Janeiro, Livraria Francisco Alves, 1963.

Alvarenga, Oneyda. *Música Popular Brasileira*. 2ª ed. São Paulo, Duas Cidades, 1982.

Andrade, Mário de. *Ensaio sobre a Música Brasileira*. São Paulo, Martins, 1962.

________. *O Baile das Quatro Artes*. São Paulo, Martins, 1963.

________. *Música, Doce Música*. São Paulo, Martins, 1963.

________. *O Turista Aprendiz*. Estabelecimento de texto, introdução e notas de Telê Porto Ancona Lopez. São Paulo, Duas Cidades/Secretaria da Cultura, Ciência e Tecnologia, 1976.

________. *Namoros com a Medicina*. 4ª ed. São Paulo, Martins; Belo Horizonte, Itatiaia, 1980.

________. *Danças Dramáticas do Brasil*. Edição organizada por Oneyda Alvarenga. 2ª ed. Belo Horizonte, Itatiaia; Brasília, INL, Fundação Nacional Pró-Memória, 1982. 3 tomos.

________. *Música de Feitiçaria no Brasil*. 2ª ed. Belo Horizonte, Itatiaia; Brasília, INL, Fundação Nacional Pró-Memória, 1983.

________. *Os Cocos*. Preparação, ilustração e notas de Oneyda Alvarenga. São Paulo, Duas Cidades; Brasília, INL, Fundação Nacional Pró-Memória, 1984.

________. *As Melodias do Boi e Outras Peças*. Preparação, introdução e notas de Oneyda Alvarenga. São Paulo, Duas Cidades; Brasília, Instituto Nacional do Livro, 1987.

________. *Dicionário Musical Brasileiro*. Coordenação Oneyda Alvarenga & Flávia Camargo Toni. Belo Horizonte, Itatiaia; Brasília, Ministério da Cultura; São Paulo, IEB, Edusp, 1989.

________. *Aspectos da Música Brasileira*. Belo Horizonte; Rio de Janeiro, Villa Rica, 1991.

AUGRAS, Monique. *O Brasil do Samba-enredo*. Rio de Janeiro, Ed. Fundação Getúlio Vargas, 1998.

AUXILIAR: *Defesa da Cultura Nacional* (reunião de textos publicados no jornal empresarial *Auxiliar*). São Paulo, Sistema Financeiro Auxiliar/Corporação Bonfiglioli, 1982.

BAHIANA, Ana Maria. *Nada Será como Antes: MPB nos Anos 70*. Rio de Janeiro, Civilização Brasileira, 1980.

________; WISNIK, José Miguel & AUTRAN, Margarida. *Anos 70: Música Popular*. Rio de Janeiro, Europa, 1979/1980.

BARROS, José Flávio Pessoa de. *O Banquete do Rei... Olubajé: Uma Introdução à Música Sacra Afro-brasileira*. Rio de Janeiro, UERJ/ Intercon, 1999. Inclui CD.

CABRAL, Sérgio. *As Escolas de Samba do Rio de Janeiro*. Rio de Janeiro, Lumiar, 1996.

________. *A MPB na Era do Rádio*. São Paulo, Moderna, 1996.

________. *Antônio Carlos Jobim: Uma Biografia*. Rio de Janeiro, Lumiar, 1997.

________. *No Tempo de Almirante: Uma História do Rádio e da MPB*. 3ª ed. Rio de Janeiro, Lumiar / Chediak Arte e Comunicação, 2005.

________. *No Tempo de Ari Barroso*. Rio de Janeiro, Lumiar, s.d.

CALADO, Carlos. *A Divina Comédia dos Mutantes*. São Paulo, Editora 34, 1995.

________. *Tropicália: A História de uma Revolução Musical*. São Paulo, Editora 34, 1997.

CAMPOS, Augusto de. *Balanço da Bossa e Outras Bossas*. 4ª ed. São Paulo, Perspectiva, 1986.

CAMPOS, Alice Duarte Silva *et alii*. *Um Certo Geraldo Pereira*. Rio de Janeiro, Funarte/INM/Divisão de Música Popular, 1983.

CARNEIRO, Edison. *Folguedos Tradicionais*. Rio de Janeiro, Conquista, 1974.

CASCUDO, Luis da Camara. *Literatura Oral no Brasil*. 3ª ed. Belo Horizonte, Itatiaia; São Paulo, Edusp, 1984.

________. *Vaqueiros e Cantadores*. Belo Horizonte, Itatiaia; São Paulo, Edusp, 1984.

CASTELLO, José. *Livro de Letras: Vinicius de Moraes*. 1ª reimpressão. São Paulo, Companhia das Letras, 1995.

CASTRO, Ruy. *A Onda que se Ergueu no Mar*. São Paulo, Companhia das Letras, 2001.

CAVALCANTE, Berenice; STARLING, Heloísa M. M. & EISENBERG, José. *Decantando a República*. 3 volumes. Rio de Janeiro, Nova Fronteira; São Paulo, Ed. Fundação Perseu Abramo, 2004.

CHEDIAK, Almir. *Dicionário de Acordes Cifrados: Harmonia Aplicada à Música Popular*. 4ª ed. São Paulo; Rio de Janeiro, Irmãos Vitale, 1984.

COLEÇÃO REVISTA DA MÚSICA POPULAR, edição completa em fac-símile (setembro de 1954 – setembro de 1956). Rio de Janeiro, Funarte/Bem-Te-Vi Produções Literárias, 2006.

COLI, Jorge. *Música Final: Mário de Andrade e sua Coluna Jornalística Mundo Musical.* Campinas (SP), Editora da Unicamp, 1998.

CONTIER, Arnaldo D. "Modernismos e Brasilidade: Música, Utopia e Tradição". In: NOVAES, Adauto (org.). *Tempo e História.* São Paulo, Companhia das Letras/Secretaria Municipal de Cultura, 1992, pp. 259-287.

COUTINHO FILHO, F. *Violas e Repentes.* Recife, [s.n.], 1953.

DAPIEVE, Arthur. *BRock: O Rock Brasileiro dos Anos 80.* 3ª ed. Rio de Janeiro, Editora 34, 2000.

DIAS, Marcia Tosta. *Os Donos da Voz: Indústria Fonográfica Brasileira e Mundialização da Cultura.* São Paulo, Boitempo/Fapesp, 2000.

DIAS, Paulo Anderson Fernandes. *São Paulo Corpo e Alma.* Apres. Alberto T. Ikeda; fotografias Andrea de Valentim. São Paulo, Associação Cultural Cachuera!, 2003. Inclui DVD e CD.

DUARTE, Paulo Sergio & NAVES, Santuza Cambraia (org.). *Do Samba-canção à Tropicália.* Rio de Janeiro, Relume Dumará/Faperj, 2003.

EFEGÊ, Jota (João Ferreira Gomes). *Figuras e Coisas do Carnaval Carioca.* Rio de Janeiro, Funarte, 1982.

ENEIDA. *História do Carnaval Carioca.* Edição revista e ampliada por Haroldo Costa. Rio de Janeiro, Record, 1987.

FAVARETTO, Celso. *Tropicália: Alegoria, Alegria.* 2ª ed. São Paulo, Ateliê Editorial, 1996.

GALVÃO, Walnice Nogueira. "MMPB: Uma Análise Ideológica". In: *Sacos de Gatos: Ensaios Críticos.* 2ª ed. São Paulo, Duas Cidades, 1976. pp. 93-119.

GARCIA, Walter. *Bim Bom: A Contradição sem Conflitos de João Gilberto.* São Paulo, Paz e Terra, 1999.

GASPARI, Elio; HOLLANDA, Heloisa Buarque & VENTURA, Zuenir. *Cultura em Trânsito: Da Repressão à Abertura.* Rio de Janeiro, Aeroplano, 2000.

GIL, Gilberto. *Gilberto Gil: Todas as Letras.* Organização Carlos Rennó; colaboração Marcelo Fróes. Edição revista e ampliada. São Paulo, Companhia das Letras, 2003.

GUIMARÃES, Francisco (Vagalume). *Na Roda do Samba.* 2ª ed. Rio de Janeiro, Funarte, 1978. [Coleção MPB Reedições, nº 2.]

HOLLANDA, Heloisa Buarque. *Impressões de Viagem: CPC, Vanguarda e Desbunde, 1960-1970.* 3ª ed. Rio de Janeiro, Rocco, 1992.

JAMBEIRO, Othon. *Canção de Massa: As Condições de Produção.* São Paulo, Pioneira, 1975.

JOBIM, Antonio Carlos. *A Vida de Tom Jobim: Depoimento.* Rio de Janeiro, Editora Rio Cultura/Faculdades Integradas Estácio de Sá, s.d.

LAGO, Mário. *Bagaço de Beira-estrada.* Rio de Janeiro, Civilização Brasileira, 1977.

________. *Na Rolança do Tempo.* 4ª ed. Rio de Janeiro, Civilização Brasileira, 1979.

________. *Reminiscências do Sol Quadrado.* São Paulo, Cosac & Naify, 2001.

LIMA, Rossini Tavares de. *Melodia e Ritmo no Folclore de São Paulo*. São Paulo, Ricordi, 1954.

________. *Abecê do Folclore*. 3ª ed. São Paulo, Ricordi, [1962].

LOPES, Nei. *O Negro no Rio de Janeiro e sua Tradição Musical: Partido Alto, Calango, Chula e Outras Cantorias*. Rio de Janeiro, Pallas, 1992.

________. *Guimbaustrilho e Outros Mistérios Suburbanos*. Rio de Janeiro, Dantes Editora e Livraria/Prefeitura do Rio de Janeiro, 2001.

MACHADO FILHO, Aires da Mata. *O Negro e o Garimpo em Minas Gerais*. Belo Horizonte, Itatiaia; São Paulo, Edusp, 1985.

MATOS, Cláudia. *Acertei no Milhar: Malandragem e Samba no Tempo de Getúlio*. Rio de Janeiro, Paz e Terra, 1982.

________; MEDEIROS, Fernanda Teixeira de & TRAVASSOS, Elizabeth (orgs.). *Ao Encontro da Palavra Cantada: Poesia, Música e Voz*. Rio de Janeiro, 7 Letras, 2001.

MÁXIMO, João & DIDIER, Carlos. *Noel Rosa: Uma Biografia*. Brasília, Editora UnB/ Linha Gráfica Editora, 1990.

MEDAGLIA, Julio. *Música Impopular*. São Paulo, Global, 1988.

MELLO, José Eduardo Homem de. *Música Popular Brasileira: Cantada e Contada por...* São Paulo, Melhoramentos/Edusp, 1976.

________ (Zuza). *A Era dos Festivais: Uma Parábola*. São Paulo, Editora 34, 2003.

MORAES, José Geraldo Vinci de. *Metrópole em Sinfonia: História, Cultura e Música Popular na São Paulo dos Anos 30*. São Paulo, Estação Liberdade, 2000.

MORELLI, Rita C. L. *Indústria Fonográfica: Um Estudo Antropológico*. Campinas (SP), Editora da Unicamp, 1991.

MOTA, Leonardo. *Cantadores: Poesia e Linguagem do Sertão Cearense*. 3ª ed. Fortaleza, Imprensa Universitária do Ceará, 1961.

________. *Violeiros do Norte*. 4ª ed. Rio de Janeiro, Cátedra; Brasília, INL, 1976.

________. *Adagiário Brasileiro*. Belo Horizonte, Itatiaia; São Paulo, Edusp, 1987.

MOURA, Roberto M. *Tia Ciata e a Pequena África no Rio de Janeiro*. Rio de Janeiro, Funarte/ INM/Divisão de Música Popular, 1983. [Coleção MPB, nº 9.]

NAPOLITANO, Marcos. *"Seguindo a Canção": Engajamento Político e Indústria Cultural na MPB (1959-1969)*. São Paulo, Annablume/Fapesp, 2001.

________. *História & Música: História Cultural da Música Popular*. Belo Horizonte, Autêntica, 2002.

NASSER, David. *Parceiro da Glória: 45 Anos na Música Popular*. Rio de Janeiro, José Olympio; Brasília, INL, 1983.

NESTROVSKI, Arthur; MAMMÌ, Lorenzo & TATIT, Luiz. *Três Canções de Tom Jobim*. São Paulo, Cosac Naify, 2004.

NESTROVSKI, Arthur (org.). *Música Popular Brasileira Hoje*. São Paulo, Publifolha, 2002. [Série Folha Explica, vol. 50.]

________ (org.). *Lendo Música: 10 Ensaios sobre 10 Canções*. São Paulo, Publifolha, 2007.

OLIVEIRA, Aloysio de. *De Banda pra Lua*. Rio de Janeiro, Record, 1982.

PAES, José Paulo. *Gregos e Baianos: Ensaios*. São Paulo, Brasiliense, 1985.

PEDERIVA, Ana Barbara Aparecida. *Jovem Guarda: Cronistas Sentimentais da Juventude*. São Paulo, Companhia Editora Nacional, 2000.

RANGEL, Lúcio. *Sambistas e Chorões: Aspectos e Figuras da Música Popular Brasileira*. São Paulo, Francisco Alves, 1962.

RIDENTI, Marcelo. *Em Busca do Povo Brasileiro: Artistas da Revolução, do CPC à Era da TV*. Rio de Janeiro, Record, 2000.

ROMERO, Sílvio. *Cantos Populares do Brasil*. Edição anotada por Luis da Camara Cascudo. Rio de Janeiro, José Olympio, 1954. 2 tomos.

ROSA, Noel. *Noel Rosa*. Seleção e textos, notas, estudo biográfico, histórico e crítico por João Antônio. São Paulo, Abril Educação, 1982. [Série Literatura Comentada.]

SANDRONI, Carlos. *Feitiço Decente: Transformações do Samba no Rio de Janeiro (1917-1933)*. Rio de Janeiro, Jorge Zahar Ed./Ed. UFRJ, 2001.

SANT'ANNA, Affonso Romano de. *Música Popular e Moderna Poesia Brasileira*. 3ª ed. Petrópolis (RJ), Vozes, 1986.

SCHWARZ, Roberto. "Nota sobre Vanguarda e Conformismo" e "Cultura e Política, 1964-69". In: *O Pai de Família e Outros Estudos*. 2ª ed. Rio de Janeiro, Paz e Terra, 1978, pp. 43-48 e 61-92.

SEVERIANO, Jairo & MELLO, Zuza Homem de. *A Canção no Tempo: 85 Anos de Músicas Brasileiras (Vol. 1: 1901-1957)*. São Paulo, Editora 34, 1997.

________. *A Canção no Tempo: 85 Anos de Músicas Brasileiras (Vol. 2: 1958-1985)*. São Paulo, Editora 34, 1998.

SILVA, Marília T. Barboza da & OLIVEIRA Filho, Arthur L. de. *Cartola: Os Tempos Idos*. Rio de Janeiro, Gryphus, 1998.

________. *Pixinguinha: Filho de Ogum Bexiguento*. Rio de Janeiro, Gryphus, 1998.

SODRÉ, Muniz. *Samba, o Dono do Corpo: Ensaios*. 2ª ed. Rio de Janeiro, Mauad, 1998.

TATIT, Luiz. *A Canção: Eficácia e Encanto*. São Paulo, Atual, 1986.

________. *Semiótica da Canção*. São Paulo, Escuta, 1994.

________. *O Cancionista: Composição de Canções no Brasil*. São Paulo, Edusp, 1996.

________. *Musicando a Semiótica: Ensaios*. São Paulo, Annablume, 1997.

________. *Análise Semiótica Através das Letras*. São Paulo, Ateliê Editorial, 2001.

________. *O Século da Canção*. São Paulo, Ateliê Editorial, 2004.

TINHORÃO, José Ramos. *O Samba Agora Vai... A Farsa da Música Popular no Exterior*. Rio de Janeiro, JCM Editores, 1969.

________. *Música Popular: Teatro & Cinema*. Petrópolis (RJ), Vozes, 1972.

________. *Música Popular: Do Gramofone ao Rádio e TV*. São Paulo, Ática, 1981.

________. *Os Sons dos Negros no Brasil*. São Paulo, Art Editora, 1988.

________. *Pequena História da Música Popular: Da Modinha à Lambada*. 6ª ed. São Paulo, Art Editora, 1991.

_______. *História Social da Música Popular Brasileira*. São Paulo, Editora 34, 1998.

_______. *Os Sons que Vêm da Rua*. 2ª ed., revista e ampliada. São Paulo, Editora 34, 2005.

Tom Zé. *Tropicalista Lenta Luta*. São Paulo, Publifolha, 2003.

Toni, Flávia Camargo (org.). *A Música Popular Brasileira na Vitrola de Mário de Andrade*. São Paulo, Editora Senac São Paulo, 2004.

Vasconcellos, Gilberto. *Música Popular: De Olho na Fresta*. Rio de Janeiro, Graal, 1977.

Veloso, Caetano. *Alegria, Alegria*. Organização Waly Salomão. Rio de Janeiro, Pedra Q Ronca, s.d.

_______. *Verdade Tropical*. São Paulo, Companhia das Letras, 1997.

Veloso, Caetano. *Letra Só; Sobre as Letras*. Org. Eucanaã Ferraz. São Paulo, Companhia das Letras, 2003.

Vianna, Hermano. *O Mistério do Samba*. 2ª ed. Rio de Janeiro, Jorge Zahar Editor/Editora da UFRJ, 1995.

Wisnik, José Miguel. *Sem Receita*. São Paulo, Publifolha, 2004.

1.B. *Livros de Partituras*

Barroso, Ary. *Songbook Ary Barroso*. Produzido por Almir Chediak. Rio de Janeiro, Lumiar, 1994. 2 volumes.

Jobim, Paulo *et alii* (coord.). *Cancioneiro Jobim: Arranjos para Piano*. Prefácio de Lorenzo Mammì. Texto de Sérgio Augusto. Rio de Janeiro, Casa da Palavra, 2000.

Jobim, Tom. *Songbook Tom Jobim*. Produzido por Almir Chediak. 7ª ed. Rio de Janeiro, Lumiar, 1994. 3 volumes.

Rosa, Noel. *Songbook Noel Rosa*. Produzido por Almir Chediak. Rio de Janeiro, Lumiar, 1991. 3 volumes.

Vários. *Songbook Bossa Nova*. Produzido por Almir Chediak. Rio de Janeiro, Lumiar, 1994. 5 volumes.

1.C. *Artigos e Ensaios Publicados em Revistas*

Mammì, Lorenzo. "João Gilberto e o Projeto Utópico da Bossa Nova". *Novos Estudos Cebrap*, nº 34. São Paulo, Cebrap, nov. 1992. pp. 63-70.

Ulhôa, Martha Tupinambá de. "Métrica Derramada: Prosódia Musical na Canção Brasileira Popular". *Revista da Academia Brasileira de Música*, nº 2. Rio de Janeiro, maio 1999, pp. 48-56.

Sodré, Muniz. "Corporalidade e Liturgia Negra". *Revista do Patrimônio Histórico e Artístico Nacional*, nº 25 – Negro Brasileiro Negro, 1977, pp. 29-33.

Vários. "Dossiê Música Brasileira". *Revista USP*, nº 4. São Paulo, USP, dez/jan/fev 1989-1990.

_______. "Dossiê 80 Anos de Rádio". *Revista USP*, nº 56. São Paulo, USP, dez/jan/fev 2002-2003.

VÁRIOS. *Teresa* – Revista de Literatura Brasileira, nº 4/5 – Literatura e Canção. São Paulo, Dep. de Letras Clássicas e Vernáculas da FFLCH da USP/Editora 34, 2004.

1.D. *Coleções em Fascículos*

História da Música Popular Brasileira. São Paulo, Abril Cultural, 1970. Inclui pesquisas biográficas e discos. [*Nova História da Música Popular Brasileira*, 2ª edição. São Paulo, Abril Cultural, 1977.]

História da Música Popular Brasileira: Grandes Compositores. São Paulo, Abril Cultural, 1982. Inclui textos críticos, pesquisas biográficas e discos.

História do Samba/Os Grandes Sambas da História. Rio de Janeiro, Globo/BMG, 1997/1998. Inclui pesquisa histórica e discos.

1.E. *Textos Publicados na Imprensa*

FOLHA DE S.PAULO (ILUSTRADA). "Gravadoras Decidem Acabar com o Jabaculê" / "Ou Faz Promoção, ou Não Toco Produto Novo" / "Rádios Afirmam que Gravadoras Tentavam Interferir na Programação" / "Jabaculê Não É Considerado Crime", 7.8.1995, pp. **5**-1 e **5**-3.

GARCIA, Walter. "A Cordialidade da Bossa Nova do Mestre João Gilberto". *Valor Econômico (Eu & Cultura)*, 22.8.2000, p. **D** 10.

GIRON, Luís Antonio. "A MPB Acabou". *Bravo!*, São Paulo, Editora D'Avila, ano 6, nº 70, jul. 2003, pp. 56-61.

GONÇALVES, Marcos Augusto & MASSI, Augusto. "MPB com Todas as Letras" [entrevista com Caetano Veloso e Gilberto Gil]. *Folha de S. Paulo (Mais)*, 17.10.1993. pp. **6**-4 e **6**-5.

MATHIAS, Alexandre. "Fina Estampa" [entrevista com Luiz Tatit]. *Folha de S. Paulo (Mais)*, 29.8.2004, pp. 7-8.

SUKMAN, Hugo. "Pios, Palavras e Bolinhas". *Globo (Segundo Caderno)*, 3.10.2004, p. 1.

VEJA. "Triste É Viver sem Tom Jobim". São Paulo, Ed. Abril, ano 27, nº 50, 14 dez. 1994, pp. 116 a 125.

TATIT, Luiz. "Vocação e Perplexidade dos Cancionistas". *Folha de S. Paulo (Folhetim)*, 20.2.1983. pp. 6-7.

WISNIK, José Miguel. "Nova MPB Traz a Marca da Diversidade". *Folha de S. Paulo (Ilustrada)*, 8.1.1996. pp. **5**-1 e **5**-4.

1.F. *Internet*

D'ABREU, Patrícia. "Retalhos da História Musical da TV". *Observatório da Imprensa*, 7.3.2001 (*Jornal do Brasil*, 5.3.2001).

SANCHES, Pedro Alexandre & MATTOS, Laura. "Leia a íntegra da entrevista de André Midani à *Folha* (21.5.2003)". Disponível em http://tools.folha.com.br. Acesso em 23 mai. 2003.

SANDRONI, Carlos. "Mudanças de Padrão Rítmico no Samba Carioca, 1917-1937". *Revista Transcultural de Música*, [1995]. www.sibetrans.com/trans/trans2/sandroni.htm. Acesso em 17 de março de 2005.

2. DORIVAL CAYMMI

2.A. *Obras do Autor*

CAYMMI, Dorival. *Cancioneiro da Bahia*. 5ª ed. revista e ampliada. Rio de Janeiro, Record, 1978.

________. *Songbook Dorival Caymmi*. Produzido por Almir Chediak. Rio de Janeiro, Lumiar, 1994, 2 volumes.

2.B. *Livros*

BARBOSA, Marília T. & ALENCAR, Vera de. *Caymmi Som Imagem Magia*. Rio de Janeiro, Fundação Emílio Odebrecht/Sargaço Produções Artísticas, 1985.

CAYMMI, Stella. *Dorival Caymmi: O Mar e o Tempo*. São Paulo, Editora 34, 2001.

RISÉRIO, Antonio. *Caymmi: Uma Utopia de Lugar*. São Paulo, Perspectiva; Salvador, Copene, 1993. [Coleção Debates nº 253.]

2.C. *Ensaio Publicado em Revista*

LONGO, Mirella Márcia. "Memórias do Cais: Caymmi, Canções e Fontes". *Literatura e Sociedade*, nº 4. São Paulo, USP/FFLCH/DTLLC, 1999. pp. 68 a 77.

2.D. *Textos Publicados na Imprensa*

BLANCO, Alessandra. "Dorival Caymmi: Minha Preguiça É Necessária". *Revista da Folha*, edição paulistana, ano 4, nº 207, encarte da *Folha de S. Paulo*, 7.4.1996, pp. 10-17.

COLOMBO, Sylvia. "Sou a Própria Espontaneidade, Diz Caymmi". *Folha de S. Paulo (Ilustrada)*, 11.12.2000, p. E 4.

DIAS, Mauro. "Carmem Miranda Vestiu os Versos da Canção". *O Estado de S. Paulo (Economia)*, 8.1.2003, p. B 7.

FRANCO, Carlos. "Verão do McDonald's Tem Baiana de Caymmi". *O Estado de S. Paulo (Economia)*, 8.1.2003, p. B 7.

SILVA, Beatriz Coelho *et alii*. "Não Pedi Presentes, Mas Aceito uma Flor" / "Depoimentos" / "Filhos de Peixe". *O Estado de S. Paulo (Caderno 2)*, 30.4.2004, pp. D 6 e D 7.

2.E. *Carmen Miranda*

Livros

BARSANTE, Cássio Emmanuel. *Carmen Miranda*. 2ª ed., rev. e amp. Rio de Janeiro, Elfos Editora, 1994.

NASSER, David. *A Vida Trepidante de Carmen Miranda*. Rio de Janeiro, Edições O Cruzeiro, 1966.

QUEIROZ JUNIOR, José. *Carmem Miranda: Vida, Glória, Amor e Morte*. Rio de Janeiro, Companhia Brasileira de Artes Gráficas, 1956.

SAIA, Luiz Henrique. *Carmen Miranda*. São Paulo, Brasiliense, 1984. [Coleção Encanto Radical nº 44].

Imprensa

FONSECA, Cristina. "Artista Foi Pré-pop e Multimídia". *Folha de S. Paulo (Ilustrada)*, 1.5.1989, p. E 1.

GIRON, Luís Antônio. "LP Mostra que Carmen Miranda Adorava Plagiar" / "Cantora Apelava para o Erotismo". *Folha de S. Paulo (Ilustrada)*, 10.1.1990, p. E 5.

NUNES, Lucinéia. "A Exuberância e Ousadia de Carmem Miranda". *O Estado de S. Paulo (Caderno 2)*, 30.1.2001, p. D 7.

3. CHICO BUARQUE

3.A. *Obras do Autor: Livros de Partituras*

BUARQUE, Chico. *Chico Buarque, Letra e Música*. 2ª ed, 4ª reimpressão. São Paulo, Companhia das Letras, 2000. 2 volumes.

________. *Songbook Chico Buarque*. Produzido por Almir Chediak. 5ª ed. Rio de Janeiro, Lumiar, 1999. 4 volumes.

3.B. *Obras do Autor: Literatura*

BUARQUE, Chico. *Roda Viva*. Rio de Janeiro, Sabiá, 1968.

________. *Fazenda Modelo: Novela Pecuária*. 2ª ed. Rio de Janeiro, Civilização Brasileira, 1975.

________. "Ulisses" e "Anaía". In: ANTONIO, João (org.). *Malditos Escritores*. São Paulo, Símbolo, 1977. pp. 11-14 e encarte especial. [*Extra – Realidade Brasileira*, Coleção Livro-Reportagem, ano 1, nº 4, março.] Observação: o conto "Ulisses" foi publicado pela primeira vez em 30.7.1966, no *Suplemento Literário* de *O Estado de S. Paulo*; "Anaía" reúne dois capítulos de *Fazenda Modelo*.

________. *Estorvo*. 5ª reimpressão. São Paulo, Companhia das Letras, 1991.

________. *Benjamim*. São Paulo, Companhia das Letras, 1995.

________. *Budapeste*. 2ª ed. 1ª reimpressão. São Paulo, Companhia das Letras, 2003.

________ & GUERRA, Ruy. *Calabar: Elogio da Traição*. 19ª ed.; texto revisto e modificado pelos autores. Rio de Janeiro, Civilização Brasileira, 1994.

________ & PONTES, Paulo. *Gota d'Água*. 3ª ed. Rio de Janeiro, Civilização Brasileira, 1976.

3.C. *Livros (ou Capítulos de Livro)*

COELHO, Marcelo. "Estorvo". In: *Gosto se Discute*. São Paulo, Ática, 1994. pp. 61-65.

FERNANDES, Rinaldo de (org.). *Chico Buarque do Brasil: Textos sobre as Canções, o Teatro e a Ficção de um Artista Brasileiro*. Rio de Janeiro, Garamond/Fundação Biblioteca Nacional, 2004.

FONTES, Maria Helena Sansão. *Sem Fantasia: Masculino-feminino em Chico Buarque*. Rio de Janeiro, Graphia, 1999.

MENESES, Adélia Bezerra de. *Desenho Mágico: Poesia e Política em Chico Buarque*. 2ª ed. São Paulo, Ateliê Editorial, 2000.

________. *Figuras do Feminino na Canção de Chico Buarque*. São Paulo, Ateliê Editorial, 2000.

"MÚSICA POPULAR". In: *Ciclo de Debates do Teatro Casa Grande*. Rio de Janeiro, Inúbia, 1976. pp. 71-101. [Debate com a plateia realizado a 21 abr. 1975; mesa composta por Chico Buarque, Sérgio Ricardo e Sérgio Cabral, com coordenação de Albino Pinheiro.]

OTSUKA, Edu Teruki. *Marcas da Catástrofe: Experiência Urbana e Indústria Cultural em Rubem Fonseca, João Gilberto Noll e Chico Buarque*. São Paulo, Nankin Editorial, 2001.

PAES, José Paulo. "Sob o Olhar Hiper-realista (Sobre *Benjamim* de Chico Buarque)". In: *O Lugar do Outro: Ensaios*. Rio de Janeiro, Topbooks, 1999. pp. 84-89.

SILVA, Fernando de Barros e. *Chico Buarque*. São Paulo, Publifolha, 2004. [Série Folha Explica, vol. 63.]

ZAPPA, Regina. *Chico Buarque: Para Todos*. 2ª ed. Rio de Janeiro, Relume Dumará/Prefeitura, 1999. [Coleção Perfis do Rio, vol. 26.]

3.D. *Dissertações, Monografias e Revistas Acadêmicas*

ARÁNYI, Bárbara Guimarães. *Estorvo – Civilização Encruzilhada*. São Paulo, FFLCH/USP, 2000. Dissertação (Mestrado em Literatura Brasileira).

GARCIA, Walter. "Um Mapa para se Estudar Chico Buarque". *Revista do Instituto de Estudos Brasileiros*, nº 43. São Paulo, IEB, set. 2006. pp. 187-202.

DE BONIS, Maria Luísa Rangel. *A Crítica e o Artista: Samba, Repressão e Poesia em Chico Buarque*. São Paulo, PUC-SP, 2005. Dissertação (Mestrado em Comunicação e Semiótica).

STOQUE, Lara. *A Recepção Jornalística de Chico Buarque Escritor*. São Paulo, Cogeae/PUC-SP, 2004. Monografia (Especialização em Jornalismo Cultural).

3.E. *Textos Publicados na Imprensa*

Ensaios

VÁRIOS. "Dossiê: Drama, Lírica e Épica em Chico Buarque". *Cult*, São Paulo, Editora 17, ano VI, nº 69, 2003. pp. 47-65.

Entrevistas e reportagens

AUGUSTO, Sérgio. "O Velho Francisco Vem Aí". *Folha de S. Paulo (Ilustrada)*, 20.31.1988. p. A 53.

BUARQUE, Chico; LOBO, Edu, BLANC, Aldir & VELOSO, Caetano. "A MPB se Debate". Suplemento especial da revista *Homem*, set. 1977. [Também participaram do debate Sérgio Cabral, Nelson Silva e Fernando Pessoa Ferreira.]

CAMPOS, Heloisa. "O Silêncio do Gênio". *Exame Vip*, São Paulo, Ed. Abril, ano 7, out. 1992, pp. 44-49.

CAROS AMIGOS. "Chico, o Craque de Sempre". São Paulo, Casa Amarela, ano 2, nº 20, dez. 1998. pp. 22-30. [Entrevistadores: Ana Miranda, Regina Echeverria, Plínio Marcos, José Arbex Jr., Carlos Tranjan, Marco Frenette, Johnny, Walter Firmo e Sérgio de Souza.]

DIAS, Mauro. "A Maturidade do Poeta". *Carta Capital*, São Paulo, Ed. Confiança, ano X, nº 295, 16 jun. 2004. pp. 54-59.

FREIRE, Roberto. "Chico Dá Samba". *Realidade*, São Paulo, Editora Abril, ano I, nº 9, dez. 1966. pp. 68-76.

GARCIA, Lauro Lisboa *et alii*. "Chico, 60 Anos" [chapéu]. *O Estado de S. Paulo (Caderno 2)*, 19.6.2004. pp. D 1; D 3-D 6.

HENRIQUE, Cláudio. "Ele Nunca Vai Passar". *Época*, Rio de Janeiro, Globo, ano II, nº 80, 29 nov. 1999. pp. 140-146.

KALILI, Narciso. "A Nova Escola do Samba". *Realidade*, São Paulo, Ed. Abril, ano I, nº 8, nov. 1966. pp. 116-125.

MASSI, Augusto. "Chico Buarque Responde ao Brasil com *Paratodos*". *Folha de S. Paulo (Ilustrada)*, 20.11.1993. p. 5-1.

________. "Chico Buarque Volta ao Samba e Rememora 30 Anos de Carreira". *Folha de S. Paulo (Ilustrada)*, 9.1.1994. pp. 6-4 e 6-5.

MEDEIROS, Jotabê. "Chico na 5ª Avenida, Quase um Homem Comum". *O Estado de S. Paulo (Caderno 2)*, 18.4.2005, p. D 5.

PRATA, Mario. "De Volta para a Adolescência". *O Estado de S. Paulo (Caderno 2)*, 21/11/1993. pp. D 1 e D 2.

RIBEIRO, Hamilton. "Chico Põe Nossa Música na Linha". *Realidade*, São Paulo, Editora Abril, ano VI, nº 71, fev. 1972, pp. 14-24.

RODRIGUES, Carla; CUNHA JR., Melchíades & VAZ, Sérgio. "O Jovem Francisco". *Afinal*, São Paulo, Editora C, nº 168, 17 nov. 1987, pp. 52-64. [Antônio Torres e Tarso de Castro também participaram da entrevista.]

ROSENBAUM, Yudith. "Que Rei Sou Eu?". *Leia*, São Paulo, Cia. Ed. Joruês, ano XI, nº 133, nov. 1989, pp. 24-28.

SANCHES, Ima. "Tenho Medo de me Tornar um Idiota". [Entrevista para *La Vanguardia*. Trad. Celso M. Paciornik.] *O Estado de S. Paulo (Caderno 2)*, 29.6.2005. p. D 7.

Resenhas

CALADO, Carlos. "Caixa Mistura o Repertório do Jovem Chico". *Folha de S. Paulo (Ilustrada)*, 21.11.1990. p. F 5.

DIAS, Mauro. "Os Primeiros 21 Discos de Chico Buarque". *O Estado de S. Paulo (Caderno 2)*, 21.11.2001. p. D 7.

GIRON, Luís Antônio. "Chico Buarque Troca Política por Poesia em seu Novo LP", *Folha de S. Paulo (Ilustrada)*, 17.11.1989, p. F 1.

________. "Livro Desnuda o Heroísmo de Chico Buarque". *Folha de S. Paulo (Ilustrada)*, 13.12.1989. p. F 12.

________. "Chico Lança Álbum ao Vivo Só para a História". *Folha de S. Paulo (Ilustrada)*, 21.9.1990. p. F 2.

RENNÓ, Carlos. "'Francisco' se Equilibra entre o que Já Passou e o que Vai Ficar". *Folha de S. Paulo (Ilustrada)*, 25.3.1988. p. A 37.

3.F. *Internet*

CALADO, Carlos. "Chico Redescobre a Música em *Paratodos*" / "Show Tem Formato de Recital" / "Chico Buarque Quer Escrever Novo Livro". *Folha de S. Paulo (Ilustrada)*, 10.3.1994. Disponível em www.uol.com.br. Acesso em 11 jan. 2005.

COSTA, Mariana Timóteo da. "'Escrevo para me Entender Melhor', Diz Chico Buarque". *Folha Online*, 3.9.2004. Disponível em www.chicobuarque.com.br. Acesso em 6 jan. 2005. [Trechos de conversa com a plateia em evento promovido pela editora Bloomsbury, para lançamento da edição em inglês do romance *Budapeste*, no Queen Elizabeth Hall, Londres, 2 set. de 2004.]

OCAS, "Já Estou Pegando o Violão" [entrevista com Chico Buarque], 24 de julho de 2004. Disponível em www.chicobuarque.com.br. Acesso em 6 jan. 2005.

SILVA, Fernando de Barros e. "O Tempo e o Artista: Chico Contra o Cinismo"; "Dez Programas Refazem Carreira de Chico"; "A Canção, o *Rap*, Tom e Cuba, segundo Chico"; "Querem Exterminar os Pobres do Rio". *Folha de S. Paulo (Ilustrada)*, 26.12.2004. Disponível em www.uol.com.br. Acesso em 6 jan. 2005.

SITE www.chicobuarque.com.br, entrevista exclusiva com internautas, 1998. Acesso em 6 jan. 2005.

VELOSO, Caetano. "Chico, São Paulo e Bahia". *Época*, Rio de Janeiro, Globo, 1999. Disponível em www.chicobuarque.com.br. Acesso em 6 de janeiro de 2005.

4. CRÍTICA E TEORIA ESTÉTICA

4.A. Livros (Ou Capítulos de Livro)

ADORNO, Theodor W. *Theodor W. Adorno*. Org. Gabriel Cohn; trad. Flávio R. Kothe, Aldo Onesti e Amélia Cohn. São Paulo, Ática, 1986.

________. *Prismas: Crítica Cultural e Sociedade*. Trad. Augustin Wernet e Jorge M. B. de Almeida. São Paulo, Ática, 1998.

________. *Educação e Emancipação*. Trad. Wolfgang Leo Maar. 2ª ed. Rio de Janeiro, Paz e Terra, 2000.

________. *Notas de Literatura I*. Org. da edição alemã Rolf Tiedemann; trad. Jorge de Almeida. São Paulo, Editora 34, 2003.

________ & HORKHEIMER, Max. *Dialética do Esclarecimento: Fragmentos Filosóficos*. Trad. Guido Antonio de Almeida. Rio de Janeiro, Jorge Zahar Ed., 1985.

ARANTES, Paulo Eduardo. *Sentimento da Dialética na Experiência Brasileira: Dialética e Dualidade Segundo Antonio Candido e Roberto Schwarz*. Rio de Janeiro, Paz e Terra, 1992.

ARRIGUCCI Jr., Davi. *Enigma e Comentário: Ensaios sobre Literatura e Experiência*. São Paulo, Companhia das Letras, 1987.

BANDEIRA, Manuel. *Apresentação da Poesia Brasileira – Seguida de uma Antologia de Poetas Brasileiros*. Prefácio de Otto Maria Carpeaux. Rio de Janeiro, Ediouro, s.d.

________. *De Poetas e de Poesia*. [Rio de Janeiro], Ministério da Educação e Cultura/Serviço de Documentação/Departamento de Imprensa Nacional, 1954.

BENJAMIN, Walter. *Walter Benjamin*. Org. e trad. Flávio R. Kothe. 2ª ed. São Paulo, Ática, 1991.

________. *Magia e Técnica, Arte e Política (Obras Escolhidas I)*. Trad. Sergio Paulo Rouanet. 6ª ed. São Paulo, Brasiliense, 1993.

________. *Charles Baudelaire: Um Lírico no Auge do Capitalismo (Obras Escolhidas III)*. Trad. José Martins Barbosa e Hemerson Alves Baptista. 3ª ed. São Paulo, Brasiliense, 1994.

________; HORKHEIMER, M.; ADORNO, T. W. & HABERMAS, J. *Textos Escolhidos*. Trad. José Lino Grünnewald *et alii*. São Paulo, Abril Cultural, 1975. [Coleção *Os Pensadores*.]

BRECHT, Bertolt. *Estudos sobre Teatro*. Coletados por Siegfried Unseld; tradução Fiama Pais Brandão. Rio de Janeiro, Nova Fronteira, 1978.

CANDIDO, Antonio. *O Método Crítico de Sílvio Romero*. São Paulo, Edusp, 1988.

________. *A Educação pela Noite e Outros Ensaios*. 2ª ed. São Paulo, Ática, 1989.

________. *Vários Escritos*. 3ª ed. São Paulo, Duas Cidades, 1995.

________. "A Vida ao Rés-do-Chão". In: *Recortes*. 1ª reimpressão. São Paulo, Companhia das Letras, 1996. pp. 23-29.

________. *Iniciação à Literatura Brasileira (Resumo para Principiantes)*. 2ª ed. São Paulo, FFLCH/USP/Humanitas, 1998.

________. *Formação da Literatura Brasileira: Momentos Decisivos*, volumes 1 e 2. 9ª ed. Rio de Janeiro; Belo Horizonte, Itatiaia, 2000.

________. *Literatura e Sociedade*. 8ª ed. São Paulo, T. A. Queiroz/ Publifolha, 2000.

________ *et alii*. *A Personagem de Ficção*. 11ª ed. São Paulo, Perspectiva, 2005.

CARVALHO, Ronald de. *Pequena História da Literatura Brasileira*. 10ª ed., revista. Rio de Janeiro, F. Briguiet & Cia., 1955.

ELIOT, T. S. "A Tradição e o Talento Individual". In: *Ensaios de Doutrina Crítica*. Lisboa, Guimarães, s.d., pp. 19-35.

GOMES, Paulo Emílio Salles. *Cinema: Trajetória no Subdesenvolvimento*. 2ª ed. Rio de Janeiro, Paz e Terra, 1986.

HEGEL, Georg Wilhelm Friedrich. *Estética: Pintura e Música – VI*. Trad. Álvaro Ribeiro. 2ª ed. Lisboa, Guimarães & Companhia Editores, 1974.

________. *Estética: Poesia*. Trad. Álvaro Ribeiro. Lisboa, Guimarães & Companhia Editores, 1980.

________. *Cursos de Estética*. Volume III. Trad. Marco Aurélio Werle e Oliver Tolle; consultoria de Victor Knoll. São Paulo, Edusp, 2002.

________. *Cursos de Estética*. Volume IV. Trad. Marco Aurélio Werle e Oliver Tolle; consultoria de Victor Knoll. São Paulo, Edusp, 2004.

JAMESON, Fredric. *Pós-modernismo: A Lógica Cultural do Capitalismo Tardio*. Trad. Maria Elisa Cevasco; revisão Iná Camargo Costa. 2ª ed. São Paulo, Ática, 1997.

A LITERATURA NO BRASIL. Volume VI, parte III: Relações e Perspectivas; Conclusão. Direção Afrânio Coutinho; co-direção Eduardo de Faria Coutinho. 6ª ed. São Paulo, Global, 2003.

NAVES, Rodrigo. *A Forma Difícil: Ensaios sobre Arte Brasileira*. São Paulo, Ática, 1996.

PASTA Jr. José Antonio & PENJON, Jacqueline (org.). *Littérature et Modernisation au Brésil*. Paris, Presses Sorbonne Nouvelle, 2004.

ROSENFELD, Anatol. "A Teoria dos Gêneros". In: *O Teatro Épico*. 4ª ed. São Paulo, Perspectiva, 2000. pp. 13-36.

SCHWARZ, Roberto. *Que Horas São? Ensaios*. São Paulo, Companhia das Letras, 1987.

________. *Sequências Brasileiras*. São Paulo, Companhia das Letras, 1999.

SILVEIRA BUENO, Francisco da (org.). *Antologia Arcaica*. 2ª ed. São Paulo, Saraiva, 1968.

4.B. *Teses Acadêmicas*

PASTA Jr., José Antonio. *Pompeia (A Metafísica Ruinosa d'*O Ateneu). São Paulo, FFLCH/USP, 1991. Tese (Doutorado em Literatura Brasileira).

WISNIK, José Miguel. *Dança Dramática (Poesia/Música Brasileira)*. São Paulo, FFLCH/USP, 1980. Tese (Doutorado em Teoria Literária e Literatura Comparada).

4.C. *Ensaios Publicados em Revistas*

CANDIDO, Antonio. "Dialética da Malandragem". *Revista do Instituto de Estudos Brasileiros*, nº 8. São Paulo, IEB, 1970. pp. 67-89.

DANTAS, Vinicius. "Entre *A Negra* e a Mata Virgem". *Novos Estudos Cebrap*, nº 45. São Paulo, Cebrap, jul. 1996. pp. 100-116.

NAVES, Rodrigo. "Um Azar Histórico: Desencontros entre Moderno e Contemporâneo na Arte Brasileira". *Novos Estudos Cebrap*, nº 64. São Paulo, Cebrap, nov. 2002, pp. 5-21.

________. "Três Vezes Debret". *Nossa História*, ano 1, nº 6. Rio de Janeiro, Biblioteca Nacional; São Paulo, Editora Vera Cruz, abr. 2004, pp. 22-26.

PASTA Jr., José Antonio. "Tristes Estrelas da Ursa: Macunaíma". In: AVANCINI, José A. & SILVA, Maria I. L. (orgs.). *Mário de Andrade*. Porto Alegre, UE/Porto Alegre, 1993. pp. 27-32.

________. "O Romance de Rosa: Temas do *Grande Sertão* e do Brasil". *Novos Estudos Cebrap*, nº 55. São Paulo, Cebrap, nov. 1999, pp. 61-70.

________. "Prodígios de Ambivalência: Notas sobre *Viva o Povo Brasileiro*". *Novos Estudos Cebrap*, nº 64. São Paulo, Cebrap, nov. 2002, pp. 61-71.

SIMON, Iumna Maria. "Considerações sobre a Poesia Brasileira em Fim de Século". *Novos Estudos Cebrap*, nº 55. São Paulo, Cebrap, nov. 1999, pp. 27-36.

4.D. *Tratados de Versificação*

ALI, Manoel Said. *Versificação Portuguesa*. São Paulo, Edusp, 1999.

BANDEIRA, Manuel. "A Versificação em Língua Portuguesa". In: *Enciclopédia Delta-Larousse*, tomo VI. Rio de Janeiro, Delta [1960]. pp. 3239-3249.

BILAC, Olavo B. M. G. & GUIMARÃES PASSOS, Sebastião. *Tratado de Versificação*. 6ª ed. Rio de Janeiro, Francisco Alves, 1930.

CARVALHO, Amorim de. *Tratado de Versificação Portuguesa: Teoria Moderna da Versificação*. 2ª ed., refundida. Lisboa, Portugália, 1965.

PROENÇA, M. Cavalcanti. *Ritmo e Poesia*. Rio de Janeiro, Organização Simões, 1955.

5. BIBLIOGRAFIA GERAL

5.A *Teoria Musical e Canção de Outros Países*

BAUGH, Bruce. "Prolegômenos a uma Estética do Rock". *Novos Estudos Cebrap*, nº 38. São Paulo, Cebrap, mar. 1994, pp. 15-23.

DOURADO, Henrique Autran. *Dicionário de Termos e Expressões da Música*. São Paulo, Editora 34, 2004.

HOLST, Imogen. *ABC da Música*. Trad. Mariana Czertok; revisão técnica e da tradução Renato Nicolai. São Paulo, Martins Fontes, 1987.

KIEFER, Bruno. *Elementos da Linguagem Musical*. 2ª ed. Porto Alegre, Movimento; Brasília, INL, MEC, 1973.

RENNÓ, Carlos. *Cole Porter: Canções, Versões*. São Paulo, Pauliceia, 1991.

STRAVINSKY, Igor. *Poética Musical (Em 6 Lições)*. Trad. Luiz Paulo Horta. Rio de Janeiro, Jorge Zahar Editor, 1996.

WEBER, Max. *Os Fundamentos Racionais e Sociológicos da Música*. Trad. Leopoldo Waizbort. São Paulo, Edusp, 1995.

WISNIK, José Miguel. *O Som e o Sentido: Uma Outra História das Músicas*. São Paulo, Companhia das Letras, 1989.

5.B. *Obras Literárias*

ALENCAR, José de. *Como e Porque Sou Romancista*. Adaptação ortográfica Carlos de Aquino Pereira. Campinas (SP), Pontes, 1990.

BANDEIRA, Manuel. *Estrela da Vida Inteira: Poesias Reunidas*. 2ª ed. Rio de Janeiro, José Olympio/INL, 1970.

________. *Itinerário de Pasárgada*. 3ª ed. Rio de Janeiro, Editora do Autor, 1966.

DRUMMOND DE ANDRADE, Carlos. *Poesia e Prosa*. 8ª ed. Rio de Janeiro, Nova Aguilar, 1992.

GONÇALVES DIAS, Antonio. *Poemas de Gonçalves Dias*. Seleção, introdução e notas de Péricles Eugênio da Silva Ramos. Rio de Janeiro, Ediouro, s.d.

JOÃO DO RIO [Paulo Barreto]. *A Alma Encantadora das Ruas*. Organização Raúl Antelo. São Paulo, Companhia das Letras, 1997.

MACHADO DE ASSIS, Joaquim Maria. *Obra Completa*. Org. Afrânio Coutinho. 3ª ed. Rio de Janeiro, José Aguilar, 1971, 3 volumes.

MATOS, Gregório de. *Poemas Escolhidos*. Seleção, introdução e notas de José Miguel Wisnik. 7ª ed. São Paulo, Cultrix, 1999.

NAVA, Pedro. *Baú de Ossos: Memórias*. 2ª ed. Rio de Janeiro, José Olympio/Sabiá, 1973.

POE, Edgar Allan. *Selected Tales*. Londres, Penguin Books, 1994.

RÊGO, José Lins do. *Banguê*. 7ª ed. Rio de Janeiro, José Olympio, 1969.

5.c. *Comunicação*

Livros

ALTHUSSER, Louis. *Aparelhos Ideológicos de Estado*. Trad. Walter José Evangelista e Maria Laura Viveiros de Castro. 2ª ed. Rio de Janeiro, Graal, 1985.

BORELLI, Silvia Helena Simões (org.). *Gêneros Ficcionais, Produção e Cotidiano na Cultura Popular de Massa*. [São Paulo] Intercom/CNPq/ Finep, [1994].

BRANCO, Renato Castelo; MARTENSEN, Rodolfo Lima & REIS, Fernando (coord.). *História da Propaganda no Brasil*. São Paulo, T. A. Queiroz, 1990.

CARRASCOZA, João Anzanello. *Redação Publicitária: Estudos sobre a Retórica do Consumo*. São Paulo, Futura, 2003.

DEBORD, Guy. *A Sociedade do Espetáculo*. Trad. Estela dos Santos Abreu. 3ª reimpressão. Rio de Janeiro, Contraponto, 2002.

FERREIRA Izacyl Guimarães & FUGLER, Neysa Bravo Mendes. *Dicionário Brasileiro de Comunicação, Volume 1: Mídia*. São Paulo, Edições Mercado Global, 1977.

HAUG, Wolfgang Fritz. *Crítica da Estética da Mercadoria*. Trad. Erlon José Paschoal; colaboração Jael Glauce da Fonseca. São Paulo, Fundação Editora da Unesp, 1997.

MELO, José Marques de. *A Opinião no Jornalismo Brasileiro*. Petrópolis, Vozes, 1985.

MOREIRA, Júlio César Tavares *et alii*. *Dicionário de Termos de Marketing*. São Paulo, Atlas, 1996.

ORTIZ, Renato. *A Moderna Tradição Brasileira: Cultura Brasileira e Indústria Cultural*. 5ª ed., 3ª reimpressão. São Paulo, Brasiliense, 2001.

________. *Cultura Brasileira e Identidade Nacional*. 5ª ed., 4ª reimpressão. São Paulo, Brasiliense, 2003.

________. *Mundialização e Cultura*. 5ª reimpressão. São Paulo, Brasiliense, 2003.

QUEIROZ E SILVA, Roberto P. (coord.). *Temas Básicos em Comunicação*. São Paulo, Paulinas/ Intercom, 1983.

RABAÇA, Carlos Alberto & BARBOSA, Gustavo. *Dicionário de Comunicação*. São Paulo, Ática, 1987.

RAMOS, Ricardo. *Do Reclame à Comunicação: Pequena História da Propaganda no Brasil*. 4ª ed., atualizada. São Paulo, Atual, 1987.

RIZZINI, Carlos. *O Jornalismo Antes da Tipografia*. São Paulo, Companhia Editora Nacional, 1977.

SÁ, Jorge de. *A Crônica*. 3ª ed. São Paulo, Ática, 1987. [Série Princípios, nº 5.]

SILVA, Zander Campos da. *Dicionário de Propaganda e Marketing*. Rio de Janeiro, Pallas, 1976.

SODRÉ, Nélson Werneck. *História da Imprensa no Brasil*. 3ª ed. São Paulo, Martins Fontes, 1983.

VESTERGAARD, Torben & SCHRØDER, Kim. *A Linguagem da Propaganda*. Trad. João Alves dos Santos. 3ª ed. São Paulo, Martins Fontes, 2000.

Imprensa

FOLHA DE S. PAULO (ILUSTRADA). "Milli Vanilli Pode Perder Grammy por Fraude", 17.11.1990, p. E-3.

________. "Milli Vanilli Perde o Grammy por Fraude e Sai do Rock in Rio 2", 21.11.1990, p. F 3.

________. "Milli Vanilli Diz que Foi Seduzido pela Fama", 22.11.1990, p. F 3.

________. "Verdadeiro Milli Vanilli Lança LP dia 1º de Abril", 16.3.1991, p. 5-3.

LEUNG, Shirley & VRANICA, Suzanne. "McDonald's Cultiva Mística do Sigiloso Ronald". *O Estado de S. Paulo (The Wall Street Journal Americas)*, 30.5.2003, p. B 12.

5.D. *História e Sociedade Brasileira*

Livros

ALENCAR, Francisco; CAPRI, Lúcia & RIBEIRO, Marcus Venício. *História da Sociedade Brasileira*. 2ª ed. Rio de Janeiro, Ao Livro Técnico, 1981.

ANTONIL, André João. *Cultura e Opulência do Brasil*. Salvador, Livraria Progresso Editora, 1955.

BENEVIDES, Maria Victoria de Mesquita. *O Governo Kubitschek: Desenvolvimento Econômico e Estabilidade Política, 1956-1961*. 3ª ed. Rio de Janeiro, Paz e Terra, 1979.

CAPISTRANO DE ABREU, João. *Capítulos de História Colonial (1500-1800)*. 4ª ed., revista, anotada e prefaciada por José Honório Rodrigues. Rio de Janeiro, Sociedade Capistrano de Abreu/ Livraria Briguiet, 1954.

CASCUDO, Luis da Camara. *História da Alimentação no Brasil*. 2ª ed. Belo Horizonte, Itatiaia; São Paulo, Edusp, 1983. 2 volumes.

COSTA, Emília Viotti da. *Da Senzala à Colônia*. 4ª ed., 2ª reimpressão. São Paulo, Fundação Editora da Unesp, 1998.

________. *Da Monarquia à República: Momentos Decisivos*. 7ª ed., 1ª reimpressão. São Paulo, Fundação Editora da Unesp, 1999.

DAMATTA, Roberto. *O que Faz o Brasil, Brasil?* Rio de Janeiro, Rocco, 1986.

EDMUNDO, Luís. *O Rio de Janeiro no Tempo dos Vice-reis (1763-1808)*. Brasília, Senado Federal, Conselho Editorial, 2000.

FERREIRA, Jorge (org.). *O Populismo e sua História: Debate e Crítica*. Rio de Janeiro, Civilização Brasileira, 2001.

FREYRE, Gilberto. *Guia Prático, Histórico e Sentimental da Cidade do Recife*. 3ª ed., revista, atualizada e aumentada. Rio de Janeiro, José Olympio, 1961.

________. *Sobrados e Mucambos*. 8ª ed. Rio de Janeiro, Record, 1990.

________. *Bahia e Baianos*. Org. Edson Nery da Fonseca. Salvador, Fundação das Artes/Empresa Gráfica da Bahia, 1990.

________. *Casa-grande & Senzala*. 30ª ed. Rio de Janeiro, Record, 1995.

FURTADO, Celso. *Formação Econômica do Brasil*. 11ª ed., revista. São Paulo, Companhia Editora Nacional, 1971.

GORENDER, Jacob. *O Escravismo Colonial*. 3ª ed. São Paulo, Ática, 1980.

HISTÓRIA Geral da Civilização Brasileira, tomo III (O Brasil Republicano), 4º volume (Economia e Cultura, 1930-1964). Direção: Boris Fausto. São Paulo, Difel, 1984.

HISTÓRIA da Vida Privada no Brasil, volume 1 (*Cotidiano e Vida Privada na América Portuguesa*). Coordenador-geral da coleção: Fernando A. Novais; organizadora do volume: Laura de Mello e Souza. São Paulo, Companhia das Letras, 1997.

________, volume 2 (*Império: A Corte e a Modernidade Nacional*). Coordenador-geral da coleção: Fernando A. Novais; organizador do volume: Luiz Felipe de Alencastro. São Paulo, Companhia das Letras, 1997.

________, volume 3 (*República: Da Belle Époque à Era do Rádio*). Coordenador-geral da coleção: Fernando A. Novais; organizador do volume: Nicolau Sevcenko. São Paulo, Companhia das Letras, 1998.

________, volume 4 (*Contrastes da Intimidade Contemporânea*). Coordenador-geral da coleção: Fernando A. Novais; organizadora do volume: Lilia Moritz Schwarcz. 2ª reimpressão. São Paulo, Companhia das Letras, 2002.

HOLANDA, Sérgio Buarque de. *Raízes do Brasil*. 3ª ed. Rio de Janeiro, José Olympio, 1956. (26ª ed., 11ª reimpressão. São Paulo, Companhia das Letras, 1995.)

________. *Caminhos e Fronteiras*. Rio de Janeiro, José Olympio, 1957.

KARASCH, Mary C. *A Vida dos Escravos no Rio de Janeiro (1808-1850)*. Trad. Pedro Maia Soares. 2ª reimpressão. São Paulo, Companhia das Letras, 2000.

KIDDER, Daniel Parish. *Reminiscências de Viagens e Permanência no Brasil: Rio de Janeiro e Província de São Paulo*. Trad. Moacir N. Vasconcelos. Brasília, Senado Federal, Conselho Editorial, 2001.

LEITE, Dante Moreira. *O Caráter Nacional Brasileiro: História de uma Ideologia*. 4ª ed. São Paulo, Pioneira, 1983.

MAESTRI, Mário. *O Escravo no Rio Grande do Sul: Trabalho, Resistência e Sociedade*. 3ª ed., revista e ampliada. Porto Alegre, Editora da UFRGS, 2006.

MARTINS, Antônio Egídio. *São Paulo Antigo (1554 a 1910)*. Org. Fernando Góes. São Paulo, Conselho Estadual de Cultura/Imprensa Oficial do Estado, 1973.

MATTOSO, Kátia M. de Queirós. *Bahia: A Cidade do Salvador e seu Mercado no Século XIX*. São Paulo, Hucite; Salvador, Secretaria Municipal de Educação e Cultura, 1978.

________. *Ser Escravo no Brasil*. Trad. James Amado. 3ª ed., 2ª reimpressão. São Paulo, Brasiliense, 2003.

MONTEIRO, John Manuel. *Negros da Terra: Índios e Bandeirantes nas Origens de São Paulo*. 4ª reimpressão. São Paulo, Companhia das Letras, 2005.

OLIVEIRA, Francisco de. *Crítica à Razão Dualista / O Ornitorrinco*. São Paulo, Boitempo, 2003.

________ & PAOLI, Maria Célia (org.). *Os Sentidos da Democracia*. 2ª ed. Petrópolis, Vozes; Brasília, Nedic, 1999.

PRADO, Paulo. *Retrato do Brasil*. São Paulo, Companhia das Letras, 1999.

PRADO JR., Caio. *Evolução Política do Brasil e Outros Estudos*. 3ª ed. São Paulo, Brasiliense, 1953.

________. *História Econômica do Brasil*. 3ª ed. São Paulo, Brasiliense, 1953.

________. *Formação do Brasil Contemporâneo (Colônia)*. 7ª ed. São Paulo, Brasiliense, 1963.

SERRA, Astolfo. *Guia Histórico e Sentimental de São Luís do Maranhão*. Rio de Janeiro, Civilização Brasileira, 1965.

SZMRECSÁNYI, Tamás & SUZIGAN, Wilson (org.). *História Econômica do Brasil Contemporâneo*. 2ª ed. revista. São Paulo, Hucitec/Associação Brasileira de Pesquisadores em História Econômica/Edusp/Imprensa Oficial SP, 2002.

TOTA, Antonio Pedro. *O Imperialismo Sedutor: A Americanização do Brasil na Época da Segunda Guerra*. São Paulo, Companhia das Letras, 2000.

VILHENA, Luís dos Santos. *A Bahia no Século XVIII*. Notas e comentários Braz do Amaral; apresentação Edison Carneiro. Salvador, Itapuã, 1969. 3 volumes.

Imprensa e *Internet*

DIAS, Roberto. "Rio é a cidade mais cordial, diz pesquisa". *Folha de S.Paulo (Cotidiano)*, 3.5.2003. Disponível em www.uol.com.br. Acesso em 12 mai. 2003.

FOLHA DE S. PAULO (DINHEIRO). "Exportação e Superávit São Recorde em Julho" / "Forte Crescimento Global Impulsiona Vendas" / "Os Produtos Mais Exportados em Julho" / "Cresce a Fatia de Produtos Básicos nas Exportações". 2.8.2005, pp. B 1 e B 3.

FRANCO, Carlos. "Choro e Luto no Último Pregão Viva-voz da Bovespa". *O Estado de S. Paulo (Economia)*, 1.10.2005, p. B 10.

IZIDORO, Alencar. "Regras de Silêncio Não se Limitam à Noite". *Folha de S. Paulo (Cotidiano)*, 31.7.2005, p. C 3.

LEAL, Luciana Nunes. "Cidades Crescem, Educação Melhora". *O Estado de S. Paulo (Geral)*, 30.9.2003, p. A 12.

MARTINS, Lucia. "Os Números da Exclusão Social no Brasil". *O Estado de S. Paulo (Geral)*, 4.12.2002, p. A 13.

PAIVA, Fred Melo. "O País no Divã, entre Tapas e Beijos" (entrevista com Maria Rita Kehl). *O Estado de S. Paulo (Aliás)*, 26.6.2005, p. J 3.

Site da Ordem dos Advogados do Brasil – São Paulo. www.oabsp.org.br. Acesso em 15 out. 2005.

5.E. *Outros*

Livros

A BÍBLIA DE JERUSALÉM. Edição revista, 4ª impressão. São Paulo, Paulinas, 1989.

HADDAD, Fernando. *Em Defesa do Socialismo: Por Ocasião dos 150 Anos do Manifesto*. Petrópolis (RJ), Vozes, 1998.

HOUAISS, Antônio & VILLAR, Mauro de Salles. *Dicionário Houaiss da Língua Portuguesa*. Rio de Janeiro, Objetiva, 2001.

KONDER, Leandro. *A Questão da Ideologia*. São Paulo, Companhia das Letras, 2002.

KURZ, Robert. *O Colapso da Modernização: Da Derrocada do Socialismo de Caserna à Crise da Economia Mundial*. Trad. Karen Elsabe Barbosa. 5ª ed. revista. Rio de Janeiro, Paz e Terra, 1999.

MARX, Karl. *O Capital: Crítica da Economia Política*, vol. I. Apres. Jacob Gorender; coord. e revisão Paul Singer; trad. Regis Barbosa e Flávio R. Kothe. São Paulo, Abril Cultural, 1983. [Coleção *Os Economistas*.]

________. *Manuscritos Econômico-filosóficos e Outros Textos Escolhidos*. Seleção José Arthur Giannotti; trad. José Carlos Bruni *et alii*. 5ª ed. São Paulo, Nova Cultural, 1991. [Coleção *Os Pensadores*.]

________ & ENGELS, Friedrich. *Manifesto do Partido Comunista*. Trad. Sueli Tomazzini Barros Cassal. Porto Alegre, L&PM, 2002. [Coleção *L&PM Pocket*.]

MARX, Karl & ENGELS, Friedrich. *A Ideologia Alemã*. Trad. Luis Claudio de Castro e Costa. 2ª ed., 3ª tiragem. São Paulo, Martins Fontes, 2002.

PLATÃO, *Fedro*. Tradução de José Ribeiro Ferreira. Lisboa, Edições 70, 1997.

SPINELLI, Vicenzo. *A Língua Portuguesa nos seus Aspectos Melódico e Rítmico*. Lisboa, Edições Quadrante, 1946.

WEBER, Max. *A Ética Protestante e o "Espírito" do Capitalismo*. Trad. José Marcos Mariani de Macedo; revisão e edição Antônio Flávio Pierucci. São Paulo, Companhia das Letras, 2004.

Imprensa

KURZ, Robert. "Para Além de Estado e Mercado". *Folha de S. Paulo (Mais)*, 3.12.1995, p. 5-14.

________. "A Comercialização da Alma". *Folha de S. Paulo (Mais)*, 11.2.2001, pp.14-15.

STEINBERG, Fábio. "Ano Novo, Marca Nova". *Folha de S. Paulo (Folha Equilíbrio)*, 23.1.2003, p. 12.

Fontes Sonoras e Audiovisuais Consultadas

Fontes Sonoras – Chico Buarque e Dorival Caymmi

Buarque, Chico. *Chico Buarque de Hollanda*. RGE, 1966.

________. *Chico Buarque de Hollanda – vol 2*. RGE, CD 4029 2, 1997. [1967]

________. *Chico Buarque de Hollanda – vol 3*. RGE,1968.

________. *Chico Buarque de Hollanda nº 4*. Philips/Polygram, CD 812 091-2, 1993. [1970]

________. *Construção*. Philips/Polygram, CD 836 013-2, 1993. [1971]

________. *Chico Canta*. Philips/Polygram, CD 510 008-2, 1993. [1973]

________. *Sinal Fechado*. Philips/Polygram, CD 518 217-2, 1993. [1974]

________. *Meus Caros Amigos*. Philips/Polygram, CD 842 013-2, 1993. [1976]

________. *Chico Buarque*. Philips/Polygram, CD 518 220-2, 1993. [LP 6349 398, lançado em 1978.]

________. *Vida*. Philips/Polygram, CD 518 218-2, 1993. [1980]

________. *Almanaque*. Philips/Polygram, CD 510 010-2, 1993. [LP Ariola 201 640, lançado em 1981.]

________. *Chico Buarque*. Philips/Polygram, CD 510 003-2, 1993. [LP Barclay 825 161-1, lançado em 1984.]

________. *Francisco*. RCA/Ariola, CD M 140.0001, 1995. [1987]

________. *Chico Buarque*. BMG/RCA, CD M 10061, 1996. [1989]

________. *Chico Buarque ao vivo – Paris – Le Zenith*. BMG/RCA, CD M 10074, 1990.

________. *Paratodos*. BMG Ariola/RCA, CD V120.046, 1993.

________. *Uma Palavra*. BMG Ariola/RCA, CD 7432126594-2, 1995.

________. *As Cidades*. BMG/RCA, CD 7432183233-2, 1998.

________. *Chico ao Vivo*. BMG/RCA, CD 7432169929-2, 1999.

________. *Chico Buarque: duetos.* BMG/RCA, CD 74321932192, 2002.

________. *Carioca.* Biscoito Fino, CD BF 646, 2006.

________; LEÃO, Nara & BETHÂNIA, Maria. *Quando o Carnaval Chegar.* Universal, CD 04228264112, 2001. [1972]

________ & VELOSO, Caetano. *Caetano e Chico – Juntos e ao Vivo.* Philips/Polygram, CD 812 522-2, 1993. [1972]

________ & BETHÂNIA, Maria. *Chico Buarque & Maria Bethânia ao Vivo.* Philips/Polygram, CD 836 018-2, 1993. [1975]

________ & LOBO, Edu. *O Grande Circo Místico.* Velas, CD 11-V005, 1994. [1983; participação de vários cantores.]

________. *Cambaio.* BMG/RCA, CD 74321873722, 2001. [Participação de Gal Costa, Lenine e Zizi Possi.]

________. *et alii. Os Saltimbancos.* Philips/Polygram, CD 518 222-2, 1993. [1977]

________. *Ópera do Malandro.* Philips/Polygram, CD 838 516-2, 1993. [1979]

________. *Malandro.* Barclay, LP 826 549-1, 1985.

________. *Melhores Momentos de Chico & Caetano.* Som Livre, LP 530.045, 1986.

CAYMMI, Dorival, caixa de CDS *Caymmi Amor e Mar: Canções Praieiras (1954) / Sambas de Caymmi (1955); Eu Vou pra Maracangalha (1957) / Caymmi e o Mar (1957); Ary Caymmi e Dorival Barroso (1958) / Caymmi e seu Violão (1959); Eu Não Tenho Onde Morar (1960) / Caymmi (1965); Caymmi (1972) / Caymmi Também É de Rancho (1973); Caymmi's Grandes Amigos (1986) / Dori, Nana, Danilo e Dorival Caymmi (1987); Cantando Caymmi (1939-1997).* EMI, 2000.

________. *Eu Vou pra Maracangalha / Canções Praieiras.* EMI, CD 580272 2, 2002. [1957; 1954]

________. *2 em 1: Caymmi e seu Violão (1959) / Eu Não Tenho Onde Morar (1961)* (sic). EMI, CD 789014 2, 1994. Obs: data correta do segundo disco: 1960.

________. *Caymmi in Bahia.* Polygram, CD 522041-2, 1994. [1979]

________ & MORAES, Vinicius de. *Vinicius e Caymmi no Zum Zum – Ao Vivo.* Elenco/Universal, 04228489692 SET 73145606862, 2001. [1965]

________ *et alii. Dorival Caymmi: Sem Limite.* Universal, CD 73145489982, 2001. 2 discos.

COSTA, Gal. *Gal Canta Caymmi.* Universal-Mercury, CD 836 014 2, s. d. [1976]

________. *Gal Tropical.* Philips/Polygram, LP 6349.412, 1979.

GILBERTO, João. *Chega de Saudade.* Odeon, LP 3073, 1959.

________. *O Amor, o Sorriso e a Flor.* Odeon, LP 3151, 1960.

________. *João Gilberto.* Odeon, LP 3202, 1961.

________. *O Mito.* EMI-Odeon, 3 LPS 164791115-1, 1988.

________. *Amoroso.* WEA, CD 2 3053, 1987. [1977] (*Amoroso/Brasil,* WEA, CD 9 45165-2, s.d.)

________. *João Gilberto Prado Pereira de Oliveira.* WEA, LP 36164, 1980. (WEA, CD 398424122-2, 1998, incluindo mais quatro fonogramas.)

________. *Live at the 19th Montreux Jazz Festival.* WEA, LP 615.6001 – 36215/ 76, 1986. (Elektra/ Asylum/ Nonesuch Records/WEA, CD 9 60760-2, 1987, com a exclusão de dois fonogramas.)

________. *Eu Sei que Vou te Amar*. Epic, CD 789042/2-476467, 1994.

________. *João Gilberto in Tokio*. Universal Music, CD 60249816847, 2004.

________ & GETZ, Stan. *Getz/Gilberto*. Verve/PolyGram, CD 810048-2, 1989. [1963]

________. *Getz/Gilberto # 2*. Verve/PolyGram, CD 314519800-2, 1993. [1964]

________ & GETZ, Stan & MIÚCHA. *The Best of Two Worlds*. Columbia/CBS, CD CK 33703, s.d. [1976]

________; VELOSO, Caetano, GIL, Gilberto & BETHÂNIA, Maria. *Brasil*. WEA, LP 670.9348, 1991. [1981] (*Amoroso/Brasil*, WEA, CD 9 45165-2, s.d.)

NASCIMENTO, Milton. *Gerais*. EMI, CD 830428 2, 1995. [1976]

VELOSO, Caetano. *Cores, Nomes*. Philips/Polygram, CD 838 464-2, 1989. [1982]

Obras de Apoio

BAHIANO (Manoel Pedro dos Santos). *Os Pioneiros, Vol. 2*. Associação dos Produtores de Discos/Mec/Funarte/INM/Emi-Odeon, LP C101.129, 1977.

BLANCO, Billy & GNATTALI, Radamés. *Doutores em Samba*. Kuarup Discos, CD MKCD-068, s.d. [1958]

CARTOLA. *Cartola*. Discos Marcus Pereira, CD 10029, s.d. [1974]

CASA FANTI ASHANTI. *Tambor de Mina na Virada pra Mata*. Independente, CD FA 0003, 2000.

________ & A BARCA. *Baião de Princesas*. CPC-UMES, CD CPC041, 2002.

COMPANHIA DO LATÃO. *Canções de Cena*. Independente, CD 20.0928.001, 2004.

ELIS REGINA. *Elis*. Philips/Polygram, CD 836 009-2, 1998. [1972]

________ & Tom JOBIM, *Elis & Tom*. Philips/Polygram, CD 824 418-2, 1998. [1974]

GIL, Gilberto. *Quanta*. WEA, CD 063018644-2, 1997.

GILBERTO, Bebel. *Tanto Tempo*. Ziriguiboom/Crammed Discos, CD 325912003012, 2000.

GILBERTO, João. *Ela É Carioca*, Orfeon, CD 25CDA 11236, s. d. [1970]

________. *João Gilberto*. Polygram, CD 837 589-2, 1988. [1973].

________. *João*. Polygram, CD 848188-2, 1991.

________. *João Voz e Violão*. Universal Music, CD 73145467132, 1999.

GONZAGA, Luiz. *Luiz Gonzaga* (Série Aplauso). BMG Ariola/RCA, CD 7432130548-2, s.d. [1947--1976]

________. *Luiz Gonzaga - Ao Vivo - Volta pra Curtir*. BMG Ariola/RCA, CD 74321855432, 2001. [1972]

________ & GONZAGUINHA. *A Viagem de Gonzagão & Gonzaguinha*. EMI, CD 829367 2, 1994. [1981]

OS INCRÍVEIS. *Os Incríveis e seus Maiores Sucessos*. BMG Ariola/RCA, CD M60028, 1993.

JOBIM, Antonio Carlos. *Meus Primeiros Passos e Compassos*. Revivendo, CD RVCD-110, 1997. [1953 a 1956]

________. *Antonio Carlos Jobim – The Composer of "Desafinado", Plays.* Verve, CD V6-8547, 1997. [1963]

________. *Matita Perê.* PolyGram/Mercury, CD 826 856-2, 1995. [1973]

________. *Terra Brasilis.* Warner, CD 2-3409, 1996. [1980]

LEÃO, Nara. *Nara Leão.* Universal/Mercury, CD 73145463442, 2002. [1968]

MPB-4, SILVA, Roberto, TATIT, Luiz & VÉSPER VOCAL. *180 Anos de Samba Cantando Adoniran & Noel.* Sesc São Paulo/Eldorado/Pensarte, CD 957047, 2001.

MONTE, Marisa. *Verde Anil Amarelo Cor-de-Rosa e Carvão.* EMI, CD 830080 2, 1994.

MOREIRA, Lauro (produção). *Manuel Bandeira: O Poeta em Botafogo.* Independente, CD LMB--001, 2005.

PANDEIRO, Jackson do & GORDURINHA. *Jackson do Pandeiro & Gordurinha.* WEA, CD 857381608-2, 2000. [Enciclopédia Musical Brasileira, nº 15.]

PAULINHO DA VIOLA, *Paulinho da Viola.* EMI, CD 852503 2, s. d. [1968]

RACIONAIS MC'S. *Holocausto Urbano.* RDS Fonográfica/Zimbabwe, CD RDL 4006, s. d. [1990]

________. *Racionais MC's.* RDS Fonográfica/Zimbabwe, CD ZBCD015, s. d. [1990 a 1993]

________. *Sobrevivendo no Inferno.* Cosa Nostra/Zambia, CD RA 001, 1997.

________. *Ao Vivo Racionais.* Zambia, CD ZA037, 2001.

________. *Nada como um Dia Após o Outro Dia.* Cosa Nostra/Zambia, CD ZA- 050-1, 2002.

REGINA, Elis. *Samba, Eu Canto Assim.* Philips/Polygram, CD 811 218-2, 1998. [1965]

________. *Elis.* Philips/Polygram, CD 836 009-2, 1998. [1972]

________ & JOBIM, Tom. *Elis & Tom.* Philips/Polygram, CD 824 418-2, 1998. [1974].

ROSA, Noel. *Noel pela Primeira Vez.* Organização Omar Jubran. Funarte/Velas/Universal, CD 325912000 (682-712-742-772-802-832-862), 2000. 14 discos.

SECOS & MOLHADOS. *Secos & Molhados – 1973/1974.* Continental/Eastwest, CD 857381095-2, 1999.

SILVA, Orlando *O Cantor das Multidões: Orlando Silva (Gravações Originais, 1935-1942).* BMG--Ariola/RCA, CD 7432123238-2, 1995. 3 discos.

THAÍDE & DJ HUM. *Sucessos em Dobro: Thaíde & DJ Hum.* Eldorado, CD 924039, s.d. [1987 a 1991]

TELLES, Silvia. *O Talento de Silvia Telles.* EMI, CD 790948 2, 1995. [1957 a 1959]

VANDRÉ, Geraldo. *Geraldo Vandré.* RGE, CD 8084 2, 1996. 2 discos. [1963 a 1979]

VÁRIOS. *Pequena História do Samba.* Museu da Imagem e do Som/ Odeon, LP MIS 011, 1968.

VÁRIOS. *Rio de Janeiro, 1842-1920: Uma Trilha Musical.* Instituto Moreira Salles, CD sem número de série, [1999]. Textos do encarte: Lorenzo Mammì; Régis Duprat e Rogério Duprat; Samuel Araújo.

VELOSO, Caetano. *Totalmente Demais.* Philips, K7 830 145-4, 1986.

________. *Caetano.* Philips/Polygram, CD 832 938-2, s.d. [1987]

________ & GIL, Gilberto. *Tropicália 2.* Philips/Phonogram, CD 518 178-2, 1993.

VÉSPER VOCAL. *Ser Tão Paulista.* CPAC-UMES, CD CPC 047, 2004.

Fontes Audiovisuais

BANDEIRA, Julia. *Retratos de Chico por suas Meninas.* São Paulo, PUC-SP, 2004. Trabalho de Conclusão de Curso (Comunicação Social - Jornalismo).

BUARQUE, Chico. *Chico e as Cidades.* Direção José Henrique Fonseca, 2000.

________. *Chico ou o País da Delicadeza Perdida.* Direção Walter Salles Jr. e Nelson Motta. BMG, DVD 82876538929, 2003. [1990]

________. *Meu Caro Amigo.* Direção Roberto de Oliveira. RWR/EMI, DVD 336930 9, 2005.

MÚSICA DO BRASIL. Direção Belisário França; roteiro e pesquisa Hermano Vianna. Giros Produções/Abril Entretenimento, 2000.

Título	*Melancolias, Mercadorias*
Autor	Walter Garcia
Editor	Plinio Martins Filho
Produção editorial	Aline Sato
Composição gráfica das transcrições musicais	Lincoln Antonio
Capa	Tomás Martins
Editoração eletrônica	Fabiana Soares Vieira
Revisão	Plinio Martins Filho
Formato	16 × 23 cm
Tipologia	Minion Pro
Papel	Cartão Supremo 250 g/m² (capa) Pólen Soft 80 g/m² (miolo)
Número de páginas	272
Impressão e acabamento	Gráfica Vida e Consciência